我的冬奥日记

户国栋　主编

MY WINTER OLYMPICS DIARY

北京大学出版社
PEKING UNIVERSITY PRESS

图书在版编目 (CIP) 数据

我的冬奥日记 / 户国栋主编 . —北京：北京大学
出版社，2023. 6
ISBN 978-7-301-33968-8

Ⅰ. ①我… Ⅱ. ①户… Ⅲ. ①冬季奥运会－志愿者－
社会服务－工作－北京 Ⅳ. ① G811.212

中国国家版本馆 CIP 数据核字 (2023) 第 075981 号

书　　名	我的冬奥日记 WO DE DONG'AO RIJI
著作责任者	户国栋 主编
责任编辑	曹京京
标准书号	ISBN 978-7-301-33968-8
出版发行	北京大学出版社
地　　址	北京市海淀区成府路 205 号　100871
网　　址	http: //www. pup. cn　新浪微博：@ 北京大学出版社
电子邮箱	编辑部 lk2@pup.cn　总编室 zpup@pup.cn
电　　话	邮购部 010-62752015　发行部 010-62750672　编辑部 010-62767347
印 刷 者	北京市科星印刷有限责任公司
经 销 者	新华书店
	787 毫米 × 1092 毫米　16 开本　19.25 印张　362 千字
	2023 年 6 月第 1 版　2023 年 6 月第 1 次印刷
定　　价	86. 00 元

本书编委会

目　　录

赴冰雪之约，圆冬奥之梦

蔡雨彤
光华管理学院 2020 级本科生
国家游泳中心 赛事服务助理

2020 年 12 月 10 日《人民日报》上有这样一段话：“冬奥会带来了什么？大家的回答各不相同，又很相像，那就是平实忙碌的工作中又平添更多火热的劲头儿——望向 2022 年，我们都感受到愈加浓烈的冬奥气氛，都在为冬奥会筹办贡献一份力量，都在用奋斗奔向更美好的生活。”这个冬天，我有幸作为冬奥会志愿者，与大家共赴冰雪之约。我是“燃烧的雪花”，服务冬奥，也享受冬奥，既为冬奥助力，也从冬奥中收获。

一篇文章并不能完整描述我所经历的感动，但是我相信文字传达了我内心最真实的情感。一首《一起向未来》贯穿整个冬季，一身蓝白配色的志愿者服装装点整个冬季，一群志同道合的伙伴陪伴整个冬奥。作为志愿者，我们没有什么惊心动魄的故事，但是这段别样的经历值得铭记、回味一生。

短短几周，尽心尽力，我收获满满。从参加志愿者培训开始，我就意识到了“事情远远没有这么简单”。每一次上岗前，我都会在心中模拟各种各样的突发事件，一遍遍复习解决方法，眼观六路耳听八方，时刻绷着一根严谨细致的弦，因为我们要保障的，不仅有观众的安全、自己的安全，还有身后整个场馆的安全。虽然观众都高素质、讲文明，但我们仍会做好心理准备上岗，这样才能在有任何紧急事件发生时最迅速地解决问题。在检票岗位，我们查日期、看场次，先验票、后检票；在室内服务岗位，我们查票、查证、查观摩券、查 N95 口罩、查是否携带食物饮料；在看台服务岗位，我们查座、引导、解答问题；在通行控制岗位，我们查核酸、查体温、查健康宝……这些工作并没有太高的技术含量，但我们始终以高度的责任感和使命感完成每一件平凡的小事。

短短几周，我收获了无数声“谢谢，辛苦了”。这句话，来自中年人、青年人、老年人、小孩；这句话，有普通话、有方言、有英文。我们为来观赛的所有群体服务，也从不同的群体那里收获了不一样的感动。在南广场检票，我们每次会迎来三批左右的观众。有时是一群小孩子，他们会非常自觉地排好队，会在自己的票上写名字，也会毫不羞怯地大声说“谢谢姐姐”；有时是留学生，他们来自五湖四海，说着不同的语言，但是在我们为他们检票之后，他们也会无一例外用或流利或生疏的中文表示“谢谢，辛苦了”；有时是家庭团，牵着手的情侣会笑着对我们说“新年好，辛苦了”。观众的问候和感谢，帮助我们抵御广场上的寒风。有时在送走一批观众后，我会望向帐篷外，看着国家游泳中心（“冰立方”）对面闪闪发光的国家体育场（“鸟巢”），回味观众热情洋溢的笑脸与真诚的感谢，感受到的是“人间值得”。

短短几周，同力同行，我收获了淳朴而简单的志愿者友谊。正如《燕园情》所唱，“我们来自江南塞北”。参加冬奥会的志愿者们，来自不同的学校、不同的院系、不同的年级，我们甚至不知道彼此的名字，但是在“冰立方”里，却有一种奇妙而温暖的友谊。大家在部署区热烈讨论电视里的直播比赛，你一言我一语分享学院里有趣的琐事，推荐值得选的跨院系课程，讲不同学校的食堂、宿舍……是冬奥会把很多条原本完全不会相交的平行线聚拢到了一起。当同一个岗位轮岗时，上一岗的同学会非常详细地告诉我新发现的注意事项；当我站岗时，路过的志愿者总会露出鼓励的笑容对我说“辛苦了，加油”；当我有急事离开时，任何一个志愿者都会毫不犹豫地顶上，即便素不相识。每当我看到穿志愿者服装的人时，心里总会涌上一股安全感。

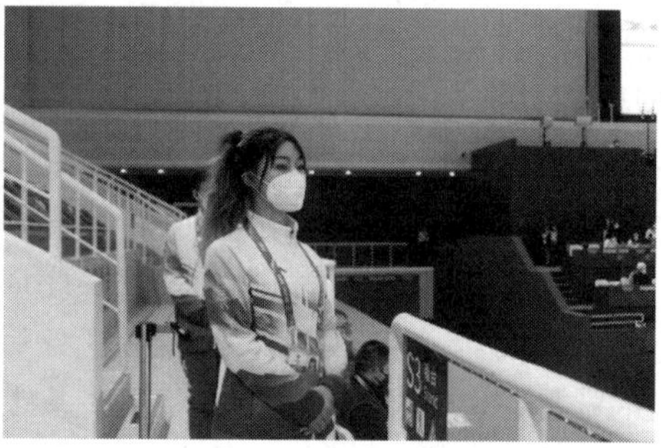

蔡雨彤在看台区服务站岗

冬奥会结束时蔡雨彤与小伙伴们的合影

我们会在清晨踏着未融化的冰雪赶车，看着呼出的白气消散在凛冽的风中，不由地加快脚步；我们会在半夜披星戴月归来，一起在路过百周年纪念讲堂时抬头看向天幕数点点繁星，消解一身的疲惫；我们会在雪花纷飞时自发地共同高歌《一起向未来》，举起手机记录雪夜中的“冰立方”，看它绽放出蓝紫色的梦幻光芒……虽然我们的制服是冰与雪的颜色，但是我们的行动洋溢着火与爱的热烈，我们用青春赋予这 20 多个日夜别样的色彩，也用热血给这个寒冬带来别样的温暖。

在通行控制岗位，我们会戴着厚实温暖的毡帽和手套，对路过的每一位观众挥动双手，展示手心里的红色爱心表示欢迎；在看台区，我们会耐心细致地引导观众入座，用我们的专业知识在赛时为有疑问的观众解释赛况；在看台岗位，我们会在中国队打出好球时，发自内心地呐喊与欢呼；在一起观看闭幕式时，我们会因“照亮你、温暖我”的红灯笼在志愿者手动点亮的瞬间而热泪盈眶……这个冬天，我们化为“燃烧的雪花”，向世界展现北大青年、中国青年的风采，传递团结、温暖与友爱，用责任与细心力争让每一位观众有更好的观赛体验与安全保障。

这个冬天，我们都在“冰立方”，肩负着责任，怀揣着热情，为了一个共同的梦想。爱在“冰立方”，“一起向未来”。赛事服务，圆满收官。

青春之约——一场冬奥之梦的邂逅

赵伟
公共卫生学院 2020 级本科生
国家游泳中心 赛事服务组长

如果说青春有颜色，那么北京 2022 年冬奥会这一抹如梦般的志愿蓝将是我青春岁月里最特殊难忘的亮色！幸启“冰新一代”，圆梦冬奥之约。在 19 岁，这个一字开头的最后一年，我有幸遇见“冰立方”，在这里，我的冬奥记忆生根发芽，绽放冰雪之花！

我是“冰立方”赛事服务领域的一名志愿者，我的工作主要是为持票观众提供引导观赛、入场与出场、检票与验票、问询和通行控制等服务。

南广场——一点也不“难”

冬奥工作的第一站，是最令我印象深刻的南广场室外岗。冬季室外的严寒是志愿工作中第一个小挑战，但是再冷的夜也阻挡不了我冬奥第一站的热情之火。我仍记得站在出口的岗位上，在“鸟巢”的红与“冰立方”的蓝交相辉映下，观众陆续退场，志愿者们用手中的交通棒点亮出口通行的路，我们一边挥手和热情的观众道别，一边送上“注意脚下安全，感谢观赛，祝您生活愉快”的温馨提醒与祝福。口罩遮住了我们的脸，但永远遮不住我们的笑颜，看到观众眼神里满意的笑，听到如朋友、家人般的感谢与问候——“谢谢你们，再见啊，你们志愿者辛苦了！”即使在冬夜的寒风中伫立，我的内心仍充盈着温暖与感动，一切工作在观众的认可面前都是那么值得，那么有意义，那么刻入人心！冬奥的夜晚，内心滚烫，回忆徜徉！

奋斗在南街——贰十叁

冬奥的第二站和第三站来到了南商业街，一个有趣、充满挑战又冒着烟火气的地方。南商业街的岗位分散，相对于南广场，工作难度有一定程度的增加。值得一提的是，“墩墩顶流”的热潮让南商业街里的特许商品售卖店成了人流量最大的点位之一。说到这里，还有一件事，如今回想，仍有无数的快乐洋溢心间。一次下了早班，中午坐班车回到燕园，刚下车，走了不到一分钟，有一位老爷爷突然停下来拦住我，略带口音地问道："小伙子，你们现在能买到那个'冰墩墩'吗？"我脑子里反应了一下，回复道："爷爷，您好，目前场馆里'冰墩墩'也是缺货状态，后期会补，可能得等一段时间，希望您能理解，谢谢您的配合，如需买其他东西，请按照一米线有序排队。"爷爷愣了一下，回复道："没事没事，我就问问。"我才反应过来，原来我已经下班了，身处燕园，而非"冰立方"的服务岗。一点一滴的小事，在脑海中汇聚，形成了属于南商业街的记忆，每次回想，笑声与泪水常伴，感动与感激不离，南商业街，记忆长河再会！

看台是我"家"，人人爱"大家"

冬奥的最后一站，我幸运地加入了场馆内看台的志愿者大家庭，收获更多的惊喜。看台区的工作是与观众接触最密集、互动最频繁，询问与咨询最多的岗位。在场馆内听到几个参赛队伍在场上呐喊"Hard，hard！"，确实别有一番震撼，尤其是当有中国队的比赛时，那种不由自主的呐喊，内心屏息的期待，是独属于"冰立方"的一份悸动与回忆。每一次为观众引导座位，每一次提醒"出场请带好票据"，每一次调节气氛和观众一起挥手鼓掌，这些都在心中积攒着记忆的分量，增加着情感的温度，记录着经历的点滴。这是独属于看台的冬奥记忆，也是独属于我的珍贵宝藏。

赵伟在南广场出口处站岗

看台区服务结束志愿者的合影（左二）

最珍贵的你们，青春拥有更多的美好

人生匆匆，过客芸芸，但总有那么些人会在你的人生笔记上留下他们的名字，回想起来，洋溢着满满的温暖与感动，感谢相遇，感谢有你。冬奥一路走来，认识了太多美好的人。每一个人，我都会牢牢铭记，这是我一生的珍宝！

冰雪中见证，樱花里送别

冬残奥的开启，又是冬奥崭新的篇章。这次是轮值通行控制岗，需要在各点位查验核酸、检查证件等。一周多的上岗，时间的脚步似乎更快了，在“冰立方”的日子也进入了倒计时。有幸见证国旗的高高飘扬，有幸目睹中国队轮椅冰壶的璀璨，有幸在我深爱的“冰立方”歌唱祖国。到了说再见的时候了，但是我不想说再见，又不得不说再见，但一定会再见！

纯洁如冰，热情似火。一个弱冠少年的启航，冬奥并不是终点，而是另一段人生旅程的起点，独立，主见，满怀期待，奔赴下一场星河！

燃情冰雪，志愿相约——我的冬奥日记

王聆月

地球与空间科学学院 2020 级直博生

国家游泳中心 赛事服务助理

2022 年 2 月 20 日北京冬奥会圆满收官，当天我们作为赛事服务 C 组志愿者，服务了“冰立方”最后一场比赛，回到学校同所有闭环外志愿者一起收看闭幕式。当紧张兴奋的心情逐渐归于平静，我开始回忆起这段充满责任与热爱的日子。

冬奥会的志愿者主题曲是《燃烧的雪花》，为冬奥服务的我们也乐于把自己称为“一朵朵热情洋溢的小雪花”。作为闭环外赛事服务领域志愿者，观众是我们的主要服务对象。工作中，大家“看得见”的服务包括引导观众检票入场，指引观众看台就座，维护观赛期间看台安全，协调解决观众诸如饮水、充电、购物等需求，欢送并确认观众离场。负责此类工作的时候，我们会比观众预计入场时间提前一小时到岗守候，每当第一位观众入场，便感到自己瞬间注入了动力。当我们给予每一位观众热情的问候“新年快乐，欢迎观赛”，观众也会主动回应、问好，关心我们“站在这里冷不冷”，跟我们愉快地交流，甚至谈起自己曾经的志愿经历。虽然大家素昧平生，但我们都曾感受过相似的志愿服务精神和对于体育赛事的热爱，这一“遥远的相似性”，让初次见面的我们相见恨晚。天气虽冷，但观众每一份热情的回馈都有如暖阳，让人倍感温暖。

赛事服务领域也有许多不为人知的工作，这些“看不见的”工作对于场馆的安全运行发挥着举足轻重的作用。比如在北京 2022 年冬奥会中，维护清洁场馆是我们所有岗位志愿者的职责；在新冠肺炎疫情防控常态化的背景下，防疫安全更是全体志愿者工作的重中之重。在闭环管理政策下，通行控制岗是保障双环运行的重要岗位。在负责通行控制工作期间，我们两人一班，严格检查每一位工作人员的核酸检测、疫苗接种是否符合要求，是否具有入场权限，严禁闭环内车辆在闭环外工作区逗留。大雪中，我们戴着雷锋帽在雪中站岗坚守，在寒风中坚定守好闭环的大门，确保场馆内的比赛安全有序。时值元宵佳节，虽不能回家与家人团聚，但冬奥使我们聚在一起，给予彼此善意和关爱。

冬奥会期间，除了“冰立方”的志愿服务工作，老师和同学也为我带来许多暖心瞬间。今年的春节格外不同，不仅是因奥运圣火的点燃，而且是由于我们相聚在这里。春节期间，虽然上岗服务没有休息，但工作之余，写春联、包饺子等丰富多彩的年俗活动让留守的我们感受到了十足的年味儿。除夕夜，志愿者小伙伴们围成一圈，吃着中队老师准备的热腾腾的火锅，一起看春晚，一起守岁倒计时，大年初一的早上六点半再一起集合上岗。不止春节，日常中也有很多温暖的细节，元宵节的灯谜，主管老师的徽章，雪夜归来的姜丝可乐，中队老师为志愿者准备的生日惊喜——蛋糕中心由活动时的照片拼成的“一起向未来”。有如此温暖的陪伴，虽离家千里，却也不觉得孤单。

赛事服务C组第二批通行控制岗志愿者的合影（第一排左二）

第一中队一起为志愿者庆生

很荣幸的是，北京2022年冬奥会“冰立方”的最后一场比赛，男子冰壶金牌赛，是由赛事服务C组志愿者负责。我们以最好的状态完成在冬奥会的最后一次志愿服务，为“冰立方”站好最后一班岗，为自己的冬奥之旅画上圆满的句号。我们合影留念，依依惜别，这段披星戴月的日子结束了，正如习近平总书记所说：“你们参与其中，虽辛苦，但光荣、自豪而幸福。”

冬奥会志愿服务对我来说是责任，也是热爱。主动参与国之大事，做好志愿工作是每一个北大青年的责任。因为热爱所以选择，我们付出微笑和热情，却收获更多温暖和善意。我只是这场冬奥盛会的一片小雪花，它却给予我足以珍藏一生的青春回忆。

燃烧的雪花，奋斗的蓝精灵

鲍文杰
光华管理学院 2020 级直博生
国家游泳中心 赛事服务助理

2022 年注定是不平凡的一年。在新春阖家团圆之时，万众期待的北京冬奥会和冬残奥会如期而至，给平日忙碌工作的人们增添了绚丽多彩的风景。对我来说，这个冬天格外特别，我光荣地成为一名志愿者，带领着团队的“蓝精灵们”，共赴冰雪之约，服务冬奥，享受冬奥，为冬奥拼搏，也在服务冬奥中成长。

这个冬奥，我收获了很多的第一次：第一次带领一个很大的团队、第一次没有回家过年、第一次完整地跳了一段舞蹈（《一起向未来》）、第一次滑雪、第一次过生日会……在一群志同道合的小伙伴的陪伴下，唱国歌、吃火锅、玩桌游、侃大山，这段经历值得我永远珍藏、时时回味。

北大的志愿者管理以中队建制。我光荣地成为第一中队的一名小队长。在中队老师的组织带领下，我们一起举办党团日活动、开评议会、滑雪、包饺子、看电影、吃火锅、打桌游。在上岗休息之时，新太阳 207 俨然成了我们的根据地。大家慢慢熟悉，由“我”变成了“我们”，在心中对这一个集体充满了归属感。特别是在 2022 年 2 月 4 日冬奥会开幕式结束的晚上，中队老师招呼大家去我们的“大本营”集合，本以为是一次普通的例会，但没想到是一场惊喜的生日会——蛋糕上写上了中队 30 名同学的名字，并在中间摆着由中队老师在群里偷偷收集的 1110 张照片合成的 1 张大图，我当场瞬间眼里泛起泪花。非常感激能够加入氛围这么好的一个群体，拥有一帮志同道合的小伙伴，为这个冬天增添了许多暖意。

场馆的上岗时间段分为三个，志愿者们接替轮换。我们会一起记录开赛了多少天，举起手机记录夜晚的“冰立方”，看它变换多种光芒；我们也会一起溜去颁奖广场和公共服务区，见证中国的夺金时刻，自豪地高唱国歌。48 天上岗的日子里，没有人有任何怨言，即便疲惫，也不忘互相加油鼓劲，这些洋溢着爱与热情的行动，为这 40 多个日夜增添了别样的色彩。

我在“冰立方”担任赛事服务助理。赛事服务分为通行控制、看台服务、室内服务和南广场服务，我们的职责是保障场馆的有序运行，同时为观众提供最佳的观赛体验。短短几周以来，我和团队小伙伴们尽心尽力，共同保障冬奥会的顺利举办。在通行控制岗位，我们查验体温、健康宝、核酸，核验是否具有入场资格；在看台服务岗位，我们引导观众入座，提醒观众佩戴好口罩，并为他们提供必要的服务；在室内服务岗位，我们检查观赛票或观摩券，检查观众是否佩戴了 N95 口罩，并维护观众排队购物的秩序；在南广场服务岗位，我们引导观众入场，验票、检票，并在观赛结束后引导观众出场……这些工作看似简单，但要真正做好，需要十足的细心、百倍的专注及无比强烈的责任感与使命感。在一次看台服务中，一名观众因背包在安检时被拿错而焦虑，于是我和那一班看台服务的志愿者们一起，挨个询问其他观众是否有人拿错了包，最终顺利找回。虽然这只是志愿服务中的一件小事，但观众的问题得到解决并且不断地向我们说“谢谢”，那个时刻内心涌动的自豪与快乐，我永远不会忘记。

短短几周，通过计时、在纸上的反复推演，我们规划出观众观赛的最佳路线，设置了志愿者的精准点位，以期让观众能有最佳的观感。值得一提的是，今年的冬奥会比赛正值新春佳节，我们还会向观众道一声“过年好”，让观众感受到家的温暖。即便戴着口罩，我们也要用最暖心的问候让观众感受到我们的热情。服务的过程中，我们收获了无数声“谢谢”“你们辛苦了”，也收获了无数温暖的笑容。

短短几周，我还收获了淳朴而暖心的友谊。参加冬奥会的志愿者们，大家学校不同、学院不同、年龄不同，但是在“冰立方”里，我们拥有统一的名字——北京 2022 年冬奥会志愿者。在部署区休息时，大家会一起观看比赛，为中国队喝彩，也会为出现的失误而惋惜；大家还会在部署区一起玩桌游、打游戏，将部署区变成了欢乐的海洋；我们会为过生日的带班经理唱生日歌，也会聚在一起讨论分享趣事和美食……是冬奥会将来自五湖四海的我们聚在一起，在志愿服务中，我们相识、相知、相融。

鲍文杰在颁奖广场与主火炬的合影

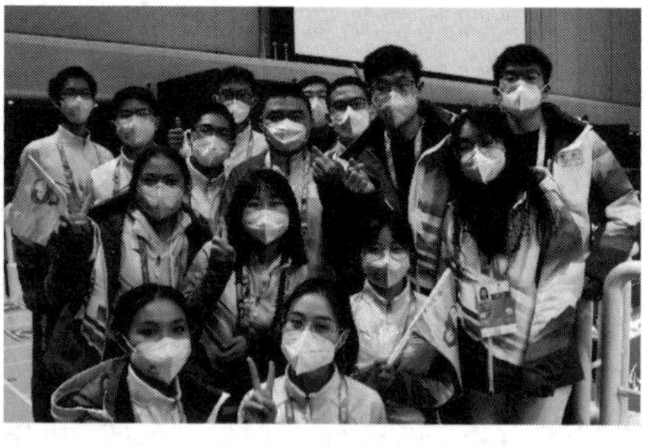

冬残奥会结束时鲍文杰（第三排右二）与经理和小伙伴们的合影

短短几周，我也亲历了中国轮椅冰壶队的王者归来。在冬残奥会服务的最后一天，赛事服务的志愿者们在现场目睹了中国轮椅冰壶队的卫冕时刻。当在颁奖环节中队员们用手指着胸前的国旗、互相为队友佩戴金牌时，“冰立方”赛场上五星红旗冉冉升起、南北看台的观众合唱国歌时，我的心情非常激动，久久不能平静，为能够亲眼见证这一历史时刻而自豪！

这个冬天，怀揣同样热情与目标的我们，为了一个共同的梦想，相聚“冰立方”，燃烧激情，一起奋斗，“一起向未来”！我也相信，赛事服务的故事，也将继续书写，志愿服务的精神，代代相传！

我的冬奥关键词

何翊华
法学院 2019 级本科生
国家游泳中心 赛事服务助理

2022 年 1 月 26 日，在北京成为“双奥之城”的前夕，我第一次来到“冰立方”——这个在 14 年前北京奥运会时就以“水立方”命名的家喻户晓的场馆。作为服务于“冰立方”的冬奥会和冬残奥会志愿者，从此时开始，我的冬奥故事正式拉开帷幕。而故事的核心，可以概括为四个关键词——友谊、知识、体验、成就感。

友谊

作为资深“社恐”（社交恐惧症），我的朋友圈向来扩张得极为缓慢，但冬奥会的这段经历暂时打破了这个规律。在学校，我能和所在志愿者中队的同学们一起，参与丰富多彩的活动，度过一个不一样的“团圆年”；在场馆，我能和其他志愿者一起上岗服务，共同感受服务冬奥、奉献他人的快乐。这种特殊的集体生活，成为过去一个半月我的生活主色调。

坦率地说，在真正与大家相遇之前，我的内心充满了忐忑，担心自己因无法与大家很好地相处而陷入尴尬的境地。但事实证明，这样的担心纯属多余，我们相处得十分融洽，甚至还与一些同学成为关系密切的朋友。我想，正是大家的热情、友好才能让我很快摆脱原有的拘谨，变得从容和开朗，我也因而不再像以往一样会因为社交产生压力，而是感到前所未有的放松和快乐。

如果要问我印象最深刻的是什么，我想应该是“两次生日”。第一次是 2 月 4 日，我所在的中队举办了一场生日会。在这场生日会上，中队老师准备的蛋糕令我们每个人都无比惊喜与感动——蛋糕正中是用 1000 余张中队活动的照片拼合而成的“一起向未来”，而围绕在照片四周的，是中队每名成员的名字。第二次则是 3 月 10 日——我自己的生日。当晚上岗期间，我收到了“冰立方”场馆运行团队赠送的电子生日贺卡及许多一起上岗的老师和同学的生日祝福。此外，我还和大家一起见证了中国轮椅冰壶队 9∶2 战胜拉脱维亚队，取得八连胜并以循环赛第一晋级半决赛的荣耀时刻。就这样，我以极为难忘的方式开启了新的一岁。中队老师说："当'我'变成'我们'的时候，'一起'才有意义。"或许，这正是志愿服务的魅力所在——志愿者们在用热情与奉献温暖他人的同时，也在用团结和友谊温暖着彼此。

赛事服务领域志愿者中队的合影

何翊华在"冰立方"S4 看台进行服务

知识

早在 2018 年平昌冬奥会，我就对冰壶项目产生了兴趣。不过，作为典型的奥运会体育迷，四年过去了，我对冰壶的了解依然停留在只会计算比分的水平。但过去的一个半月，我对冰壶的场地、器材、规则、战术有了更多的了解，冰壶知识的增长可谓突飞猛进。"冬奥会冰壶场馆志愿者"这个新身份不仅使我对冰壶更加关注，还使了解冰壶知识成为我的一项义务。除了大量看比赛、听解说之外，我还搜集了很多相关的资料，甚至观看了一门名为"冰壶运动"的慕课。这样一来，我不仅能在观看冰壶比赛时更加投入，感受"冰上国际象棋"表面平静之下的波涛汹涌，还能在上岗服务时为观众介绍冰壶知识，为普及冰壶这项小众的运动作出自己的贡献。

当然，要想成为一名合格的冬奥会志愿者，我们的知识储备还应当更加广泛。因此在上岗前，我们还接受了全方位的培训，系统学习了礼仪、服务技巧、媒体素养、疫情防控、应急救护等各个领域的知识，这些知识不仅有助于我们提供更加专业的服务，还能让我们受用终生。以应急救护为例，1 月 15 日，学校邀请中国红十字会总会的老师为我们开展了心肺复苏的技能培训。我不仅有机会使用模拟人和教学用的自动体外除颤器设备，亲自动手实践，还参与并最终通过了考核，获得了"救护技能证"。从此之后，如果遇到相关的突发事件，我也有了伸出援助之手的信心和底气。奉献他人，提升自我，从而更好地奉献他人，一个良性循环由此开启，而这也正是志愿服务的重要意义。

体验

这是一次极为难得的奥运体验，我们不再只能通过电视或者网络“远观”冬奥会，而是可以在现场光荣地成为一名服务者、亲历者、见证者。2月4日晚的开幕式上，“冰立方”的外景镜头多次出现，但这一次看到它，我的感受却与以往完全不同。对我而言，它不再仅仅是一处知名的景点，而是我提供服务、为之奉献的地方。正如当晚我在微信朋友圈中写的那样，“我感受到的更多的是熟悉与亲切——我可以很快地说出不同类型的人群应该从哪个门进入，这些门都在什么位置，‘冰立方’周围有些什么建筑，以及我们每天都在这里做些什么。”

与观众相比，我们在上岗服务的过程中，能看到比赛之外的更多画面：清扫人员几乎不间断地打扫卫生，维持场馆的清洁；安保人员始终坚守岗位，甚至只能在岗位上而不是去餐厅用餐；公共卫生人员经常穿着厚重的防护服，进行人员核酸检测和环境采样……“同舟共济扬帆起，乘风破浪万里航”，正是每个场馆数十个业务领域的上千名保障人员共同的坚守和付出，才让我们战胜了重重困难与挑战，向世界呈现了一场“简约、安全、精彩”的冬奥盛会。

除此之外，我们还有机会亲临比赛现场，感受冬奥氛围。尤为幸运的是，我分别以观众和看台服务志愿者的身份，现场见证了冰壶和轮椅冰壶全部四个小项的决赛和颁奖仪式。每一场比赛的气氛都十分热烈，运动员们全力以赴、奋勇拼搏，在努力挑战自我的同时，也为观众奉献了精彩的视觉盛宴。观众则始终兴趣盎然，为各国运动员的精彩表现报以热烈的掌声和欢呼声。在3月12日下午，中国轮椅冰壶队成功卫冕冬残奥会冠军，在“冰立方”升起国旗、奏响国歌的时候，现场气氛更是被推向了最高潮。在我看来，这一场场比赛共同组成了一幅由运动员与观众共同描绘的“更快、更高、更强——更团结”的动人画卷，“相互理解、友谊、团结和公平竞争”的奥林匹克精神在这里体现得淋漓尽致。

成就感

作为闭环外的赛事服务志愿者，我们的工作主要包括两部分：一是在场馆入口等关键点位进行通行控制，查验通过人员的证件和健康状况；二是为现场观赛的观众提供检票、引导、信息咨询等服务。虽然这些工作十分简单，并不需要太多特殊的技能，但我相信，它们对于场馆的平稳运转与比赛的顺利进行不可或缺。在通行控制岗位上，我们对工作证件和健康状况的严格检查，能够减少新冠肺炎疫情风险、保证运行秩序，使工作人员安心工作、观众放心观赛。在观众服务岗位上，我们能及时帮助观众解决问题，让观众以更加轻松、舒畅的心情观看比赛，为运动员加油助威、鼓掌喝彩，让观众深刻地感受到竞技体育和奥林匹克运动的酣畅淋漓。

仔细想来，在冬奥会期间，让我产生成就感的事不计其数。从观众对我们说的一句句“谢谢”“辛苦了”到“冰立方”每场比赛结束后大屏幕打出的“感谢志愿者”；从开幕式上巴赫主席致辞中的“Thank you，volunteers.”，到闭幕式上致敬志愿者的特别环节；从写着“谢谢”的徽章，到写着“诚挚地感谢您对于北京2022年第24届冬季奥林匹克运动会（北京2022年第13届冬季残疾人奥林匹克运动会）取得圆满成功作出的贡献”的参与证书……凡此种种，不一而足。“功成不必在我，功成必定有我”，这一件件事都在告诉我，虽然我们做的只是一些平凡的小事，但仍旧是有意义、有价值的，并最终得到了大家的认可。“冰立方”能够在27个比赛日成功举办200余场比赛，我们和所有保障人员一样功不可没。这种满足感与成就感，实在是一种无比美好的体验。

2022年3月13日，随着冬残奥会主火炬缓缓熄灭，我的冬奥故事画上了句号。这一刻，除了深深的不舍，我还意识到了自己肩上沉甸甸的责任。14年前，北京夏季奥运会推动了中国的志愿者事业实现历史性跨越；而现在，作为北京冬奥会志愿者的我们，也需要从前辈手中接过接力棒，将志愿精神这笔宝贵的奥运遗产传承下去。友谊、知识、体验、成就感，我相信，它们绝不仅仅是冬奥志愿服务的关键词，而且是一切志愿服务的关键词。我也相信，我的冬奥之旅虽已结束，但我的志愿服务之路绝不会就此终结。“奉献、友爱、互助、进步”的志愿精神定将始终激励着我，“坚持与祖国同行、为人民奉献，以青春梦想、用实际行动为实现中华民族伟大复兴的中国梦作出新的更大贡献”。

一片冰心在玉壶——“冰立方”赛事服务志愿者的冬奥故事

延景彧

经济学院 2020 级本科生

国家游泳中心 赛事服务组长

我的冬奥故事源自高中时代的一个幻想：考到北京、服务北京冬奥。这个梦想经历了漫长的等待，在 2021 年 10 月 28 日晚上成为现实——我成为一名服务于“冰立方”的赛事服务志愿者，我的冬奥故事就此开启。

我的冬奥故事关于自信

只有充分的准备，才能让我在面对观众时不慌张，自信地处理每一种状况。赛前我报名参加了学校组织的急救课程，花了半天的时间从理论到实践、全方位学习了心肺复苏的技术，并通过了红十字会总会的考试。在老师的带领下，我和小伙伴们总结了不同点位的注意事项，预备了观众可能问到的各种问题。虽然很多设想的情况最后都没有发生，但是充分的准备让我对自己的服务更有底气。

我的冬奥故事关于见证

2022 年 2 月 2 日，服务冬奥的第一天，中国混双冰壶队迎战平昌冬奥会亚军瑞士队。工作间隙，我在离看台几十米的信息咨询台观看了比赛。那个时刻，我与这场比赛仿佛产生了联结，我第一次意识到自己是这个场馆的一分子，我为这场比赛的顺利进行尽了一份力，我发现自己与中国运动员及每一名观众的心跳同频共振！我仍然记得中国队投出最后一壶后场馆运行团队的欢呼。

我的冬奥故事关于微笑

我的任务主要是维持场馆秩序，服务观众，保证观众有序观看比赛。都说志愿者的微笑是这座城市靓丽的名片，很高兴，自己的工作能将这张名片传递下去。当观众因为我的服务感觉自己的一天被点亮，并回馈我微笑时，我觉得在这里的每一天都是值得的。让我印象最深的是一位挪威人，当我向他问好时，他思考了片刻，用不太流利的中文对我说：“春节快乐。”

延景彧在“冰立方”门口欢迎观众

延景彧（左二）和小伙伴们与主火炬合影

我的冬奥故事关于友谊

我认为这就是志愿服务最迷人之处。跳出自己原有的生活圈，和性格各异，但都乐意奉献爱的小伙伴们在一起。我们的团队里有故交，不和他一起参加一场志愿服务，你都不知道对方拥有如此有趣的灵魂；我们的团队里还有新朋，有热爱摄影、帮助我们记录志愿服务过程的学长，有爱笑的学姐，有爱和保安聊天的小伙伴，还有退伍军人、“双奥”见证者……他们带我走进了各自不一样的生活，用他们的爱照亮别人，也感染到我。

我的冬奥故事关于冰雪

这次冬奥会志在带动三亿人参与冰雪运动。我很自豪自己现在就是这三亿分之一。感谢学校的支持，这个假期我第一次走上了雪场，第一次在未名湖滑冰。感谢“冰立方”给我“种草”了冰壶这项运动，冬奥的冰壶比赛我几乎场场都看，从“冰壶盲”变成了“冰壶通”，最后能非常自信地为观众解释运动员们的战略和打法。

感谢这个冬日，这一个月，有冒雪前行的坚守，有见证一块又一块金牌诞生的骄傲，有奉献爱、收获爱的感动，有国泰民安、身处盛世的感激。这个冬天我成为“冰新一代”、一片“燃烧的雪花”，和可爱的人们一起，“一起向未来”!

我的冬残奥故事关于骄傲

2022年3月6日，是我服务冬残奥会比赛的第一天，在那天我佩戴上了党徽，面对鲜红的旗帜宣誓——为共产主义事业奋斗终生！那天的夕阳很美，透过“冰立方”晶莹的外墙洒满整座场馆，我就在落日的余晖里工作。从那天开始，我不仅是一名普通的志愿者，还是一名共产党员，为人民服务是我的使命。也就是在那天，中国轮椅冰壶队迎来了在冬残奥会期间的首场胜利，我和很多人一样，期望着他们能让这座场馆升起五星红旗，我将在国旗下轻唱着《义勇军进行曲》，那将是我一生珍贵的回忆。

2022年3月12日，是我上岗服务的最后一天，这个愿望实现了。当场馆升起五星红旗，全场唱国歌时，我和小伙伴们看着彼此湿润的眼眶，紧紧相拥。

蓝白色少年，绽放在冰灯初上

苏浩然

基础医学院 2020 级本科生

国家游泳中心 赛事服务组长

3 月 13 日，北京 2022 年冬残奥会落下帷幕，从开幕式上的主火炬点燃，到乘着最后一趟班车驶离“冰立方”，一个多月的日子如流水飞快，但每一天都弥足珍贵。从第一天身穿志愿者制服在镜子前打量，到今天依依不舍将其叠好收进行囊，这一抹蓝色，冲淡了三九冬日里的寒，润饰了少年心中的原野。

我最初的奥运情结还要追溯到 2008 年。那年的夏天在家里观看比赛，志愿者在赛场上服务赛事的身影、温暖的微笑，都让我对日后能够成为一名服务他人、奉献自我的志愿者心生向往。上大学后，我在参与学生工作的过程中感受到了助人为乐的满足感，也从参加过中华人民共和国成立 70 周年群众游行的学长、学姐那里收获了榜样的力量。入学伊始，随着冬奥会志愿者招募通知的下达，我便认真填写资料，庄严递交申请，渴望在这项国际体育盛会上贡献力量。

随着冬奥赛事的临近，我也陆续接到了志愿者面试等相关通知，并有幸成为千千万万志愿者中的一员。平日里课业繁忙，临行前的培训帮助我逐步从学生转变成一名合格的志愿者。开赛前的几天里，场馆经理与主管老师为我们耐心地讲授了志愿者所应掌握的知识，如志愿者的用语、突发情况的处理等。同时，“冰立方”经理也充分考虑志愿者们的感受，让我们通过岗位轮换的方式来缓解重复工作的枯燥，彰显了紧迫任务下的人文关怀。短短几日的培训后，我们便掌握了相关技能，并且相互熟识。倒计时钟声响起，我期盼着比赛的来临。

“呼叫经理，这里是南广场，观众已开始入场！”随着手台的响起，我和身边的同伴抖擞精神，挺直身姿——一次忙碌的赛事服务就要开始了。我所参与的岗位工作较为丰富：通行控制，检查每一名通行人员的证件与绿码、进行手消、刷脸扫描身份证，再伴随着一句“谢谢您的配合，请进”；室内服务，为入场后的观众服务引导，认真回复“这里还有卖‘冰墩墩’吗”的热切提问，提供最直接的咨询与帮助；座席引导，在离比赛最近的区域，用礼貌与真心服务好看台上的每一名观众，用热情与微笑传递最美的名片；轮值车长，仔细清点好每一趟班车的人数，提醒大家佩戴注册卡和证件，及时联系司机师傅，为大家安排好行程……这一项项工作、一个个动作看似简单，但每一次重复后，我们都会思考着如何精益求精，如何不断积累经验，如何让自己的工作趋于完美。

十几天的赛事服务工作中，很多事情给我留下了深刻的印象。在执行座席引导工作时，我与另一名北大的同学共同负责一片看台。第一班岗缺乏经验，第一天，当观众进入看台时，我们难免紧张与恐惧，和观众寒暄时也只会说“你好”之类的简单话语，但在多次上岗后，我们便积累了一套非常娴熟的话语体系，交流也逐渐流畅自然。记得在一次比赛结束后，几位阿姨想要帮忙拍个合影，我便非常热心地答应，并询问她：“您是想要横屏还是竖屏，全身还是半身的照片呀？”“您看一下效果怎么样呀，不满意的话我再帮您重新拍一下。”拍照的同时，我也协助其寻找最佳的拍摄角度，她们的脸上露出满意的神色，也亲切地对我说：“谢谢你呀小伙子，你是哪个学校的呀？”“阿姨，我们是北大的。”“噢噢噢，怪不得考虑得这么全面，你们辛苦啦。”

这只是发生在工作期间的众多小故事之一，我是一个很容易被“小确幸”感动到的人：上岗期间，观众认真回复我的每一句寒暄与问好；欢送离场时有观众主动与我合影；外国友人用中文向我说“谢谢你”等。部署区休息期间，一起为电视转播的中国队比赛振臂呐喊；在工作群中出现“中国冰壶队赢了”的最新消息后奔走相告，发朋友圈热烈庆祝；场馆发放的夜宵与激励物质等。在校期间，老师们在冬奥结束当天在英杰交流中心迎接我们归来，同学对我说：“浩然你是参加了冬奥了吗？真的很棒！”……观众越感到开心、越感到满足，我们志愿者就越受到激励、越觉得幸福。

服务冬残奥会又给了我新体验，与冬奥会相比，冬残奥会的场馆设施在各个方面都为残障群体考虑，如无障碍车辆、无障碍通道、无障碍卫生间，为残障群体提供最佳的体验。服务的时候我也看到观众的热情依旧不减，可见国家与人民对残障群体运动的关注度在提高。服务期间也有很多使用轮椅的观众前来观赛，他们虽在身体上有残疾，却诠释了什么叫作“身残志坚”，在一些需要帮助的场合，他们也大都会讲：“不用啦，谢谢你小伙子，我自己来。”与这样一群特殊的观众打交道，与其说是我为他们服务，倒不如说是他们教会了我许多。

要论最震撼人心的事，当属观看轮椅冰壶决赛，也是“冰立方”赛事服务领域的收官之战。作为取得中国冬残奥历史首金的冠军队伍，中国轮椅冰壶队依然不负众望，面对瑞典队，落壶精准，稳如泰山，激烈角逐过后，一切尘埃落定——我们是冠军！我仍然清晰地记得，一时间，“冰立方”成为欢乐的海洋，每个人都尽情挥舞着手中的红旗，我也与身旁的志愿者共同欢呼，脸上洋溢着骄傲与自豪。当《义勇军进行曲》响起时，我的脑海中闪现第一天来到“冰立方”的场景，历时两个月，赛事服务圆满收官，我们也如愿拿下了金牌！这段经历是一份宝贵的精神财富，我将会永远铭记。

苏浩然在执行冰壶赛事的室内服务工作

苏浩然在轮椅冰壶决赛现场观赛

就像那句歌词所唱，“我们都需要爱，大家把手都牵起来”，通过这次冬奥会和冬残奥会，我认为志愿者就是传递这份爱，分享这份爱，将大家联结起来的使者，同时也是这份爱的接受者。志愿者是冬奥赛场上至关重要的一环，付出自己的时间和精力，为他人的观赛提供了帮助与便利，为赛事的运行提供了保障与服务，在社会生活中释放出正能量；于己而言，“赠人玫瑰，手留余香”，我一直都认为参与志愿服务工作的收获是远大于付出的——精神财富比物质奖励更可贵。每一次工作的出勤，收获观众的认可，情谊的拉近，阅历的增长，都是对志愿者自身的激励与沉淀，正是这种良性的反馈，让志愿者享受志愿服务的过程。服务社会，也接受社会的回馈；奉献自我，也不断遇见更好的自我。

这一次冬奥会在新冠肺炎疫情期间如期且圆满举办，离不开无数幕后工作者的不懈努力，离不开全国人民对冬奥赛事的大力支持，也离不开全球冰雪运动爱好者的广泛关注。奥林匹克圣火下，继“更快、更高、更强”之后的“更团结”，成了冬奥期间的主旋律。我们需要爱，我们也拥有爱，爱别人，被别人爱着，真的是一件非常温暖、非常幸福的事情。我觉得这就是参加此次冬奥服务后带给我最朴素且发自肺腑的感触。我们需要爱，世界需要爱，世界需要我们消除隔阂，跨越鸿沟，一起创造未来。

热忱服务献冬奥，热血共赴铸青春

李嘉颢

化学与分子工程学院 2020 级本科生

国家游泳中心 赛事服务助理

如果说参加冬奥志愿服务是青春之花的绽放，那么埋在我心底的种子源于 12 年前的上海世博会。我清晰地记得，有一群被称作“小白菜”的大学生们，站在整个展区的各个角落。他们用微笑迎接来自海内外的游客，用热情服务每一位需要帮助的人们。小时候的我作为参观的游客了解到，他们是志愿者哥哥姐姐们，当时，也曾幻想过自己以后也能成为他们中的一员。特别有幸作为志愿者参与北京 2022 年冬奥会和冬残奥会中，从入选到冬奥会闭幕，我从热情欢迎到逐渐体会到身为志愿者的乐趣，并最终被赛场上的热血鼓舞，这其中的蜕变是冬奥于我最大的改变。

在来到“冰立方”服务之前，同学之间经常会提到一个词——“社死”。一想到站在场馆里挥着小旗，或者道一声“欢迎”，而没有人回应，就会感到十分尴尬。最初的两个比赛日，我的岗位与观众接触较少，我也有这样的畏惧心理，觉得在一个充满陌生人的场所，很难真诚地表达。但我换位思考后，想到观众来到“冰立方”是怀着期待、愉悦的心情，希望目睹一场精彩的比赛，看到一个精神饱满的团队。即使是当冬奥赛场的“气氛组”，能为观众带来更好的观赛体验，也是我的荣耀和幸福。

轮岗之后，我去到南商业街进口引导，这是观众进入“冰立方”场馆最先见到的志愿者。这个岗位的基本职责是防止观众误进部署区。比赛时间正值新春佳节，观众来观赛都是带着喜气洋洋的好心情。我也热情地问候并提示：“新年快乐！前面左转观赛！”当看到观众脸上露出笑容，挥舞起手中的小旗时，我心里有一种幸福感油然而生。之后的退场阶段，另一位志愿者看到我之前的热情，也在换岗休息的时候和我站在一起，我们一拍即合，共同商定了台词：“欢迎再来‘冰立方’，晚安！”我们俩轻声齐数“三、二、一”，之后面带笑容地喊出这句台词，送走了当天“冰立方”的最后一波观众。那天以后我体会到，志愿服务的快乐更多的是自己从中寻找的，并没有一个剧本限制我们的快乐源泉，如果能把这份快乐传递给身边的人，或是观众，或是志愿者，我想那也是志愿活动的意义所在。

精神饱满的志愿者李嘉颢

李嘉颢（左一）与“冰立方”座席区的观众交流

我轮岗到座席区时发现，由于冰壶赛场没有现场解说，有些观众对冰壶的比赛规则不甚了解。有几次我发现观众对比赛局面感到疑惑，在互相询问了解。我想，作为赛事服务志愿者，在做好场地引导、维护秩序等基本赛事服务的基础上，还应尽力宣传赛事常识，弘扬奥运精神。因此，上岗闲暇时每当发现身边有观众对比赛存在疑惑时，我都会热心地向他们讲解冰壶赛事的知识，分析赛场形势，分享观赛经验，以提高大家的观赛热情。每次看到有观众把我所讲的知识点再传递给旁边的观众，使得那些原本因看不懂比赛而略显茫然的观众重新融入紧张的观赛氛围时，这种交流都会给予我极大的满足感与成就感。

在轮岗座席区期间，我还遇到一位特殊的观众——腿部骨折的小男孩，他由父亲推着轮椅进入座席区。从父子间的对话里，我发觉他十分了解冰壶的比赛规则，对场上的局势也很有见解，观赛期间显得特别兴奋，也引得前排观众侧目回首。我想，此时如果直接劝告他安静肯定不妥，正当我犹豫时发现父亲起身推轮椅送他去上厕所。按照防疫要求，志愿者本不需要给普通观众提供拉门帘和开门的服务，但是他坐轮椅多有不便，而且这也是个很好的交流机会。于是，我紧跟上前协助引导他至无障碍厕所，并通过和他讨论赛事的形式充分肯定他对冰壶赛况的见解，也婉转地告诉他观赛不能影响别人。在引导他们回到观赛区时，小男孩转头挥手，眼神中略带一丝愧疚，我便笑着给他竖起了大拇指。我觉得，热情确实可以化解很多尴尬，帮助确实可以连接人心。

除了那一声声感谢带来的成就感，我慢慢地寻找和感受服务中其他的点滴快乐。在某个寒冷的晚上，我和南广场的志愿者们在门口等待着最后一位观众，我们站在石墩子上眺望着，最后一合计，摆出了师徒四人的造型合照。另一次，我换岗走在南商业街时，有个观众特别小声地说：“哎，我们可以和志愿者聊天吗?”我正好在旁边听到，就笑着跟他们说声“可以”，他们被我插入的发言逗乐了，十几日无数小的瞬间让我暖心。在赛事服务这个岗位，我们为观众送去温暖，同时观众的反馈更让我们感受到这个岗位的意义所在。

原本与冰雪活动接触甚少，但在冬奥正赛之前，我也成为"三亿人上冰雪"的一员。初涉冰面的犹豫、初上雪场的恐惧至今记忆犹新，那种值得回味的经历让我真切地体会到，冰雪运动即意味着：摔倒了，再站起来，永不服输，永不放弃。赛事服务期间，我有幸在电视上见证了2月6日中国女足补时绝杀韩国队获得女足亚洲杯冠军的激动一刻，也现场见证了2月13日女子冰壶中国队最后一壶绝杀韩国队的瞬间。当现场响起雷鸣般的掌声时，当现场响起耳熟能详的《风雨彩虹铿锵玫瑰》音乐时，我热血沸腾，自豪而又感动，为女队，为祖国，也为身逢盛世的自己。

来观赛的小朋友很多，我时而回想起小时候看2008年奥运会和用各种道具画福娃的经历。联动的回忆，意味着一代代青年在奥林匹克精神的鼓舞下成长着。在庆祝中国共产党成立100周年大会上，我作为合唱团的一员，在天安门前许下"请党放心，强国有我"的青春誓言。如今在冬奥赛场上，我以北大学子的身份参与志愿服务。这些终生难忘的经历给予我无限的精神动力，必将鼓舞我在成长道路上不折不挠、一往无前，必将激励我在新时代的征途上披荆斩棘、踔厉奋发。

相约冰雪，“一起向未来”

谢家兴
基础医学院 2020 级本科生
国家游泳中心 赛事服务组长

2019 年北京初雪之后的不久，北京 2022 年冬奥会和冬残奥会组织委员会（下文简称“冬奥组委”）面向全球招募冬奥会赛事志愿者，我和朋友们一道，选择报名成为北京 2022 年冬奥会志愿者，相约“双奥之城”北京。从那时起，一个与冰雪相约的梦就开始孕育。

2021 年 8 月 8 日，当我在上海旅行时，正巧赶上了通用志愿者的面试通知，经过院系和场馆运行团队的两轮面试，我光荣地成为一名冬奥会志愿者，被录用为“冰立方”场馆运行团队赛事服务组长，当初与冰雪相约的日子，也一天天靠近。时光流转，伴随着开幕式上 24 节气倒计时，我的志愿生活正式宣告启程！

在上岗之前，我们先后接受了线上课程培训及考核，学习了冬奥文化、冬奥项目、专业技能、外语知识，学期结束后，学校组织开展北京大学冬奥会志愿者成长训练营，在一次次的中队活动中增进了新朋友之间的友谊。当正式进入场馆进行培训时，场馆的经理、主管老师们给我们详细讲解了场馆的基本情况、岗位基本职责和突发情况处理办法，为正式上岗做足了准备，老师们的认真负责和志愿者们事无巨细的提问，更是为赛事服务的平稳运行打下了坚实的基础。

赛事服务的工作是温暖的。冬奥会正值北京最寒冷的时候，我们领域的志愿者大约有一半需要在室外为观众提供服务，南广场的风也不曾吹灭志愿者的热情。当志愿者的“活力蓝”在“冰立方”盛情绽放，当一句句简单却又朴素的“欢迎来到‘冰立方’”脱口而出，志愿服务的温暖便直抵人心，成为志愿者的意义便更为非凡。

记得是 2 月 6 日的一次晚班，我在南商业街的部署区前，为观众提供引导服务，当天的观众大都是成群地到来，我和另一名小伙伴一同在岗位上欢迎观众，观众也给予了我们非常热情的回应。当入场接近尾声时，一位中年的阿姨独自进入了场馆，透过口罩，我能感觉到阿姨不太高兴，当我带着忐忑的心情向那位阿姨说：“晚上好，欢迎来到‘冰立方’。”阿姨脸上立刻露出了灿烂的微笑。赛事服务志愿者的价值，在与观众的双向奔赴中不断升华。

谢家兴（左一）赛事服务领域闭锁期培训

谢家兴（右）在南广场布置观众入口一米线

赛事服务的工作是细致的。我们对观众的需求有求必应，帮观众拍下纪念照片、指引观众前往纪念品商店、在下雪时不断提醒观众脚底防滑、解答观众对于冰壶比赛的疑问。我们对每一位观众同样热情，观众也给予我们温暖而又感动的回应。

记得在南广场上岗的一个晚班，当天晚上 244 名观众有 243 名到达了现场，当票务领域和安保领域的工作人员基本撤离了工作场地，我们志愿者还继续坚守在岗位一线，绝不落下任何一名观众，我和另一位小伙伴在主管老师的指示下，两次前往公共活动区寻找这名观众，这便是我们赛事服务志愿者的坚守与担当。

“一起向未来”，我们因身为中华儿女而自豪！我们一起在电视机前观看冰壶比赛，为中国队的开门红而喝彩；我们一起见证短道速滑项目诞生中国首金，为中国队的荣耀而自豪；我们更有幸与颁奖广场隔岸相望，用《歌唱祖国》联结起闭环内外、与运动员共同分享属于中国冬奥的喜悦与荣光！

“一起向未来”，我们为奥林匹克精神所打动！赛场内，冰壶比赛的局势瞬息万变，各国运动员从不言弃，奋战至每场轮次的最后一刻；赛场外，运动员们互相打气、礼尚往来。混双冰壶，我们见证了中国选手失利后向对手美国队赠礼的感人瞬间；男子冰壶，我们目睹了中国选手放弃有利判罚的绅士之举；轮椅冰壶，我们更有幸在“冰立方”亲历《义勇军进行曲》的奏响，感动于中国健儿与瑞典、加拿大选手对奥林匹克精神的践行。回首 2008，“更快、更高、更强”的口号让国人振奋；今朝 2022，“更团结”的格言让世界联结！

相约冰雪，“一起向未来”！从冬奥会到冬残奥会，我与“冰立方”的志愿者一道，不负祖国的信任，尽己所能，为中国奉献属于“冰新一代”的青春力量，向世界呈现两场同样精彩的奥运盛会！

“冰立方”陈墩墩的“4A”生活

陈婷蔚
人口研究所2020级硕士研究生
国家游泳中心 赛事服务助理

我叫陈墩墩，原名陈婷蔚，是北京大学2020级硕士研究生。作为“冰立方”赛事服务领域的一名志愿者，我身穿防寒服，脚蹬保暖靴，头顶雷锋帽，整体形象略微“碰瓷”冬奥顶流“冰墩墩”。

2022年2月2日以来，我在“冰立方”完成了15场比赛的保障工作，在21天的上岗时间里，我坚持着我的“4A”标准，用切身行动体现了北京冬奥会志愿者作为中国新青年的蓬勃生机与活力。

Activity（活力）

“冰立方”是冰壶项目的比赛场地，冰壶是赛程最长，比赛场次最多的冬奥项目，这也就要求所有志愿者都要有足够的活力去服务较长时间的赛事工作。而我所在的赛事服务领域是直接面对观众的第一线，我们是除了运动员外最能影响观众观赛感受的一群人。

当观众进入“冰立方”的第一秒，我的工作便开始了。“欢迎您来到‘冰立方’，这里可以检票。”一句热情的问候是这场观赛乐章的第一个音符。“冰立方”总共三个检票口，每场比赛，负责检票的我们都在暗搓搓地较劲，“攀比”着哪个检票口的声音最大，说的欢迎最多，观众进场最有序，核查的票数量最多。无论是早上八点还是晚上七点，我们总能用最好的面貌面对观众，以最有活力的姿态服务每一位前来感受冬奥的观众，我们扫描、打孔、发放旗子，给小朋友递上专属的眼镜，一套动作行云流水，即便戴着口罩，嘴角也依然保持上扬。

Ability（能力）

做一名赛事服务领域志愿者需要什么能力呢？

导航功能——在场馆的任何位置都能为前来咨询的观众提供指引服务，最近的卫生间、或许可以买到“冰墩墩”的特许经营商店、寄明信片的中国邮政、拍照的最佳角度，在导航的同时还能附带温馨提醒：“特许经营商店的货不全啦”“那边的卫生间人会少一点哟”“S3 看台这边请”。

拍照功能——留下一张照片是很多观众来到“冰立方”的必做项目，拿到相机、指挥观众摆好姿势，确认光与影的协调、将关键要素纳入画面、喊上一声“茄子”，一张完美的照片即刻出炉。在不同时间段找准最佳拍照角度，把人像拍得纤细美丽，这些都是我们的必备技能。除此之外，我们有时还肩负着当道具和拿包的重任，而这些微小的付出，却让我们收获了无数声充满善意的“谢谢”。

语言功能——前来观赛的观众里有很多外国友人，他们或许是冬奥合作伙伴的工作人员，或许是某所大学的老师，他们怀着了解中国文化的渴望，怀着对冬奥赛事的期盼，不应该也不能因为语言而受到阻碍，我们能做的就是尽全力帮助他们。

Achievement（成就）

成就感是志愿者坚持并保持热爱的原动力，运动员的呐喊、观众的感谢、同伴的肯定这些都是我们的“发电原料”。还记得女子冰壶循环赛第 11 轮，也是中国出战的最后一场比赛，当听到我们的冰壶姑娘以 11∶9 的成绩战胜了加拿大队时，志愿者部署区和观众看台同时传出欢呼声，大家都被竞技体育的魅力所感染、为运动员的拼搏精神所折服，散场时每个人都发自内心地笑着，而负责散场任务的我们完全忘却了疲惫，人人都鼓足了劲，坚守在各自的站点，传递热情，同每一位观众互道晚安。赛事的顺利开展、观众的满意而归，点点滴滴汇聚于心，汇成暖流，成为下一个清晨早起、继续以饱满的姿态投入赛事服务的动力。

陈婷蔚（前排中间）与志愿者们一起跳舞

与日出的合影是一天活力上岗的开始

Award（贡献）

运动员在冰面上斗智斗勇，我们在岗位上贡献力量。来自各个国家的运动员将自己对于冰壶的热爱与理解倾情展示，无数工作人员和志愿者以实际行动将志愿服务精神全情表达。比赛结束了，但那些灿烂的回忆永远镌刻在每个人心里。

仿佛一眨眼的工夫，期待已久的冬奥会就顺利结束了。我即将告别陈墩墩的身份，做回 2022 届毕业生陈婷蔚。“奥林匹克运动会是运动员的盛会，也是志愿者的盛会。”无数志愿者用点滴努力践行这句话的精神和内涵，“冰新一代”的我们用志愿行动讲述冬奥故事、弘扬冬奥精神，以力行奉献谱写青春最好的誓言。我也将带着“冬奥蓝”，进入毕业季，踏踏实实完成毕业论文，做一名合格的“冰新一代”，毕业后在自身的岗位站好每一班岗，时刻当好党和人民的志愿者。组织召唤，使命必达！

梦起2008，梦圆2022——我的奥运志愿记忆

孙艺甜
社会学系2019级本科生
国家游泳中心 赛事服务助理

我是第三中队的志愿者孙艺甜，来自厄瓜多尔，在“冰立方”进行赛事服务工作。非常荣幸能用文字记录志愿服务的点滴，与更多人分享我的冬奥志愿故事。

2008年北京奥运会举办期间，我第一次接触到“志愿服务”这个概念。那时我在电视里看到充满活力的志愿者哥哥、姐姐们，觉得特别好看、精神，但并不明白志愿服务的意义。于是我问父亲，志愿者是干什么的。父亲的回答是“志愿者就是为人工作，然后不收钱。”显然，父亲的解释并不全面。我听完很是困惑。直到后来我才了解到，志愿者是发挥自己的奉献精神来服务他人、服务社会的人。所以“不收钱”不是志愿者的特征，“无私奉献”才是。正是因为志愿者们无私奉献的精神，奥运会的观众和选手们才能享受精细的服务，奥运会才得以举办成功。在明白了这一点后，奥运志愿者的形象在我心中变得神圣、崇高和令人向往。

北京奥运会举办结束后的第11年，我来到北京上学，得知有机会成为冬奥会志愿者，我马上就填报了相关申请信息。在去年9月份，我收到了志愿者面试选拔的通知，于是我再一次报名并且有幸通过了面试，光荣成为一名冬奥会志愿者。

从1月23日到2月1日，我们赛事服务领域的志愿者轮班接受了培训。赛事服务主要面向持票观众，为服务对象提供检票、室内外引导、咨询等服务。我们的培训内容主要包括工作流程和注意事项介绍。赛事服务志愿者被分为三个小组，我是C组的一员。1月29日开工前，我们赛事服务C组拍了一张合影。大家精神饱满，蓄势待发！

2月2日，冬奥会的第一场比赛——冰壶混合双人循环赛在“冰立方”举办，“冰立方”的赛事服务志愿者们也开始了工作。开赛第一周，赛事服务C组分别服务了2月3日晚间场次和2月5日下午场次的观众。我被分配到的工作是在南广场检票和送离观众。

观众都非常有礼貌、有秩序，检票工作开展得很顺利。在工作过程中，最让我印象深刻的是观众离场时的状态。送离观众时，我们的每一句问候都

会得到他们的积极回应，并且他们会主动道别、道谢，并为我们送上新年祝福。看到观众的热情，我感觉自己付出的一切都很值得。

赛事服务 C 组第一张合影（第二排右八）

孙艺甜（左二）为入场观众检票

2 月 3 日的工作结束后，主管老师兴奋地宣布我们的工作完美完成，并召集大家一起合影。赛事服务 C 组南广场组第一天的工作在一句响亮的口号中结束——“赛事服务 C 组和公共服务部，首战告捷！”

这个完美的开始，让我更深地理解了志愿服务的意义，也为我带来了很多的能量，支撑我尽职尽责站好此后每一班岗。

冬奥会闭幕的那天，我百感交集，既为闭幕式中志愿者的身影而自豪，也为北京成功举办本届冬奥会而骄傲。身为一名华人，此刻，这种血浓于水的情感跨越国界，同频共振。

张于成老师在华人华侨志愿者座谈会上讲的一句话深深触动了我——“中华文化传播还有很长的一段路要走，而这件事要由并且只能由我们华人华侨完成。”我知道这份鼓励的背后，是长辈们深切的期待，也更让我感受到了肩上沉甸甸的责任。

最后，我还想感谢第三中队的小伙伴们，从上岗前的训练营阶段开始，大家就让我觉得无比温暖。那时候，因为赶期末论文，我参加中队活动较少，跟中队其他同学都还不太熟络，但每次我参加活动时与身边的同学聊天、向他们请教时，总能得到他们热情又善意的回应。这些都让我无比踏实，也让我对未来需要我们共同完成的志愿服务充满信心。上岗后的实践证明，大家真的非常棒，我们合作无比愉快！

从 2008 年在电视上看着志愿者服务奥运，到 2022 年成为赛场服务的一员，谢谢北京，谢谢北大，也谢谢我自己的坚持，期待与所有的志愿者一道，珍藏这段回忆，并化为前进的动力，我们“一起向未来”！

一名后勤小兵的暖和严

吴梦
经济学院 2020 级本科生
国家游泳中心 赛事服务助理

这次冬奥之旅，我是赛事服务领域后勤组成员，跟其他四位同学一起，为志愿者和观众分发各类物资。

参与冬奥，于我而言，无上光荣。但冬奥给予我的，岂止这份光荣。在后勤这个岗位上，我隐于幕后，但时时关注着台前，我服务志愿者，保障他们更好地服务观众。我学会了在一件件重复的小事中找寻意义，学会了在无人关注时仍旧尽职，学会了跟很多人、很多事相处。谢谢冬奥！

后勤组的小伙伴们在"鸟巢"前的合影（前排中间）

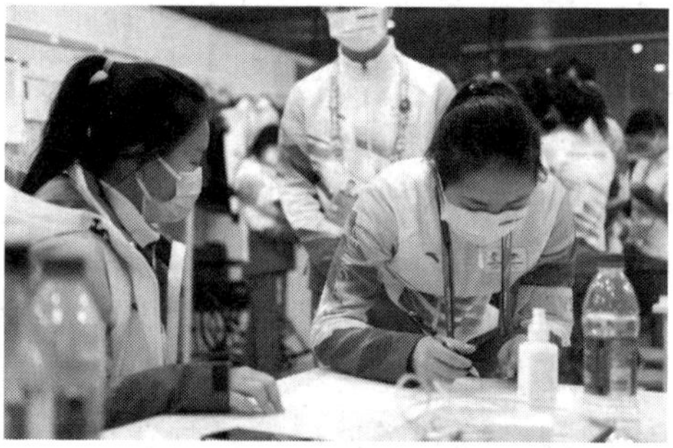
吴梦（左）为志愿者们发放物资

暖

可能是因为在燕园里，从后勤人那里收获了太多的善意，我对后勤工作颇为亲近。食堂师傅们多给的米饭，教学楼保洁阿姨刻意放轻的脚步，宿管阿姨永远亲切的笑脸……他们给我塑造了可以学习和模仿的榜样，让我在面对场馆中烦琐的工作时，能够始终保持足够的耐心和热情。

但光有耐心和热情是不够的，我们还得学会换位思考，比如在给观众发放物资时从什么方向递过去可以让手上已经拿着票的观众更加方便地拿到，气温下降时要更加密切地注意休息区的热水供应是否充足等。

我们释放的暖意，观众都能感受到，并且他们毫不犹豫地回馈更多的暖意，让我这个“社恐”（社交恐惧症）真切感受到人与人之间情感连接的温暖。

在这样一个虚拟与现实的边界越发模糊的时代，面对面感受到来自另外一个人甚至一群人的热情，感受到口罩都藏不住的呼之欲出的喜悦，感受到相同制服下一个个性格迥异、鲜活有趣的灵魂，所有的这一切都令我惊喜并心怀感恩。

对于成长在数字时代的年轻人来说，网络的喧嚣并不能填补内心某些情感的缺失，我们越来越敏感且多疑，为了保护自己只愿意对有限的人敞开心扉，不愿或者说不敢真诚勇敢地对陌生人表达善意与爱，当然也不会接收到这部分善意与爱。

幸运的是，在志愿工作中，尤其是在后勤工作中，我需要不断地向观众及其他志愿者传递善意，并在这一过程中收获了超乎想象的温暖和感动，我也逐渐突破了内心的恐惧，向更多的志愿者传递温暖，希望可以通过他们再把这份温暖传递给更多的观众，或者通过镜头将北京 2022 年冬奥会志愿者的笑容传递给全世界。

严

后勤工作繁杂，既需要爱和温暖，也需要严谨和一丝不苟。面对工作中出现的状况，直面问题并迅速找到合理的方式解决问题，是我在服务中学到的重要经验。比如，赛事服务领域内人数较多且组织架构有些复杂，我们在发放志愿者物资时容易出现混乱无序的状况。意识到这一点后，我们立即联合其他组的同学在发放方式上进行统一，在发放前就进行分组并登记，在发放到个人时也进行登记。虽然在程序上变得复杂，但这对我们在后续出现问题时进行追踪是必不可少的。这也让我认识到在面对任何问题时都要实事求是地采取对策，要善于思考并进行变通，在权衡取舍中寻找最优解，对我来说这是一次宝贵的成长经历。

虽然需要注意的细节很多，也不时有意想不到的突发事件需要处理，但当我回想并总结这一切时，我十分欣喜地发现包括我在内的后勤组的五名同学圆满地完成了使命，虽然可能在过程中会有手忙脚乱、不知所措的时候，但我们最终通过努力和智慧成功解决了工作中的一个个问题。

除了工作能力，我的工作态度也得到了很大的提高。从冬残奥会之前的培训中我了解到在服务残障人士时为了保护对方的自尊不能过度地表现热情，而是要用平等的姿态在必要时给予帮助。但是在服务期间，看到很多残奥会运动员在赛场上挑战自我并享受比赛时，我也不禁反思“健康”这个词的真正含义，健康远远不只是健全的身体，还有积极的思想状态。残奥会赛场上的每一位运动员都在发光，赛场下的朋友们的欢呼和笑容也十分有感染力，看到这些我常常感到自惭形秽，我想他们不仅不需要过度的帮助，也不需要善意地保持距离，他们本身就是和你我一样的人。认识到这一点之后，我彻底摘掉了有色眼镜，我相信志愿者所提供的真正发自内心的包含着平等和尊敬的服务，才是他们真正想要的，也是他们能够感受到的。

写到这里深觉自己幸运：能够在最好的青春年华留下这样一段绚烂的记忆；能够用这样一场国际性的体育盛事标记我的2022；能够因为热爱和情怀不计得失地付出，但我想，我所得到的，大概早已超过我所给予的。

感谢所有可爱的志愿者们，你们是我的冬奥记忆中最宝贵的部分，为了共同的梦想，我们相聚于此，之后请带着这段美好的记忆，“一起向未来”吧！

冰雪冬梦，难言再见

张亦松

物理学院 2018 级本科生

国家游泳中心 赛事服务助理

我对冬奥会的期待不是从被录取为志愿者才开始的，它实际上是一个遥远的渴望，要追溯到 2018 年我成为北大学生的那个夏天，甚至 2015 年初闻北京和张家口申办冬奥会成功的那个傍晚。先前承载了无数的期待，因此冬奥会的落幕也让我格外的失落和伤感，这个冬天、这场盛会留下了太多的精彩和感动，却在情绪的最高点戛然而止，留下了绵长的带有一丝落寞的回味。

冰雪运动的魅力远不止竞技体育本身，它的纯洁与梦幻的底色、拥抱自然的精神、与恶劣天气和人体极限相搏斗的挑战，给予了冬奥会超乎竞技和成绩之外的美丽意境。

越野滑雪运动员在雪原和莽林中穿行，成为辽阔、壮丽的自然画卷中的点睛之笔，我可以静静地欣赏他们滑行，一场一两个小时的比赛非但不枯燥，反倒意犹未尽。在板墙围拢的冰面上，球杆、冰刀与护具激烈地碰撞，激情随着冰刀铲起的冰晶四处迸溅，拉杆过人后的突施冷箭，令场上和场下的人为之沸腾。上演在“冰立方”“冰丝带”“雪飞燕”“雪游龙”的每一场比赛，都格外令人难忘和不舍，盛筵谢幕后的日子里，当这些美丽的场馆中不再有雪车疾驰、雪板翻飞、冰刀跃起、舞裙飘逸，我终于发现，冬奥会为我刻下了难以磨灭的冰雪烙印。

如果有人质疑冬奥会是否真的让冰雪运动不再遥不可及，而能够真正走进普通人的生活，我一定会用现身说法予以证明。这场盛会的到来彻底点燃了我对于冰雪运动的激情，志愿者的前期培训期间，我在未名湖冰场开放的时节多次上冰滑行，并彻底爱上了滑冰这项运动。即便冬奥会的圣火已然止息，冰雪运动的火种在我心中仍未熄灭，我开始跟随北大冰球队训练，每次上冰滑行都是最快乐的时刻之一。我生怕这澄澈的记忆会随着冬奥会而一起远去，拼命地想要留住它，让北京 2022 年冬奥会不是一场冰雪盛筵的隆重尾声，而是一个冰雪盛世的宏大启幕。

自从穿上天霁蓝的志愿者制服，我就成为奥林匹克盛会的真正参与者。奥运圣火降临，它就在我所服务的“冰立方”的东面——颁奖广场上燃烧着，我终于不再是一个遥远的看客。身在“冰立方”的日日夜夜，我充分体验了奥林匹克文化中源于体育却远远超于体育的内容。

在岗服务期间，第四中队全家福

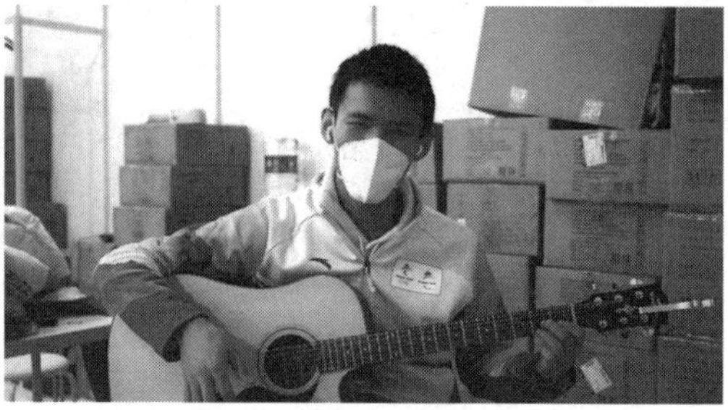

张亦松在赛事服务部署区准备冬奥相关节目

自始至终，冬奥会都带着某种遗憾，那就是新冠肺炎疫情对于一场全人类狂欢的阻隔。走进“冰立方”的刹那，每个人都会为梦幻般的冰蓝色装潢而着迷；每当入夜，美丽的灯光秀向所有路过的人们展示着它的魔力。这是为了迎接全世界的客人而精心准备的礼物，很多客人却因为疫情阻隔而无法光临；那些远道而来的代表团成员们，却被闭环内外的界限隔离，无缘与闭环外的志愿者、热情的北京市民相逢。在新冠肺炎疫情之下，我们这些负责引导和服务观众的志愿者的工作变轻松了，却也少了很多奉献自己、展示风采的机会。我常常会羡慕那些在闭环内工作的同伴，他们承担了比我们更加繁重的工作，显得更加不可或缺；而我也非常想尽更大的努力释放自己的服务热情，不论是在检票口、看台通道还是在偏远的综合服务区，我都希望在我的职责范围内帮助更多的人。

尽管新冠肺炎疫情让我们能够接触的人少了很多，但我仍然收获了很多感动和珍贵的友谊。平素身为基础理科专业的学生，我很难有这样的机会认识来自不同专业、不同学校和不同行业的人，跳出自己以往相对单调的生活，拥抱多彩的生活和不同的人们。在这短暂的一个月里，我能够完全忘却学术的压力，享受在“冰立方”的每一分每一秒，这是过去的数年里都不曾拥有的体验。在赛程的最后几天里，交换徽章的活动蔚然成风，参与其中的人有志愿者、场馆工作人员及来访的赞助商，商店和邮局的门口常常成为“跳蚤市场”。到了闭幕的那一天，我的注册卡挂绳上悬挂了 15 枚沉甸甸的熠熠生辉的徽章，它们是奥运盛会精彩而永恒的记忆。

闭幕式当晚，《雪花》美丽动人的旋律响彻北京的夜空，久久萦绕于我的脑海，“千万雪花，竞相开放，万千你我，汇聚成一个家”。2 月初，这段旋律带我走进这场梦幻般的冰蓝色盛会，如今它每每响起，都会让我眼含泪光。

千里圆一场奥运梦——从东京到北京

福川美希
新闻与传播学院 2020 级本科生
国家游泳中心 赛事服务助理

我是福川美希，是一名日本留学生，也是北京冬奥会“冰立方”赛事服务领域志愿者。

2021 年我收到冬奥会志愿者录取通知时，恰好是我开始学习中文的第十年。在我与中国结缘的第十年，我有幸获得了参与冬奥会志愿服务的机会，迎接来自全世界的冰雪运动爱好者。

这些年来，我目睹了中国的飞速发展与巨大变化。这场经历了抗疫寒冬的北京 2022 年冬奥会，也是向全世界展现中国风貌的重要机会。一直以来，我远在日本的家人、朋友都非常喜欢听我讲述中国的新变化、新发展，了解我看到的真实的中国。冬奥会来临之际，我在北京大学穿上了志愿者服装，希望能借此机会从不同视角看到不一样的中国，并亲口把在中国经历的故事讲给更多人听。

成为一名冬奥会志愿者，也让我回想起曾经参加过的志愿服务中的点点滴滴。高中时，我曾前往当地孤独症儿童康复中心担任志愿者，从那时起，我便开始关注孤独症儿童相关的公益项目。进入北京大学后，我加入了星星雨志愿者北大分队，继续为孤独症儿童及其家庭贡献自己的力量。我还加入了北大流浪猫关爱协会，用业余时间致力于改善流浪猫生活，营造和谐校园。我认为志愿精神是没有国界的，每一份爱心和热情都可以打动来自不同国家、不同文化背景的人们。志愿服务不仅能让我们所在的社会、整个世界变得更好，而且能让我们自己的人生变得更加丰富、更有意义。

我相信大学生活应该有多样的色彩，参与实践活动就是其中浓墨重彩的一笔，丰富多样的社会实践和志愿服务对我来说意义重大，能够让我真正融入中国。参与社会工作、学生工作是我与中国朋友建立友谊、深入感受中国社会文化的宝贵机会。在本次冬奥会志愿服务的培训中，我也结交了许多新朋友。

我感觉到担任冬奥会的志愿者都是开朗、热情、负责的同学。即使是初次见面，大家都毫不怯场，经过一天的时间就相互熟悉了，还会在学校相约一起运动、吃饭，或进行其他的学习娱乐活动。在新冠肺炎疫情防控的背景下，我们每天还需要做好健康监测和各类活动，各项任务多线并行，再加上日常的上岗任务，每天的生活都非常充实。但无论是中队的小队长，还是场馆各个志愿组的防疫专员，再到每一位志愿者个体，大家都用心完成每一个细小的任务，相互提醒，齐心协力做好防疫工作。这些细节让我看到了冬奥会大学生志愿者的精神面貌和高素质表现，更让我对一片小雪花形成一朵大雪花，我变成我们，“一起向未来”的精神有了更深的体会。

能够全身心投入到志愿工作中，离不开冬奥组委为志愿者的工作提供的诸多保障。上岗培训以来，我们几乎每天都会收到各类物资，例如暖宝宝、保温杯、食物等。场馆的饭菜种类多样，也非常合我的口味，每天都会和朋友一起期待当天的餐食。北大也十分关心留校过年的志愿者们，从学校到学院，定期举行各种活动，老师们以各种形式为我们送来温暖，即便是冬奥期间统一管理，氛围也如家一般。

福川美希（右）在南广场站岗前与朋友的合影

福川美希（右）在看台入口引导观众

上岗服务的过程中有太多美好、难忘的记忆。赛场上运动员们的呐喊声、“冰立方”和“鸟巢”美丽的夜景、志愿者们在寒风中一声声热情的问候……而最重要的是，成为一名冬奥会志愿者让我懂得了志愿服务不能止于一时，而是践行一生，在冬奥场馆中时刻保持在岗的状态，热情迎接观众早已成为我的习惯和自觉。在冬奥会检票、看台及入口引导时，我始终保持热情的态度，观众很难看清戴着口罩的志愿者的表情，我便尽量多利用语言和肢体动作表达对他们的欢迎。而观众给予我们的每一句回应、关心，对我们也是极其重要的鼓励。

我的工作岗位日常接触的大部分都是中国观众，但也会遇到一些突发状况。冬奥会上岗的最后一天，我结束了南广场的最后一班站岗，在入口处偶遇了一位来自日本的全球合作伙伴成员，他因英语沟通不顺利而遇到一些问题。尽管已经不在工作时间，但我依然主动上前进行中日文翻译，陪同并帮助日本来宾顺利完成相关工作。我知道，时刻准备好以最真诚的微笑迎接来自五湖四海的客人，是全体冬奥会志愿者需要展现的中国态度。

当年，我抱着满腔好奇从日本来到中国；如今，我想用自己的声音把真实的中国故事讲述给同样对中国充满好奇的人们。留学为我提供了深入了解中国的机会，我也愿成为跨文化的桥梁，把收获回馈给更多的人。

成为冬奥会志愿者，对于我来说是一件人生中的大事。2008 年北京奥运会，刚刚成为小学生的我，在东京的电视机前看到乒乓球项目颁奖典礼上，三面五星红旗缓缓升起。2020 年，因为新冠肺炎疫情无法回到日本的我，看到朋友分享作为东京奥运会志愿者的经历，很是羡慕。因此我也格外珍惜这一次成为北京 2022 年冬奥会志愿者的机会。志愿服务培训时老师的一句话让我十分感动："志愿者是冬奥会圆满举办不可缺少的群体。"从东京到北京，于冬奥赛场，绽志愿之花；不远千里，圆一场奥运梦。

“冰新一代”的暖心记忆

热合木哈力·哈加依
药学院 2018 级本科生
国家游泳中心 赛事服务主管

冬残奥会闭幕式已经过去一周，我想以这篇文章记录冬奥会及冬残奥会期间发生的那些仍记忆犹新的事。从小在天山天池下长大的我，自报名成为冬奥会志愿者以来一直开始期待冬奥会到来的那一天，期待着自己对志愿服务的热情与对体育的热爱碰撞出不一样的火花。

2022 年 1 月 11 日，为期一周的“冰新一代”训练营正式开启，我的冬奥之旅也由此启程。仍记得训练营中，作为“鸟巢一代”的老师们对我们“冰新一代”充满信心地说道：“‘鸟巢一代’祝‘冰新一代’凯旋。”如今，“冰新一代”已经顺利完成冬奥会服务保障任务。

2022 年 2 月 2 日，“冰立方”迎来第一场冰壶比赛，当晚中国队取得首胜，部署区传来阵阵欢呼声。那天晚上虽然不是我的班，但我也站在了南广场接待来观赛的观众，在室外上岗虽然寒冷，但志愿者伙伴们对观众一句句“新年快乐”“过年好”的祝福、观众手里一面面鲜艳的国旗与他们对我们的一声声关心让我感到非常温暖。

“冰立方”倒计时牌上的数字由两位数跳到个位数，2022 年 2 月 4 日，正值立春，开幕式的烟花终于绽放在“鸟巢”上空。正如张艺谋导演所说：“北京 2022 年冬奥会开幕式是一朵雪花的故事，全世界没有一朵雪花是一样的，‘燕山雪花大如席’。”我不禁赞叹，这是一场充满科技含量、充满现代与未来元素却又浸润着中国文化的开幕式，开幕式的精彩与卓越也让我们对接下来的赛事服务充满期待与信心。

2022 年 2 月 8 日，我按照既定计划在“冰立方”南广场轮岗值班，马路对面的颁奖广场正在举行短道速滑男子 1000 米颁奖典礼，中国选手任子威获得金牌，不一会儿便举行了升国旗仪式，南广场的志愿者们面向国旗唱起了国歌。中国选手退场时，北京大学与北京工商大学、中国音乐学院的志愿者们隔着马路在寒风中自发地为中国选手唱起了《歌唱祖国》，任子威更是落泪并发文感谢志愿者们对他的支持与鼓励。虽然那天值晚班，但我早已忘记了身体上的疲惫，内心激昂澎湃。

2022 年 2 月 13 日，“冰立方”举行女子冰壶第六轮的比赛。这是我在

“冰立方”南广场上岗的第11天，我像往常一样在群里提醒志愿者们每日运行计划、岗位安排、注意事项。与以往不同的是，外面下起了大雪，因此我着重提醒室外岗志愿者们穿戴冬奥组委发放的帽子、手套、保暖防寒服后出发前往场馆。“冰立方”变成了“雪立方”，将冬奥专属浪漫带给观众与志愿者。

中午，北京市发布暴雪黄色预警，为保证观众能够在寒冷的雪天安全、快速入场，我们比往常提前半小时前往岗位开始岗前准备工作：打开观众入口、测温棚、检票棚；请票务老师为检票同学进行岗前培训；请后勤组的同学准备好向观众发放的物资；组织同学们清理积雪，给路面铺上防滑毯。向代班经理汇报南广场一切准备就绪后，志愿者们迎来了下午场的观众，志愿者们一声声“欢迎大家”“大家下午好”“雪天路滑，请大家注意脚下”“请大家保持一米间距，有序入场”，换来了观众的关心与感谢“谢谢你们”“辛苦你们啦”“别冻着了，把帽子戴上”。志愿者与观众的双向奔赴让室外再一次变得温暖起来。

大约一小时后，观众入场完毕，志愿者们轮岗值班，换班休息的志愿者回部署区取暖，领取热水与暖宝宝。在收到观众即将退场的指令后，全体赛事服务志愿者列队欢送观众，向他们送上朴实但又真挚的祝福。结束一天的工作后回到学校，学校为我们准备了热腾腾的姜丝可乐，因为这一天说了太多句“请大家保持一米间距，有序入场”，同学们领取可乐时，我开玩笑道：“请大家保持一米间距。”同学们会意地笑道：“这已经成为你的职业习惯了。”虎年第一场雪下了一整天，天气十分寒冷，志愿者们却始终以最饱满的热情坚守在平凡的岗位，或许这就是“燃烧的雪花”!

2022年2月20日，志愿者们在“冰立方”齐声高喊：“‘冰新一代’顺利完成北京2022年冬奥会服务保障任务!”我的情绪自此开始发生了微妙的变化。晚上，我与志愿者们在新太阳学生活动中心共同观看北京冬奥会闭幕式，当看到离别的元素出现在闭幕式上、志愿者代表站上舞台接受表彰，听到“北京2022年冬奥会正式闭幕”“意大利等待世界各国运动员朋友们的到来”，脑海中浮现许多有关冬奥的回忆。

烟花燃起，我的内心依旧澎湃，等待我的是下一场同样精彩的冬残奥会，属于“冰新一代”的暖心故事继续发生着。

2022年3月4日，经过十几天的转换期，“冰墩墩”下班换“雪容融”正式上岗。而我依旧在南广场，继续做着检票、验票、引导、测温、秩序维护等平凡的工作，已经数不清自己说了多少句“欢迎大家来到‘冰立方’”“请提前准备好门票”。

冬残奥会期间我们还要格外注意残障人士要走无障碍流线，虽然此前场馆对我们做了很多相关培训，但当第一次接触到残障人士时心里是忐忑的。“我会不会推轮椅太快了”“这个地是不是不太平整”“我是不是太过于热情了”“观众是不是在外面等了太久了”这些是我第一次将观众从广场外推到六号门时不断自我念叨的话，虽然可能只有 50 米左右的路程，但我忐忑了一路直到坐着轮椅的爷爷最后笑着对我说：“谢谢你！”我才放下悬着的那颗心。

冬残奥会第一轮次南广场及后勤组志愿者的合影

冬残奥会期间热合木哈力·哈加依第一次接待观众

冬残奥会一眨眼就过去了，时间来到 2022 年 3 月 12 日。那一天是中国轮椅冰壶卫冕冠军的一天，更是我们志愿服务的最后一天。在服务了上百场冰壶比赛后，终于在最后一天见证中国队卫冕冠军，看到五星红旗冉冉升起，听到《义勇军进行曲》的庄严旋律。那一天“冰立方”也很浪漫地变成了金色，象征着中国队获得金牌，也象征着“冰立方”的志愿者们情比金坚的友谊，雪落花开，祝我们的友谊地久天长！冬奥结束，但始终让人感受到温暖的“燃烧的雪花”精神却永不褪色！

坚冰深处春水生

任则桑
元培学院 2019 级本科生
国家游泳中心 赛事服务助理

身为“冰立方”赛事服务领域的一名志愿者，我负责过通行控制、南广场的检票验票、看台的座席引导，每一次上岗都让我更加深刻地意识到什么是“一起向未来”。我与许多志同道合的朋友们来到“冰立方”，将自己的力量与热情传递给每位观众和其他领域的工作人员。一个人做梦，就只是梦，但当一群人一起做梦，那就是现实。在“冰立方”的 20 多个日日夜夜，我们奉献着，也收获着。

我的工作内容大部分是面向观众的。在与观众的来往互动中，温暖默默地流淌在我们的每一个眼神与每一句话语中。在南广场检票验票时，会遇到很多热情友好的观众。当我一边操作机器检票，一边对他们来到“冰立方”表示欢迎的时候，他们往往会以笑容回应我。散场时，我们也会在各自的点位上送观众沿指定路线离场。在我提醒观众注意脚下并感谢他们观赛的时候有位观众夸了一句“声音真甜”，瞬间消解了我的疲惫。偶尔还会有外国的观众，当我用英语向他们表示欢迎的时候，他们会主动用汉语回复“谢谢”。这些都令我感受到了凝聚的爱与温暖，或许这就是“together for a shared future”的内涵所在。

因为我们在闭环外，无法近距离接触运动员，最近的距离大概就是隔着颁奖广场和“冰立方”中间的马路看对面领完奖的运动员离场，或在看台服务的时候看到底下赛道上的运动员们。记得 2 月 8 日的晚上，任子威、李文龙在男子 1000 米短道速滑决赛摘金夺银后到颁奖广场领奖，从北京大学、中央音乐学院、北京工商大学集合而来的大学生志愿者们自发站在路边，隔着马路唱响了《歌唱祖国》及《我和我的祖国》这两首歌曲，为他们送上了诚挚的祝福与感谢。大家都热烈地表达着自己的感情，而运动员们也向我们挥手并大声致谢。

虽然我们无法现场见到其他运动员挥洒汗水、超越自我的场面，但是“冰立方”给了我们一个近距离了解被称为“冰上国际象棋”的冰壶的机会。2 月中下旬我的工作安排是看台服务，我得以在工作间隙与观众一起观看比赛并为运动员们加油。刚开始看比赛的时候由于不熟悉规则，我频频望向对面闭环内北看台挂了中国国旗的区域，当看到那里的观众鼓掌，就立马跟着鼓掌并研究赛场上的局势。功夫不负有心人，到了后期我对规则越来越熟悉，逐渐可以自己掌握鼓掌的时机，进而带领对规则不甚了解的观众为各国运动员们送上掌声。

在岗位上的任则燊(左一) 和同伴

看台服务进行时

当然，每一个岗位都不是我一个人在孤军奋战，而是和同伴们共同努力。我的同伴是来自赛事服务和其他各个领域的志愿者们。在通行控制岗位上，安保工作人员会协助我们共同完成证件的查验，遇到闭环内的车企图停车落客时，安保工作人员会上前沟通，让我们退后保持距离，并在后方通过手势及指示牌示意，在共同配合下守好闭环内外的分界线。每当结束工作之后来到食堂，食堂的工作人员也会热情地和我们打招呼并提醒我们做好手部消毒。在工作之余，领域主管还会带着我们去公共区志愿者的部署区进行探访与交流，来自不同学校的志愿者们穿着同样的制服，见面之后有一种天然的亲切感与默契，相互热情地打招呼、问候并交换各自的徽章。

上岗之外，我们在部署区的活动也是丰富多彩的。轮岗休息的志愿者们经常凑在电视机前用电脑转播收看当天的比赛，只要是有中国队参加的比赛，一场都不会落下。我们会为摔倒的运动员担心、为完美完成动作的运动员叫好、为获得好成绩的运动员喝彩，在一场场比赛中给为我们国家而奋力拼搏的运动员隔空加油。此外，部署区也不仅仅是我们放松休息的地方，墙边的白板上会不时更新近日的赛程及上岗班次，还会经常更新同学们手绘的一些冬奥元素与节日元素的图案，但角落里打冰壶的图画是一直保留的。

整理这些关于冬奥的记忆，告别过往的情绪让我再次产生了不舍，敲下这些字时我才意识到自己的冬奥志愿服务之旅已然画上句号。最后一天结束午班离开“冰立方”时，我和同伴回头望了好几次这个陪伴了我们一整个冬天的场馆，我们见过它的颜色变换、见过倒计时牌子从倒数变成正式开幕再变成闭幕。我们见证了运动员们的辉煌与遗憾，也见证了自己从生涩到熟练，却想不到时间转瞬即逝，这一切已然落幕。翻看相册里每一餐饭、每一次日出、每一次雪景都能回忆起当天自己做了什么工作、和同伴一起闲逛时聊了些什么，这些记忆都是如此的鲜明与饱满。相信这段经历也不会在记忆中蒙尘，它会因温暖的爱而时刻崭新。

天地飘雪，春日将至，爱始终及时。我们在“冰立方”见过太阳初升与金乌西坠、见过晴空万里与白雪皑皑，这 20 多个日日夜夜将成为我生命中无限美好的存在，无须追问意义，过程本身就是最好的答案。

水滴汇入大海，雪花融入雪山

罗雯婧

艺术学院 2018 级本科生

国家游泳中心 赛事服务助理

当取下体温监测手环的那一瞬间，我才意识到原来这段不太寻常的经历已经可以画上句号了。这种后知后觉一方面是因为经过转换期后，冬残奥会的志愿服务工作已经完全融入了我的日常学习与生活，另一方面则源于这两个月本身的繁忙、丰富和惊喜。

最开始，三班倒的作息使得我的生物钟总是闹别扭，即使是中班和晚班也会在早上五点半醒来。但也因此有幸领略到“冰立方”在一天中不同时段的美丽，清晨的薄雾和凌晨的灯光都会使人不禁驻足停留。到服务的后期，心中还会升起一种隐隐的骄傲和归属感，就像经理所说的，我们可能慢慢地成为这儿的主人，在上岗的每一天都希望能做得更好一点、再好一点。

作为赛事服务志愿者，日常工作分为两个部分，我们负责场馆的部分通行控制，严格落实新冠肺炎疫情防控的闭环原则；同时也服务前来观赛的观众，为观众提供从检票入场、看台观赛到结束退场的全程服务。一般来说，通行控制总是会辛苦一点，需要警惕“破环”风险，但也有其独特的乐趣。在一些点位站岗时会与场馆的安保工作人员搭档，因为都戴着口罩、帽子全副武装，无法辨认个人特征，有一次在聊天时就顺口称呼对方为“叔叔”，但一比对年龄，发现大家其实都是同龄人。哭笑不得之外还有一些敬佩，因为他们的工作比我们辛苦很多，八小时的站立值班在他们口中只是轻描淡写的“还好”“习惯了”，即使在除夕夜仍坚守岗位，就连年夜饭也不过是寒风中的一碗泡面。因此，在深入接触到冬奥会志愿工作、场馆各领域的同事后，才深刻体会到一场大型国际赛事的背后有着多少需要反复斟酌的细节、数不清的努力与一如既往的坚守。对于很多参与冬奥会筹备的工作人员来说“回家过年”并不是常态，这个冬天尤其如此。但是大家一起努力、互相祝福，冬奥会的顺利举办也许就是最好的新年礼物。

在服务观众的过程中，即时的感动和快乐总是更多的。我最喜欢的工作是在南广场向进场的观众问好，并在结束后欢送他们离开。在冬残奥会期间，我一直驻扎在南广场，不断重复着“早上好/下午好/晚上好”“新年快乐”“祝您观赛愉快”“雪天路滑，注意脚下”“感谢您的观赛”“再见”“您好，这边是无障碍通道”……数百次重复，但每一遍都发自肺腑、认真诚恳。我们因为戴着口罩而无法直接传递微笑，于是就努力让每一句话都温暖热情、抵达人心。同时，也有热情的观众主动和我们打招呼，或是道谢，或是祝福，有时候对方一句简单的“辛苦了”就会使我眼眶瞬间湿润。在那一刻，有一种强烈的获得感和满足感，它来源于人与人之间最朴实的理解与关怀，这可能就是志愿工作对于我的意义——如果身边的人或社会能因为自己的存在和作为变得好一点点，就是十分幸福的事了。

罗雯婧（左）在南广场引导观众入场

罗雯婧（右二）在现场见证中国轮椅冰壶队夺冠

同时，我们也非常荣幸地和现场观众一起见证了中国轮椅冰壶队成功夺冠，当国歌在场馆里奏响的瞬间，我和身边的同伴们、观众都肃然而立，共同分享那一刻身为中国人的自豪，与有荣焉。

另外，在常规工作之余，我也有幸兼职摄影宣传员，逐一为志愿者们拍摄工作中的珍贵画面。镜头下的志愿者们身着同样的工作服、配饰和口罩，发型和眼睛是能保留的为数不多的个人特征。但也正因如此，从相机的取景框看过去，我几乎能在瞬间捕捉并记住每个人的眼睛，并且常常被感动。他们的眼神或是平静坚定，或是透露笑意，都如此明亮而坦诚，毫无保留。我想，这也是一种默契，一种同为志愿者的默契，就像水滴汇入大海、雪花融入雪山——我们穿戴同样的服饰，怀着相似的愿望和心情，将个人融入集体之中分享着同一个名字：冬奥（冬残奥）会志愿者。就像当家人问我：“你在哪里服务呀？我要怎么在电视上找到你？”我回答说：“你看到每一个小小的身着蓝色志愿者工作服的人，都可以当作是看到了我，我们都是志愿者。”

微火虽微，生生不息

刘昭辰
信息科学技术学院 2018 级本科生
国家游泳中心 赛事服务助理

去年 11 月，我收到了冬奥会志愿者的拟录用邮件。延续了好几个年头的期待终于收束为一个肯定的答案，由此开启的志愿旅程比想象中更令人难忘。

我和北大很多同学一样，被分配在“冰立方”，这里是冰壶比赛的场馆。我所在的业务领域是赛事服务领域。简单来说，我们是场馆与观众的桥梁，观众能走到的地方，都有我们的身影。我们的工作就是保障观众观赛体验良好，同时维持场馆秩序井然。

首赛

2 月 2 日，农历正月初二，冬奥还未正式开幕，首场冰壶比赛便已开始，这也是北京冬奥会的第一场比赛。两天前，我刚刚和志愿者伙伴们一起度过了一个特殊的除夕夜——这是我第一次没有在家过春节，也是第一次和这么多新朋友一起过年。赛前，我和小伙伴们都十分激动，又有些忐忑：为了这一刻，我们已经准备了很久，但会不会出现新问题、新状况，我们心里没底。

晚上七点多，观众开始陆续入场。由于新冠肺炎疫情，本次冬奥会并没有公开售票，而是采取了组织观赛的形式。我当天被分在看台区的岗位，心中只有一个想法，就是一定要让观众感受到我们的热情，从而享受这场比赛带给他们的快乐。于是我展现出最饱满的笑容，跟每一个入场的观众打招呼，送出新年祝福。很多观众想留下照片作纪念，我便引导大家保持秩序，并主动帮他们拍照。观众素质很高，戴口罩、保持社交距离，不仅为中国运动员加油鼓劲，而且在对手表现出色时真诚鼓掌。

这场比赛中国组合凌智、范苏圆凭借冷静的发挥、过硬的实力步步为营，战胜了实力强劲的瑞士组合，为中国代表团赢得“开门红”。而对于我们而言，首次服务保障任务顺利完成，也是一个“开门红”，大家都为之振奋，喜悦之情溢于言表。

刘昭辰（右一）与小伙伴们

刘昭辰在赛前引导观众入座

大雪

我们每天的志愿工作是琐碎的，可能是在某个岔路做提醒、可能是在某个门口做查验、可能是在某个看台做引导，我们在一个个线性的岗位轮换，见证它们积分成冬奥的瑰丽函数。冰雪运动串联起全世界的人们，竞技体育的魅力在一项项赛事中展现得淋漓尽致。当工作被赋予这样的意义，我们便不再感到辛苦和枯燥。日历不经意间一天天翻过，冰壶比赛也由混双切换到男/女子比赛。2 月 13 日，北京迎来了一场鹅毛大雪。

这或许是这个冬天最大的一场雪，大片的雪花疾而密，颇有“地白风色寒，雪花大如手”的感觉。这一天我负责早场的比赛，在室外做引导。五点半，我从床上爬起来。六点刚过，便出门去赶班车。天还完全黑着，但仍有不少志愿者与我同向而行。这样的天气，睡过头大概也是可以原谅的，但当我点名的时候，发现我的志愿者伙伴没有一个人迟到。

大雪中，“冰立方”四周白茫茫一片，几乎成了“雪立方”。为了防止观众滑倒，工作人员在场馆外铺设了地毯。八点多，观众踏雪前来，我一边密切关注地毯有没有可能让人绊倒的翘边，一边向他们热情地招手问好：“欢迎来到‘冰立方’，小心地滑！”没有房屋的庇护，我所在的点位十分寒冷。但这一天，我却感到格外温暖，因为有不少观众也向我招手问好。一位中年大叔走过来跟我说：“小伙子真棒，我想和你合张影。”

情人节

这次的志愿活动，我除了在自己的岗位工作，还在宣传组帮忙。宣传组的小伙伴为情人节策划了一场“云晚会”，让我来负责剪辑。我拿到素材的时候已经是2月12日晚上，而13日一早，我就要上岗工作，直到下午才能返回学校。时间紧任务重，但我想认真做好这期视频，给大家送上一个志愿者专属的情人节惊喜。

2月12日晚，我一回到寝室就开始剪辑，到凌晨两点多完成视频的粗剪才睡下。13日，我利用空闲时间对视频进行修正和精剪，终于在晚间赶出了初稿。13日晚，宣传组的小伙伴对视频提出了一些修改建议，包括需要新增一些素材以及对节目顺序进行一些调整。于是我们相聚在北大勺园，进行“视频大会战”。相比孤军奋战，大伙在一块工作多了很多欢声笑语。零点的时候，我们感叹今年的情人节竟是这样开启的。凌晨两点，我们完成了第二个版本的视频。完成时刻，我们拍了一张合影，大家脸上洋溢着笑容，也充满了疲惫。

2月14日，宣传组的负责人给我们的视频提出了若干修改意见，于是又一轮工作紧锣密鼓地展开。一个视频让一个人满意容易，但让更多人满意就变得困难，很多时候我们需要在一次次的修改中探索出更好的方案。终于，在14日下午，我将视频的最终版本点击了发送键。顿时，我感到心情舒畅，仿佛万里无云。晚上七点零七分，视频发布，发布时间暗含了中国的情人节七夕。这可能是目前为止最让我想要大睡一觉的情人节，但这些辛苦都是值得的。

金牌

3月，天气转暖，在冬残奥会的岗位上我们已经不需要穿厚重的羽绒外套。衣着轻巧，脚步轻快，心情轻松，我们见证中国轮椅冰壶运动员一路过关斩将、挺进决赛，距离金牌仅一步之遥。

3月12日，决赛打响，这场关键的比赛中，我在看台区负责观众引导。观众十分激动，很多人手中都拿着中国国旗，比赛还没开始就不停地挥舞着。中国运动员在轮椅冰壶项目上曾经取得傲人的成绩，我们都期待他们能在“冰立方”发挥出最好的水平。

比赛前四局，双方表现平稳，大比分战成1∶2，将悬念留到了下半场比赛。第五局，中国队员一改保守打法，稳步进攻，以几乎无失误的表现拿下4分。第七局瑞典队出现失误，中国队员抓住机会，稳稳拿下3分。记分板上的比分跳到8∶3的时候，全场沸腾起来，掌声和欢呼声如同潮水一般涌向场地中央——中国队已经锁定了胜局。金牌！金牌属于中国队！

全体起立，国歌奏响，五星红旗冉冉升起。我注视着国旗，高唱国歌。

那一刻，感动、自豪、兴奋与不舍的情绪将我包裹，泪水奔涌而出。感谢轮椅冰壶运动员，让我们的冬奥记忆拥有如此圆满的终点。

撷取一些片段来讲述这段奇妙的经历是困难的，因为回忆的每一点滴彼此关联、共筑图形，就像一道河流，一滴滴水构成它，但任何一滴水都难代表它。

冬奥会闭幕的那天，在朋友圈里有很多小伙伴用一些照片总结自己的冬奥旅程。我本想跟风而动，但当打开朋友圈的文字框，却涌出许多不舍，难以动笔，好像这一条朋友圈一经发出，就真的与这段时光告别了。在过去一个月的很多时刻，我觉得自己仿佛回到了中学时代。大家紧密团结地生活在一起、工作在一起，共享一张时间表、共同为一个目标而努力，每一天都纯粹又快乐。真正让一个集体变得如此凝聚的，是集体中每个人的付出和爱。“一起向未来”，不仅是一句口号，还变成了每一个冬奥参与者的真实感受。冬奥的记忆会远去、逐渐成为一首遥远的歌，但友谊一定可以跨越更长久的时间，“一起向未来”。

冬奥会是国之盛事，也是世界各国人民的一次大聚会。能参与其中，贡献一份微小的力量，我感到十分幸运。亲历这样一次盛会，也让我感叹如今国家之富强。生逢新时代，希望自己作为青年人，在未来也能做这样一团火，贡献自己的光和热，去照亮祖国需要的地方。微火虽微，生生不息。

我的冬奥日记——奥林匹克永不落幕

徐致远
信息科学技术学院 2020 级本科生
国家游泳中心 赛事服务组长

我叫徐致远，是“冰立方”赛事服务领域的一名志愿者，服务冬奥会的冰壶比赛和冬残奥会的轮椅冰壶比赛。赛事服务是面向以观众为主体的人群，开展直接或间接服务，以营造良好观赛体验的业务领域，主要负责观众的引导入场、检票、引导就座、引导退场等。

志愿服务是一项耗费体力的劳动，志愿者们每天疲惫而充实。冰壶有早、中、晚三个场次的比赛，我们便分成 A、B、C 三个班次轮班。早班需要六点半就前往英杰交流中心乘车，晚班直到十二点才回到英杰。因为赛程非常长，所以冰壶项目在开幕式前两天就已经开赛了。大年初一早上七点我就起来去场馆参加培训，大年初二便开始了正式的赛事服务。

我所在的岗位是后勤组，负责清点、发放志愿者和观众的物资，落实本班的防疫政策，以及配合经理应对突发状况等。因为需要轮岗，我也在南广场承担过入口引导等工作，负责引导观众的入场和退场。

徐致远在南广场引导观众退场

英国女子团体冰壶队员和赛事服务领域志愿者的合影

上岗工作虽然辛苦，有时甚至需要在大雪天站在室外，但是每当看到观众接过我们递出的手摇旗和物资包，真诚地说一声“谢谢”，顺畅地入场和退场，看到志愿者们及时领到激励物资、夜宵，我总觉得内心有一股暖流，让我把疲惫忘得一干二净。

服务期间也发生了许多有趣而又难忘的事情。其中，我记忆犹新的场景是大家在休息区看比赛。休息区的电视有CCTV现场直播，轮岗休息的同学们就一同围坐在电视机前收看比赛。谷爱凌夺金时，整个休息区掌声如雷，欢呼雀跃；羽生结弦出场时，大家都期待地看他能否完成阿克塞尔四周跳（“4A”）挑战。跟大家一起看比赛真的非常开心。

我们志愿者也有一项小小的福利，就是能够在看台现场观赛。参与志愿服务后，本来对冰壶毫无了解的我逐渐发现了冰壶的乐趣并爱上了这项运动。于是我经常在空闲时间报名观看冰壶比赛。现场观赛别有一番风味，它不像电视直播那样只播出一条赛道的情况，同时配有解说，现场是四条赛道同时比赛，我们可以听到四个赛道的运动员同时大声喊“Hurry!”，可以和大家一起激动地为好球欢呼、鼓掌、摇旗。

上岗期间，我也收获了不少好友，有在10月份测试赛时认识的朋友，也有团结的后勤小队。轮岗休息时，我会问问大家是否有工作需要帮助。我们没有严格的分工，互帮互助，一起工作，像是一个不分你我的团结的大家庭。

服务期间，我也收获了不少感动瞬间。所有比赛结束后，赛事服务领域志愿者来到看台区合影留念。恰好夺得冠军的英国女子团体冰壶队员也来到赛道合影。我们见到她们非常激动，自发地欢呼、鼓掌、招手，还和她们合影留念，齐声喊出“Congratulations!”，向她们表示祝贺。我想，无论是谁获得冠军，作为东道主的每一个人，都会真诚地为运动员们送上祝福。

在冬奥会结束之后，我也有机会在冬残奥会继续服务。这次我在通行控制岗位，负责确认来往人员的通行权限。我也会辅助后勤组的工作。残奥会志愿者人数的减少使在岗时长增加、开学后需同时兼顾志愿服务和学习课程，新的挑战都对我提出了更高的要求。有时我需要早起赶早课，上完课再上岗，回校赶晚课，下完晚课赶作业。我坚持了下来，并且圆满地完成了残奥会的服务保障任务。让我们所有人感动、激动和欣慰的是，中国轮椅冰壶队拿下了金牌！这让我们十分自豪，觉得所有的付出都是值得的。

经历了数日的实地培训和正式服务，看了一场场比赛、一篇篇报道，奥林匹克精神就像在我心里播下了种子，长成了一棵大树。在冬奥会闭幕式上看到关于志愿者的短片和告别的节目，我很是不舍。看完之后难以抑制内心的感情，走到未名湖旁，竟止不住地流泪了。于我而言，“冬奥”这个词已然成了一种羁绊。我看到俄罗斯运动员和乌克兰运动员紧紧拥抱，看到人类本应该有的和平瞬间，领悟到“天下一家”的奥林匹克精神，并为之感动。当我真正参与北京2022年冬奥会和冬残奥会，才深刻理解奥林匹克精神的真谛。

冰雪坚守，善意相会

林颖淇
中国语言文学系 2020 级本科生
国家游泳中心 赛事服务助理

观众引导、检票验票、通行控制……赛事服务的工作点位遍布整个场馆，而我也在每个点位上看到了不同的付出、坚守和善意。如果要用一些关键词句来概括这段志愿之旅，我想最合适的莫过于“在每个岗位上释放善意，在每次遇见中收获善意”，不曾奔着收获而来，却意外得到多倍温暖。这些善意的回馈，有些来自我们的服务对象——观众朋友们，有些则来自并肩作战的场馆工作人员。

赛事服务 C 组志愿者的合影

我第一次体会到这场盛会的不易是在除夕当天，那天我恰好轮值“冰立方”的某处通行控制岗，那里是闭环外人员向闭环内人员传递文件物品的通道之一。出于新冠肺炎疫情防控的要求，闭环内外的物品传递规矩重重，所有物品需要借助楼梯中段的圆台传递，闭环内外人员互不接触，以避免风险。我们的任务是规范秩序，防止不知情人员直接将物品由二楼掷往一楼。

恰逢除夕，那天传递的物品各式各样，有闭环内工作必不可缺的口罩等物资，有捎着年味寄寓祝福的纪念品年货，甚至还有新鲜的瓜果蔬菜。我看见许多工作人员隔着楼梯那段不远也不近的距离呼喊着交流，有人在询问还有没有其他需要，有人在关心闭环内的工作条件，或招手或高举物资相互示意。大家都戴着口罩，也看不清闭环内工作人员的脸，可我总觉得大家都在笑，大概是高昂的语调给我一种颇为积极的感觉。很难描述那个画面给我带来的触动，只觉得所有工作人员都为这场盛会付出了太多，制定严密的闭环规则并严格执行，不能牵手却携手铸成隔绝病毒的铁壁，哪怕是在春节这般想要拥抱的时刻，也只能用隔空呼喊按捺下思念。但没有抱怨，只是承担，只是奉献。

冰雪赛事顺利开展，自然界的冰雪也不约而至，这场降落于冬奥赛事期间的冰雪在带来冬日雪趣之余也给大家突增了不少工作量。我仍然记得那几个雪夜里志愿者们和清废人员共同努力的背影，清理路面不停扫雪、加铺地毯防止滑倒、撒盐作业加速融雪……雪后的那一晚我在五号门负责通行控制，遇到了一位户外作业的清废人员，大抵是太冷了，她问我能否进棚避风，遗憾的是她的证件上没有 NAC 的场馆标识，按照规定不能放行。这样的拒绝让我觉得很不好意思，但她却十分理解地摆了摆手。我和她说："辛苦了!"她答："你们也辛苦，都还是学生呢。"临别时她问我场馆内是否有纪念品店，聊起了电话那头总缠着要"冰墩墩"的孙子，赛事过后，她想进场馆给孙子带一个。希望她能如愿，希望每一个为这场盛会奉上了无限包容和汗水的平凡而伟大的人如愿。

数不清对多少人说过"辛苦了"，正如数不清收到了多少句"辛苦了"，对辅警人员、对清废人员、对其他志愿者及工作人员，我们互相鼓劲，我们携手努力，正如那句口号——"一起向未来"。在所有送出的"辛苦了"问候中，有一处回声是最刻骨铭心的，是武警人员回答我："你们辛苦了，我们不辛苦，我们是为人民服务。"在这里，有太多感受到责任在肩的时刻，为工作人员担起责任一往无前的样子动容，也对自己正在担起的责任愈发坚定。我仍记得有一次轮值通行控制的岗位时，不小心瞥到一位辅警人员输入身份证号时透露的年龄，只比我大两个月，那个瞬间我意识到，"00 后"的我们该成为主力了。无论是因为高校学子的身份受到的期待，还是因为志愿者身份收到的感谢，都需要我们以更加努力、更加坚定的奋斗予以回馈，把志愿服务的奉献精神、集体精神带到这场冰雪盛事之外的各个角落，把"一起向未来"的不懈热情燃烧在日后的奋斗事业中。

如果要用一个画面定格这场志愿之旅，那就用我在最后一天的岗位上收到的最后一份回馈吧。挥手送别冬奥会冰壶项目最后一场赛事的观众，有小朋友特别认真地回应出口两旁的志愿者，挥手和笑容，感谢和善意，构成这场纯洁无瑕的限定记忆底页。感谢所有的遇见，感谢所有的坚守，感谢所有的善意。

和自我来一场“直球对决”

刘润东

哲学系 2019 级本科生

国家游泳中心 赛事服务组长

还记得 2020 年 10 月底得知冬奥会志愿者招募的消息时，面临大三前所未有的学业压力，我仍然毫不犹豫地填写了网上报名表。经过一层层的初选、网上面试、政审后，最终接到了入选通知。

至今，我仍清楚地记得接到通知时的情景：兴奋、期待、充满信心……而现在对我而言，冬奥会和冬残奥会志愿服务远不是一个长达多少时间的往往返返，它更是一个前所未有的磨砺自己、思考自我的过程。闽南语有句话叫：“打断手骨颠倒勇”，这段旅途也是如此，感谢它能让我来一场畅快的“直球对决”，做一个大战风车的“堂吉诃德”——直面内心、解决问题，然后勇敢、执着、坚定地向前方奔跑。

“仆人眼中无英雄”，英雄在他的仆人面前所表现出来的乃是他的私人需要和私人表象的个别性。我算是深刻地领悟了其中的内涵。没接触到冬奥会和冬残奥会志愿者工作时，由于只能远观，难免把志愿工作想象成一番大场面，或者说是一个可以和各国运动员并肩疾驰、热血奋斗的大叙事。然而，由于闭环外工作的属性，作为一名赛事服务领域的志愿者，我的工作主要包括观众客流管理、检票验票、进入场区后的前院引导服务、通行控制、涉及残障人士的移动服务、信息与失物招领、观赛服务保障及运行支持等，本身就有些枯燥，且缺乏灵活性。并且，冬奥会和冬残奥会志愿者实在是一支庞大的队伍，分配到每个人身上的工作实际上是有限、甚至是略显琐碎的，经常在某一个固定岗位一站就是几个小时。看遍了“冰立方”的日起日落，适应了清晨六点起床、半夜十二点返回的常态后，最初的激情也极有可能消弭不见。

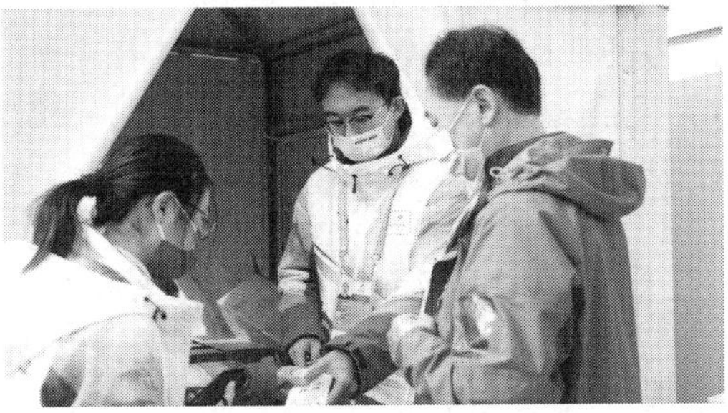
刘润东给观众检票

刘润东与主管老师合影

但必须承认的是，每名志愿者的工作都是极为关键的，一步出错，防疫就很有可能出现破口，赛事亦可能难以有序进行。所以，抵挡由于工作琐碎而与日俱增的浑浑噩噩、糊里糊涂就成了我的必修课之一。责任感与对奥林匹克精神的敬畏敦促并告诫我打起精神，以一种如履薄冰的谨慎态度和战战兢兢的体察心情去继续迎接志愿者工作。我时刻以预备党员的身份告诫自己，在国家的利益面前，我个人必须做到最好。

我开始明白且确信：生活没有想象中完美，全心沉迷于想象很难让自己变得豁达与开阔。因此，暂时“冷却”虚无，给想象“降温”，一步一脚印地扎进当下的工作或许才是拥抱日常生活的最好选择。所谓的通透不是毫不在意的忽略或轻视，而是要运用理性思考来克服种种挑战。

与学校里的志愿服务不同的是，冬奥会的服务对象由同学转变为社会大众，冬残奥会又多了残障群众。我由衷地感受到了三者之间的差异性，这其中包括解决问题所采用的话语体系：为轮椅观众服务时，究竟多大程度上的主动是最为合适的；和盲人朋友交流时，一定要避免大声疾呼或突然拥抱……这些都是我在志愿服务准则的基础上进一步习得总结的。并且，和观众对话又是一天中最幸福的时光，因为我能从中寻找到一种充实感。充实感的确是不能缺乏的，有了充实感就有了强烈的归属感，鞭策我以积极的心态完成自我的突破，实现一种初心的回归。

因此，当朋友让我运用一个字来形容这次冬奥会和冬残奥会志愿服务之旅时，思考了许久后，我决定用一个“漫”字来概括这近两个月的见闻感受。“漫”与“慢”谐音，无论是用横向的时间尺度来衡量，还是给我一天的生活来一个纵切，“慢”都是一个不得不承认的事实：我在“冰立方”，用尽全力、不急不躁地把握自己、认识自己、剖析自己、挑战自己，完成一轮又一轮的扬弃，从茫然“无所措手足”转变到“云淡风轻一轮江月明”。冬奥会和冬残奥会志愿服务融入了我的生命体，成为我反思回忆、与人沟通的恒久话题。

也是如此，“冰立方”比家乡的水塔、学校的纪念讲堂、怀柔的军训基地……这些走过的地方，更多了一层因为彻彻底底的投入而带来的象征意味。开学过后，面对志愿服务和学业的冲突，很多课我需要看回放、给老师发送请假或请迟邮件。还是那句话“打断手骨颠倒勇”，无论多么艰难，我都会选择坚持到最后。

最后，感谢“冰立方”运行团队，感谢北京大学和北京工商大学的每一位师长和伙伴。和大家在一起的每一天，我都由衷地感到幸福，分别的最后一天，心中只有无限的不舍。诚挚地祝愿大家在日后的学习、工作和生活中平安、快乐！

聚光灯外的冬奥

金安娜
中国语言文学系 2020 级本科生
国家游泳中心 赛事服务助理

“无所求必满载而归”，我想这是对这一场志愿活动的最好总结：只是抱着积极参与的态度出发，归来时的收获却远远超出预期。在这里，人和人之间的距离是那么容易消除：场馆里有一条通道是志愿者们就餐的必经之路，大家从第一天的素不相识，到最后一天不断地向对方热情挥手。因为同一个目标，我们汇聚成一个集体，比当下任何人都更能理解对方的感受，我们没有理由不相互靠近，因为大家都是彼此形象的映射。闭幕式上，当每个人举起手电，起立齐唱《我和你》之时，我深切地感受到了这场冬奥会的伟大之处，它让来到这里的所有人都凝聚在一起，正如巴赫主席所说：“奥林匹克的力量比那些试图分离我们的力量更强大!”在这里，我们不分你我，不分国别，为每一个个体的成功呐喊，为每一个国家的胜利欢呼，向每一份付出诚挚道谢，对每一份收获满怀感恩，我们“一起向未来”!

赛事服务 C 组后勤组成员的合影

金安娜在“冰立方”出口挥手告别观众

19 天的志愿服务生活让我以一种全新的身份经历了一场冰雪盛会。成为志愿者，就更能看见志愿者，看见那些在角落中不辞辛苦默默付出的人们。医护人员、安保人员、后勤组、保洁员等，这些我看见的和更多我看不见的幕后工作者，都是我们顺利完成工作不可或缺的要素。此外，真正成为志愿者后，我才意识到组织一场国际赛事所牵涉的系统竟如此庞大、繁杂，而最后真正落到志愿者身上的那些有序甚至有趣的工作，也让我不敢想象，在我们之前，有多少人接过了那些无序与无趣，又花费了多少精力使之变得有序与有趣。

场馆设置的工作岗位如此之多，有些是并不显眼的，但就是在那样的角落里，许多工作人员的身影变得越发明显了。通行控制岗旁的安保人员说，他们早在去年的 11 月就来到这里，并执行站岗的工作了；在室内服务岗位上，总能看见清废人员开着清扫车一圈又一圈、不厌其烦地围着场馆转；六号门观众入口处，弯腰清洁地面的保洁人员面对因雪天而剧增的工作量，一如往常地维护着场馆的每一寸土地，使其光洁如新。当我们礼貌地说："您辛苦了!"他们便笑着回答："不辛苦，你们辛苦!"而后勤组的朋友们的自我介绍是这样的："后勤就像一块砖，哪里需要往哪搬"，无论什么岗位出现空缺，他们都要随时顶上；搬发物资、清理场地、防疫监督，他们要包揽所有琐碎而繁杂的工作，无论几点下班，他们都是最晚离开的那群人。

同样令我印象深刻的，还有闭幕式上在观众席与舞台中间站岗的那一排志愿者，他们的任务是时刻关注观众，随时为突发情况做应急准备。因此他们必须背对舞台、面向观众，无论观众的呐喊多么热烈、舞台的灯光多么缤纷，他们一次也没回过头去，毫不动摇、站得笔直、朝向观众。聚光灯外，舞台的余光映照出他们的背影，见证了他们的专业态度和默默付出。退场时，我与小伙伴们为每一位夹道欢送我们的志愿者和工作人员送上一句"辛苦了"，因为我们自己也是志愿者，才更能理解这句话为志愿者带去的满满的力量。我们曾被这样的温暖鼓励过，也想传递这份温暖。站在聚光灯外，我们是有幸被彼此看见，被善意环绕的一群人。

在志愿服务期间，我做得最多的动作就是向观众挥手了。每一次挥手，是"你好"，是"再见"，也是期待重聚。落下的帷幕是为了迎接下一个更好的开幕，朋友们，所有美妙的日子我都不会忘记，我会想念这一切!

千万雪花中的一朵

刘霄
元培学院 2019 级本科生
国家游泳中心 赛事服务助理

“千万雪花，竞相开放，万千你我，汇聚成一个家”，冬奥会开幕式上的这首《雪花》令无数人动容。在冬奥赛场上，一片片运动员的“雪花”灿烂绽放，或是收获极佳的成绩、站上最高领奖台，或是拥抱纯洁的友谊、诠释“一起向未来”。而同样绽放的，还有千千万万志愿者的“雪花”，在冬奥场馆的各个角落传递温暖与善意，展现北京这座古老城市的包容与大气。而我作为这千万雪花中的一朵，同样圆满完成了自己的使命，为这场盛会增添了一抹亮丽的志愿蓝。

刘霄在通行控制岗位执勤

刘霄在看台服务岗位执勤

还记得参加通用志愿者面试时，考官问我：“你的志愿服务经历这么丰富，那么是什么支持你参加这些活动的?”当时我的回答很简单：“我有一颗想主动帮助他人的心，如果我的服务能让他人感受到温暖，那么我自己也会感到快乐。”我上一次服务的大型体育赛事是 2019 年的北京马拉松比赛，负责在 40 千米处向运动员提供饮用水和能量食品。由于服务点位距离终点很近，因此我们志愿者的另一个重要职责就是用最高涨的热情为运动员们加油助威。不少运动员都对我们报以微笑、竖起大拇指，更有人和我们一起喊出了“团结起来，振兴中华”的口号。那一刻，身为一名北大人、身为一名志愿者，我感觉自己也被这种双向奔赴极大地鼓舞了；也正是在那天，我受到了奥林匹克精神的感召，决心参与到三年后冬奥会的志愿服务之中。后来，我顺利通过了面试，成为“冰立方”赛事服务领域的一名志愿者，服务于每一场在这里举行的冰壶比赛。

从1月24日开始进入“冰立方”，到2月2日正式上岗服务，再到3月13日冬残奥会轮椅冰壶最后一场比赛结束，我们见证了这里的日升日落、朝霞晚照。早班六点从学校出发，我们迎着初升的朝阳开启一天的工作；晚班次日零点返回学校，我们伴着深夜的星光入睡。在这里，我的“雪花”也悄然开放在每一个岗位上。

在通行控制岗位上，我要耐心地检查来往人员的证件，提示他们进行测温、出示健康宝和核酸结果，做好手部消毒；也要时刻观察周围的情况，确保没有闭环内的车辆及人员靠近闭环外入口，以至于后来遇到一辆在门口减速的车，我都要条件反射地先使劲向它挥挥手，再根据具体情况选择是否放行。有人说通行控制岗是一个“费力不讨好”的岗位，有的工作人员一天多次从门口进出，每次都要被我们检查，难免会产生厌烦情绪、不愿意配合。但是作为志愿者，我们就是要拿出严谨认真同时温柔和善的工作态度，用一句句“您好”“感谢您的配合”“祝您新春快乐”，将所有的矛盾化解为善意的微笑。

在看台服务岗位上，从南广场笑迎观众、提醒他们有序测温，到特许经营店门前指挥观众有序排队、耐心解释提前停止营业的原因，再到看台上引导观众有序入座，我说得最多的话就是“您好，欢迎您来观赛”“祝您观赛愉快”，做得最多的动作就是挥手向观众问好和告别。印象最深的是，几位外国友人来到“冰立方”，我热情地向他们打招呼，并用流利的英语说：“Hello! Welcome to National Aquatics Centre!”（你好！欢迎来到国家游泳中心）。他们脸上露出了惊喜的表情，并真诚地回复我。那一刻，我心里也觉得暖暖的。

在“冰立方”，服务之余，我也有了许多新的体验。冬奥会开幕式当天从邮局寄出几张明信片，收获有纪念意义的“冰立方”邮戳；去参观颁奖广场，看奥运圣火在雪花的簇拥中燃烧，看中国运动员站上最高领奖台；在下雪天堆雪人、拍照，享受“最冬奥”的气氛；收集、交换徽章，合成一条最闪亮的“大金链子”；在场馆看一场冰壶比赛，为运动员们加油助威；向获得冠军的、前来场地拍照的英国运动员齐声喊：“Congratulations!”并与他们合影留念……在中国轮椅冰壶队终于取得金牌赛大胜的那一天，当《义勇军进行曲》在场馆内响起、五星红旗在场馆内升起时，每个人脸上都洋溢着灿烂的笑容，作为志愿者的我们更是紧紧相拥，感慨两个月的辛勤付出得到了最好的回报。每一个难忘的瞬间，我都和所有可爱的志愿者小伙伴们共同经历，千万朵“雪花”聚集在一起，这个冬天便不会寒冷、不会孤单。

曾经有人问我："给你一个寒假，你可以有哪些过法?"我想，这个寒假，我找到了一种新的方式、一种终生难忘的方式。这场盛会，展现了新时代中国自信自强的风貌，展现了团结的奥林匹克精神的魅力，更展现了笑迎八方客的热情。我们志愿者参与其中，正如"燃烧的雪花"，点亮自己，温暖他人。虽然冬奥会结束了，但是我相信，千万朵"雪花"将融化成溪流，继续带着对志愿服务的热情，奔向无尽的远方。

学在燕园，志报国家

李涵宁
中国语言文学系 2018 级本科生
国家游泳中心 赛事服务组长

我是北京大学中国语言文学系的李涵宁，是一名来自“冰立方”赛事服务领域的志愿者。我们的主要工作内容包括：检票、前院引导、无障碍助行、排队管理、观赛保障等。我主要参与了“冰立方”各个通行点的证件查验，注册分区、防疫分区和人员流线通行控制，一项虽然简单却十分重要的工作。成功的新冠肺炎疫情防控是赛事顺利进行的根本保障，而赛事服务志愿者就是“冰立方”的第一道保护线。意识到工作的重要性后，我们打起十二分的精神，不仅要检查每一位进出“冰立方”场馆人员的证件、验核酸证明、检测体温，引导其进入指定的通道，还要监管场馆闭环内外的人员流动和物品交接遵守防疫规定，并提醒观众不得进入场馆工作区域，从而保障场馆人员的健康安全。

李涵宁在前后院交界处的通行控制点位工作

雪天李涵宁（右一）在“冰立方”外引导观众

这样的工作内容，要求我们比其他岗位的工作人员更早到岗，等大家都离开之后才能撤离，因此在测试赛期间内我们实行三班轮换制度，凌晨五点半乘车集合，六点正式到岗工作。忙碌了一天，到了晚上，当其他岗位的小伙伴已经陆续完成了工作，我们仍然坚守在黑夜里、冷风中，时刻绷紧防疫之弦，丝毫不敢懈怠。零点，当馆内人员全部离开后，我们才伴随着渐渐入睡的“冰立方”乘车返回学校。

寒冷的天气成为我在室外工作当中遇到的最大困难，尤其是有几天正赶上北京下大雪，在场馆外站岗时还没来得及享受冬日的阳光就感受到了凛冽的寒风，冷得让人猝不及防，深刻体会到了室外工作者的辛苦。

除此之外，在这段充实的旅程中，让我感动的有以下几点：

首先，是同舟共济、相互支持的温暖。有一群“志愿者的志愿者”，在寒风中给我们增添保暖衣物，在饥饿时为我们投送爱心餐包，正是这坚实的后勤保障，守护着我们前行的脚步，让我们有了家的归属感，怀着更大的热情投入志愿服务当中。

其次，是彼此尊重、推己及人的体谅。大家对学生志愿者群体倍加照顾，十分配合我们的工作。比如我在门外检查证件的时候，多次进出的人员在靠近门口时就早已点开了核酸页面，几天的工作下来我们彼此之间产生了默契。

最后，是恪尽职守、勠力同心的团队。大家是分散在场馆里的一颗颗螺丝钉，各守其岗，各司其职，进而形成了高效运作的团队，铭刻下这段意义非凡的经历。我看到大家共同努力为保证比赛的顺利进行，也更加坚定了服务冬奥、奉献冬奥的心！

在上岗的过程中，经常有场馆工作人员来问我的学校。“北大”这两个字带来的是荣耀、更是责任。在志愿服务的过程中，我真切感受到“责任”两个字的分量，我们不仅要对服务对象负责，还需要对北大负责、对青年形象负责。志愿工作考验的不只是我们的技能，更是我们的素养，一名合格的冬奥会志愿者应该是北大青年的“形象大使”。我很庆幸在北大找到了开启志愿服务大门的钥匙，同时北大志愿者这一身份也时刻提醒我用热情尽责的付出和细致周到的服务展现北大青年的精神风貌。

这一次志愿服务，有汗水、有劳累，但更多的是收获、是成长。我深刻体会到坚守初心、践行使命也是奥运精神的一种体现。从国庆 70 周年大会的群众游行，到中国共产党成立 100 周年重大活动，再到北京 2022 年冬奥会，我们青年一代与祖国同行，与时代同行，生逢其时，躬逢其盛，实在是倍感荣幸！在奉献中寻找快乐，并在快乐中全心奉献，我很庆幸自己能够为冬奥会的顺利举行贡献微薄力量。学在燕园，志报国家，这是北大学子温情而坚定的信念，也是我们坚持不懈的追求。

做一颗有温度的螺丝钉

聂畅来
哲学系2020级本科生
国家游泳中心 赛事服务组长兼宣传员

20岁生日当天，我成为北京冬奥会和冬残奥会志愿者。在人生重要时刻参与国之大事，一种被选择的使命感在我心中油然而生。特别是在培训伊始，因为有相关经验，主管老师希望我能兼任赛事服务宣传组的工作，并将领域的微信公众号运营托付给我，令我更感责任重大。

我想，志愿者团队就像一个舞台。既会有在台前闪闪发光的人，也会有在幕后默默无闻的人。如果你闪闪发光，那是一种幸运，因为大家的共同努力点亮了你；如果你默默无闻，也是一种本分，因为志愿者本身就是一个“只求付出，不求回报”的群体，“功成不必在我，功成必定有我”才是属于志愿者的永恒信念。有感于此，我选择成为幕后的一颗螺丝钉，立志用最有温度的笔触，记录属于“冰新一代”的精彩。

长期以来，路遥先生在创作《平凡的世界》期间多次深入矿井的事迹激励着我。从冬奥会到冬残奥会，在每次撰写周报时，我都会以路遥先生为榜样，尽己所能地前往观众客流管理、运行支持、检票验票、观赛服务保障、前院引导服务、信息与失物招领、移动服务、通行控制和后勤保障等各个业务岗位，聆听和记录每一个角落里志愿者们的所思所想。在综合服务区和座席区，我还有机会与志愿者们一起站岗、一起扫雪，亲身体验他们的甘苦与冷暖。在冬残奥会期间，我更亲身体验了关怀残障人士的移动助行服务，参与和见证志愿者们从通行控制点位到无障碍看台，坚持“推一程，陪一程”，以悉心致力的陪伴和无微不至的关怀把残健融合理念落到实处、落到细微处。我想，正是由于我们愿意给予每一位同伴以关怀，赋予每一份努力以意义，我们的记录才能真正立体与丰满，我们的文字才能真正生动而鲜活。

除了使用文字记录，收集图像素材也是宣传战线的重要一环。在2月2日中国冰壶混双循环赛取得“开门红”之时，我有幸以相机定格赛事服务大家庭欢欣鼓舞的瞬间；而在中国运动员任子威登上领奖台之际，我又以录像记录下北大志愿者们齐声合唱《歌唱祖国》的历史性时刻。在那个人声鼎沸的夜晚，在距离颁奖台一街之隔的“冰立方”，为了防止镜头抖动，我没能和大家一起歌唱呐喊，但是“英雄的人民站起来了，我们团结友爱坚强如钢”

的旋律却久久萦绕在我耳边，激荡起我内心强烈的国家认同感与民族自豪感。

聂畅来在场馆看台区

聂畅来为赛事服务大家庭拍摄合影

在春节和元宵节相继到来之际，我们也开展了丰富多彩的宣传活动，为赛事服务大家庭营造喜庆祥和的节日氛围。在我们的镜头前，来自北京大学外国语学院的同学们用俄语、日语、法语、西班牙语和乌尔都语向海外观众热情致意；来自内蒙古赤峰、湖北武汉、贵州遵义、青海湟源和新疆昌吉等地的志愿者则共同为五湖四海的同胞献上方言祝福。擅长书法的同学挥毫泼墨表达美好祝愿；擅长手语的同学动情演绎寄托温暖情思。悠扬动听的《我和我的祖国》唤醒了志愿者深挚隽永的家国情怀，精心编排的舞蹈组曲则彰显出风华正茂的青春风采。妙趣横生的猜灯谜、温馨美满的生日会也为赛事服务大家庭留下了无比精彩的回忆。

为记录身边的榜样事迹，我还与同学们共同策划了五期“志愿人物专访”。在情人节，我们邀请到一对来自北京大学的情侣，从测试赛到正赛，他们相互鼓励，共同克服学习生活上的困难，将奉献与热情坚持到底。在另一次采访中，我们了解到一位志愿者的亲人在年前去世，在最迷茫的时刻，家人的一句“好好服务，别惦记家”令他坚守住参与冬奥的初心。在采访社会志愿者代表时，我们邀请到一位老兵，他说：“‘国有战，召必回’是我退伍时立下的誓言，我此生最大的幸运，是有机会通过服务冬奥再一次为祖国奋不顾身。”而在采访留学生时，我们邀请到一位日本籍志愿者，在 2008 年，她在东京的家里和家人一起观看北京夏季奥运会，乒乓球赛事中三面五星红旗同时升起的场景令她难以忘怀；在与中国结缘的第十年，她选择来到北京、服务冬奥，亲身体验华夏邻邦的伟大与雄奇……鲁迅先生曾说：“无尽的远方，无数的人们，都与我有关。”采访的经历令我更加深刻地体会到这句话的意义。是奥运会让素昧平生的我们凝聚起来，共享人类文明的美好价值。虽然我自己并未走到台前，但是冬奥舞台的群星璀璨有我一份贡献。我想，这同样是一种值得骄傲的“躬逢其盛，与有荣焉”。

工作之余的感动也值得被书写。一次我因任务在身，无法领取物资，来自陕西安康的同学听说以后，主动帮我把几十斤重的物资抬进宿舍并码放整齐，令我既感激又有些愧意。还有一次我偶然上楼帮忙，和一位来自新疆乌鲁木齐的学长一起值晚班，工作结束之后，学长提议一起去一趟特许商品经营店，令我始料未及的是，学长并不是为了购买“冰墩墩”，而是买了一份热狗递给我：“你今天事情做得多，晚饭却打得少。担心你会饿肚子，所以给你加加餐!”或许是因为整日在部署区的电脑前埋头写稿，这些关怀对我而言弥足珍贵。那些天北京大雪初霁，冷月如水，我的心里却常感如沐春风。志愿者们的细腻关怀深深打动了我，也时刻提醒着我：要做一个富有同理心和关怀意识的志愿者，做一颗时刻向他人传播阳光与温暖的螺丝钉。

进入大学以来，从新冠疫苗接种到中国共产党成立100周年庆祝活动，从“爱心万里行”乡村支教到联合国全球可持续交通大会，在雷锋精神的感召下，我在不断书写着属于自己的志愿服务历程。在我看来，一个践行雷锋精神的人应当像一颗螺丝钉，不汲汲于那些浮华的名利场，而立志在社会最需要的地方“躬身入局，挺膺负责”，做好人类长城的一块砖，“哪里需要哪里搬”。无论前往哪个岗位，都要有“钉钉子”的精神，脚踏实地、立足本职；无论面向哪些对象，都要像春日的暖阳一般，充分彰显出热情与温暖。

在这个难忘的冬天，我有幸成为“冰新一代”的一分子，为一场“简约、安全、精彩”的国际盛会贡献绵薄之力。在未来，我也将继续做好一颗有温度的螺丝钉，通过身体力行的实践，赓续属于服务者和奉献者的精神血脉。

纯洁的冰雪，激情的约会

郭岩松　赵昕曈　郭嘉睿　洪子竣
北京大学燕园驻地第七中队成员
兴奋剂检测中心闭环外志愿者

逐梦冰雪，相约冬奥

北京 2022 年冬奥会和冬残奥会如期举办并顺利闭幕，实现了习近平总书记关于北京冬奥会“简约、安全、精彩”的办赛要求，中国以“绿色、共享、开放、廉洁”的办奥理念，为世界奉献了一届精彩、非凡、卓越的冬奥盛会，成就了一届真正无与伦比的奥运会。

体育是社会发展和人类进步的重要标志，奥林匹克运动是全人类的共同财富，运动员们公平竞争是对奥林匹克精神的尊重与维护。廉洁办奥对兴奋剂使用零容忍，要求各国运动员进行干净的比赛、拿到干净的奖牌。一届成功的体育盛会，必定从筹办到运行都是纯洁干净的，我们也在与国家体育场一街之隔的兴奋剂检测中心，为维护冰雪运动的纯洁默默坚守、奉献力量。

我们是兴奋剂检测中心闭环外志愿者，是北京大学燕园驻地第七中队成员，来自光华管理学院、数学科学学院、信息科学技术学院、法学院等，时刻胸怀至高无上的使命感、职责感、荣誉感，在场馆管理和交通两个领域默默坚守、无私奉献，确保冬奥会和冬残奥会“像冰雪一样纯洁干净”，为北京 2022 年冬奥会和冬残奥会的顺利举办作出贡献。

坚守岗位，默默奉献

进入场馆工作的第一天，我们看到了 2008 年 7 月北京夏季奥运会筹备期间时任国家副主席的习近平视察中国反兴奋剂中心检测实验室的照片，我们深感责任重大、使命光荣。兴奋剂检测中心的全体志愿者均来自北京大学，这是党和国家对于北大学子的高度信任与认可。就像经理郑重老师所说：“我们的一言一行，代表了北大的形象，代表了中国青年的形象。”在过去两个月的时间里，我们和闭环内的 61 位北大志愿者一起，在场馆各位前辈们的指导下，克服困难、勇于奉献、团结协作，冬奥会期间确保检测实验室连续 25 天保持24小时不停机、安全平稳运行，及时出具兴奋剂检测结果，为举办一届“纯洁无瑕”的冬奥会贡献了力量，完成了党和国家交给我们的重大任务，向全世界展现了中国青年、北大青年的青春风采。

我们的岗位远离赛场，有些许特殊。兴奋剂检测中心虽紧邻“鸟巢”“冰立方”、国家体育馆等人们耳熟能详的场馆，却鲜有人知。这里没有媒体与观众、没有鲜花与掌声、没有激情与呐喊，我们也只能在电视上看转播、在线上店抢吉祥物、在幕后给中国队加油。和其他志愿者相比，我们的内心更为复杂，虽然非常想见到运动员，却又希望不要见到运动员，因为对我们来说，运动员来到兴奋剂检测中心，就意味着可能发生了兴奋剂违规事件。“但愿世间无疾苦，何妨架上药生尘”，如果可能的话，我们希望这里永远不要被社会注意到，没有媒体的报道，就是最好的新闻，就是对奥林匹克精神最好的报道与宣传。

兴奋剂检测中心闭环外志愿者及场馆经理的合影

2月13日，北京大雪，洪子竣在上下车引导岗坚守岗位

砥砺奋进，逐梦前行

生逢盛世，定当不负盛世，生逢其时，应当奋斗其时。能够以志愿者的身份参与这场国家和世界广泛关注的赛事，我们深感荣幸与自豪。当今中国正处于“两个一百年”奋斗目标历史交汇期，当代青年学生也将全程参与实现中华民族伟大复兴的历史进程中。志愿服务结束之后，我们中有人将步入社会工作，有人会去海外求学，但这段宝贵的志愿服务经历将成为我们终生难忘的回忆。体育精神、奥运精神激励我们更加上进，也激励我们更加踔厉奋发、笃行不怠，在未来的工作中为祖国和人民作出更大贡献，不负青春，不负梦想，不负时代，“一起向未来”!

当追求确定性的人选择不确定性

夏千淞
环境科学与工程学院 2019 级本科生
国家游泳中心 餐饮助理

我叫夏千淞，北京大学环境科学与工程学院 2019 级本科生，服务于“冰立方”餐饮领域。在 2021 年 4 月“相约北京”的测试赛中，我加入餐饮团队，又在北京冬奥会时与餐饮领域再续前缘。“餐饮领域祝大家吃好喝好”，这句话是餐饮团队在除夕送上的新年祝福，也是所有人努力实现的目标。

勇敢做一次疯狂的决定

就我来说，对成为一名奥运会志愿者的想象最早来源于八月长安《时间的女儿》中一篇叫作《岁月的童话》的文章，这是我很长一段时间内最喜欢的书和其中的章节。这篇文章并不“童话”，甚至关于奥运会志愿者的内容也只是一笔带过，但是从那时起我便在想，如果能在北大成为一名冬奥会志愿者，该有多好。这个梦想让我在整个高三都只想考上北京的学校。

然而，选择成为一名冬奥会志愿者却不是一个轻松的决定。似乎是一种巧合，很快我发现自己的感受与《时间的女儿》中的段落如出一辙：“在北大和清华……很多人为了筹备 GRE 或暑期实习而对此（奥运会志愿者）避之不及。”高中时我读到这段话时所能想象的是一种丰富而精彩的大学生活，但是亲身经历时却发现自己陷入了两难境地：一方面是无法复刻的北京冬奥会志愿者经历，另一方面则是寒假不能回家过年、大三下学期初的必然缺席和至关重要的保研季。

虽然说有如此多的顾虑，但是真正下定决心成为一名冬奥会志愿者也只是一瞬间的事情，当时脑子里面一下子蹦出“勇敢做一次疯狂的决定”这句歌词，似乎也给了我一些取舍的勇气。我只是在想，如果一定要等到某一件事情有百利而无一弊的时候再去做，那可能我永远也不会有这样一个机会。既然有这个可能，那我真的很想实现自己当时那个稚嫩的梦想。

有一件很有意思的事情发生在大三上学期期末季的倒数第二天晚上。突然间我被拉入到许多冬奥工作群中，开始接收消息、转发通知、填写文件……但我第二天还有两门考试，其中一门考试才刚刚开始动笔，当时会觉得，“半工半读”的生活就要开始了。

非典型志愿者

真正开始志愿服务工作后我才发现它和自己想象的有所不同。曾经我对于志愿者的理解就像是北京奥运会的那句宣传口号——“志愿者的微笑是北京最好的名片”。但是在新冠肺炎疫情的背景下，所有人的活动区域都严格受限：运动员全程闭环管理，观众也只能在有组织的情况下小批次观赛。新冠肺炎疫情带来的改变和挑战影响了冬奥会的方方面面。

我的志愿服务体验也和所在的岗位有关。作为一名餐饮领域的志愿者，我的工作地点在“冰立方”的食堂，有时候大家也会开玩笑说，对于餐饮领域志愿者，吃饭相当于上岗。实际上，真实的工作可以说得上琐碎：每天协助领域经理完成工作报告，在用餐时间引导大家有序排队、及时分流，在白板上写下每日菜单，收集就餐意见并提炼反馈，在公共售卖点协助售卖食品饮料……用更为形象的说法就是填补餐饮领域的一些细节。

与此同时，我也参与到冬奥会志愿者的交通协调工作中，负责安排志愿者往返场馆的班次。这是一个出错后改进、再发现问题再调整改进的过程，最终确保每一个领域的志愿者都可以顺利到岗开始志愿服务。从某种意义上说，志愿者在服务期间的衣食住行中的“食”和“行”，都有我的参与。尽管处在幕后的岗位，但我非常清楚地知道我所做的工作是场馆正常运转的基础和保障，关乎志愿者、工作人员乃至于裁判、观众的冬奥体验感。

平行时空

在成为冬奥会志愿者的同时，我报名了河南息县的线上支教活动，成为息县五中初一年级的语文老师，并和其他几位同学一起面向息县高三年级学生开展了学习方法系列讲座。最终，我所负责的课程获得了不错的反响。面向息县高三年级学生的学习经验直播分享则是在“冰立方”进行的，我将自己的过去和现在、感悟和成长讲给他们，在这两个小时中，我与孩子们互为彼此的过去和未来。当支教结束后，我也需要切换身份继续参与冬奥训练营的系列活动。

冬奥会结束后，春季学期随之开启。餐饮领域的工作特点要求志愿者即使在转换期也需要上岗，因此我的志愿服务不间断地持续到冬残奥会结束。冬残奥会期间，我们在场馆举办了三八妇女节庆祝活动和答谢宴。白天，我是餐饮领域的志愿者，为所有辛勤工作的志愿者准备惊喜、送上感谢，而乘坐班车回到校内后，我需要赶回晚课的课堂上融入其中。这其中是身份的转换，也是双份的经历与体验。

一天晚上，在从场馆回程的车上，有同学说起之前共同的志愿服务经历并清晰地回忆起与我在湖畔歌会的某一个点位上的交集。在聊天过程中我突然意识到，两年半的大学生活让自己拥有了许多珍贵的体验，从学生工作到志愿服务，大一时向往的尝试与体验没有沦为空谈。

我认为自己一直是一个追求确定性的人，非常符合经济学理论中“风险厌恶”原则，但是当我回顾自己成长过程中的种种经历时，却发现自己总会在一些关键时刻去选择那个意味着“不确定性”的选项。当时我想到一句话：“当你真心想做成一件事情的时候，整个世界都会帮助你。”

不确定性是挑战，也是收获。所以，当追求确定性的人选择不确定性的时候意味着什么呢？可能意味着在我的价值排序中有一些更重要的东西，这些是体验，是参与，是“发生一些事情总是好过什么都没有发生”，是不可复制也不想错过的人生。

冬奥记忆：相约志愿，共赏盛会

张宇昕
社会学系 2018 级本科生
国家游泳中心 无线电频率管理助理

我是“冰立方”技术领域无线电频率管理岗的一名志愿者，如今已完成冬奥会及冬残奥会的赛事服务保障工作。回望在“冰立方”度过的一个多月，我无愧于自己的认真付出，庆幸于同伴的深厚情谊，欣喜于冬奥的圆满举办，感慨于祖国的强大温暖。

上岗一天

赛事期间，早上五点半的闹铃响起，我在昏黄灯光中穿过沉睡的燕园，在通勤大巴上眺望楼宇远山的日出剪影。七点左右，我到达场馆，在喜气洋洋的新年歌曲中吃完早餐，元气满满地开启新一天的工作。

无线电频率管理是场馆得以顺利运行的重要保障，场馆每天都有许多无线电设备发射不同频段的通信讯号，为了避免不同信号的相互干扰、防止赛事及媒体工作受到影响，只有获得许可登记的无线电发射设备才能进入场馆。简言之，一定带宽的无线电频段好比一定车道的马路，该频段内不同无线电设备发射的通信讯号好比穿行其中的车辆，提前登记入场设备好比限制通行车辆数量，如此才能保证场馆信号的有序进行。

无线电频率管理岗的工作人员每天上下午都会对场馆进行巡检，寻找干扰信号并排查未经许可进入场馆的无线电发射设备，同时，我们也会根据各国媒体的申请发放无线电设备专用标签。在老师的带领下，我和同伴每天需要完成上下午各一次固定区域的无线电频率保护性监测，根据当日工作情况填写“冰立方”无线电频率管理的工作日报，并在遇到突发状况时配合其他必要工作的开展。

每天下午两点，晚班的志愿者到岗和我们完成交接。午后阳光正好，半透明的“冰立方”折射出泛蓝亮光，我常常坐在回程的大巴上回想当天的工作或场馆的餐食。有时候，我会认为自己的工作太过常规，日复一日略显单调；也有时候，我会认为自己远在幕后，不能直接感受到赛场的热烈。每每此时，我总能想到老师的话：无线电频率管理是场馆正常运作的重要基础，

技术领域部分志愿者的合影

而最有效的工作是赛前预防，无线电设备瘫痪了场馆就会出现严重问题。所以，我们的工作越常规，意味着无线电信号越通畅；我们的默默无闻亦是点点微光，是“冰立方”不可或缺的服务保障。

与会同庆

2月4日晚，学校组织志愿者一起观看了北京冬奥会的开幕式，完美的演出打动了每一个中国人浪漫的内心。冬奥倒计时随着24节气诗意道来，《我和我的祖国》号声中五星红旗缓缓传递，盏盏白鸽灯环绕着纯真可爱的孩童，片片雪花拥簇着奥运神圣的炬火。这场盛会处处运用着先进科技，也时时体现着绿色理念。从2008年夏奥会到2022年冬奥会，我们从迫切地向世界展示自己，到从容地邀请世界了解自己。我们更加强大、更加自信。

上岗间隙，我和同伴一起在线上收看了冬奥会的精彩比赛。从紧张刺激的短道速滑到唯美热情的花样滑冰，从精妙绝伦的空中技巧到惊险炫酷的坡面障碍，冰雪运动的魅力深深感染到我，运动健儿的精神更是不断激励着我。谷爱凌敢于在不占优的项目决赛中冒险挑战自己从未实战的“1620”，羽生结弦坚持在万众瞩目下挑战计分并不讨巧的空前“4A”，他们看似非理性的选择却是对奥林匹克精神的莫大尊重，超越自我的勇气是冬奥会赠予我们的无价礼物。

当然，赛场的意义不只在于拼搏奋进，还在于运动员间的团结友爱。轮椅冰壶赛场上，运动员们在队友身后牢牢稳住轮椅；苏翊鸣一举摘得单板滑雪大跳台桂冠后，亚季军也兴奋地上前相拥祝贺。无论是在安静丝滑的冰面还是在激情洋溢的雪场，各国运动员真诚地为每一次精彩表演而欢呼赞美，也在同伴或对手失误时给予鼓励安慰。不同国家的运动员在相互竞争中生出了惺惺相惜的珍贵情感，再一次向我们展示——即使身处百年未有之大变局，仍然有爱可以跨越山海。

你不必成为谷爱凌

王奕
软件与微电子学院 2021 级硕士研究生
国家游泳中心 现场技术支持助理

2月8日上午，中国选手谷爱凌出战北京冬奥会首钢滑雪大跳台决赛场，以两轮188.25分的成绩斩获金牌。随着谷爱凌夺冠，她的家庭背景、成长历程都在网络上流传开来。读者们开始分化为几个极端，除了单纯地崇拜偶像或嫉妒之外，还出现了一批焦虑的普通人。当然，这其中也包括我自己。

北大人常常说的一句话是“对沦为平庸的忧虑”。在初步了解谷爱凌后，我就将她作为我的一个偶像。她是唯一参加三个自由式滑雪项目的体育全才，是17岁高分考入斯坦福大学的学霸，是时尚界的宠儿，是思想先进的新时代独立女性代表……但是在我试图把她的经历照搬到自己身上时，仿佛从一开始就输在了起跑线上，哪条路也走不通了，这导致我开始焦虑。

后来，我经过一天平复心情，并且看了新上线的纪录片《谷爱凌：我，18》，才发现我错把关注点放在了她的家庭条件和良好基因上，反而忽略了她最大的特质——自律和努力。作为新型偶像，她的成长路线不应该是生搬硬套的模板，而是鼓励我们不断向前的动力。你不必成为谷爱凌本人，而可以成为谷爱凌那样的人。

2022年2月，谷爱凌作为中国奥运健儿在北京冬奥会自由式滑雪比赛中取得两金一银的好成绩。2022年2月20日，随着北京冬奥会闭幕式结束，我作为冬奥会志愿者的任务圆满完成。虽然不是竞技比赛运动员，但是能够参与并做好这场体育盛会的志愿服务工作，我感到非常开心和自豪。谷爱凌成为自由式滑雪运动员并非偶然，回看我自己之前的经历，我想我能成为北京2022年冬奥会志愿者也并非偶然。

2015年7月，中国申办冬奥会成功，谷爱凌在北京立下参加冬奥会的目标。2015年7月，我如愿拿到了来自北京大学的录取通知书，准备前往2022年冬奥会举办地北京学习。在此之后，我在课余时间参加了很多志愿活动和学生工作，积累了专业知识的同时锻炼了组织领导团队的能力、培养了踏实肯干的工作态度。2021年是我在北京大学攻读电子信息硕士学位的第一年，凭借合格的英语能力和专业技能，我通过了北京2022年冬奥会技术领域志愿者的资格审核和面试，成为现场技术支持领域的一员。然而就在随后几个月，因为意外，我的身体出现了一些问题，趁着10月假期回家做了一个小手术。因为伤口缝合后要经过半个月左右的时间才能完全愈合，父母对此十分担心。但是我已经迫不及待想尽快返回学校，研究生开学还不到一个月，同学们对学校还不熟悉，作为学院的学生负责人，身上担负着非常重要的任务，这关系到学院每位同学在新学期的学习和生活。更重要的是，10月份将要在“冰立方”举行冬奥会10月测试赛——“相约北京·昆泰”2021年世界轮椅冰壶锦标赛。如果说冬奥会是一场大考，那10月测试赛就是大考前最后一场也是最重要的一场模拟考试。技术类志愿者原本就数量稀少，我不想因为个人原因临时请假，给技术领域相关志愿服务工作带来困扰。虽然伤病期间行动略有不便，但是在舍友的热心帮助下日常生活与学习没有太大困扰。我与任课老师协商提前完成了几门课程的课堂展示，并且在学校团委的帮助下获取了课堂资料以便工作后进行线上学习。在校医院最后复查确认病情好转后的第二天我就准时来到驻地，开始了每天驻地与场馆两点一线的闭环管理生活。出色的工作能力受到了老师与同学的一致肯定，我也在之后正式被录取为冬奥会与冬残奥会的志愿者。

王奕在“冰立方”参加志愿服务工作

王奕在参加赛前技术考核

在北京大学团委的组织下，志愿者们提前半个月就开始隔离和培训，在培训过程中，我们了解了冬奥会上的“黑科技”，学习了新冠肺炎疫情防控与自我保护常识，心理老师给我们做好心理疏导，红十字会给我们培训紧急救援知识，最后在校领导与冠军校友的欢送中我们举行了出征仪式，充实的知识储备和精神支持让我们更具信心。正式赛的北大志愿者总数是10月测试赛的六倍多，作为小组长我每天都要面对组员岗位构成复杂、情况多变、信息繁多等各种问题，但是所有人的支持和配合都让我再次感受到集体的温暖。相比上次测试赛，在工作内容上不仅要协助部门主管进行人员管理，还要面对加倍的工作量。然而志愿者们的智慧是无限的，作为技术领域的小专家，志愿者们编写了一套代码，在每日汇总工作方面实现了半自动化办公，大大减轻了工作压力，不得不感叹北大学子个个都身怀绝技，也让我再一次感觉到志愿者们团结的力量。

谷爱凌儿时就立志要上斯坦福，我小学时在墙上写下北京大学；谷爱凌在训练摔伤康复后复出参加了世界杯，我在手术后回到学校和志愿服务工作岗位上；谷爱凌登上冬奥会赛场展示突破极限的体育精神，我在北京参加了冬奥会志愿服务工作，展现志愿者风采……虽然她的成功难以完全复制，但是我可以学习她优秀的精神品质，努力成为一个坚持不懈、目光敏锐、热爱学习、热衷挑战、自律自强的人。这场奥运赛事结束后，她会前往美国斯坦福大学进行深造，我也将回归学业继续在北大学习。每个人都有属于自己的多彩人生，也许对比谷爱凌我还有很多很多不足之处，但是我愿像她一样奋力前行，活出自己独特的人生。

生命是和自己的一场赛跑，你不必成为奥运冠军，只要成为自己心中的No. 1；你不必成为谷爱凌，只要成为更好的自己。

一颗螺丝在奥运

蒋凡一
哲学系（宗教学系）2020级本科生
国家游泳中心 餐饮助理

奥运会对我来说曾经是一件那么遥不可及的事情。2008年北京举办夏季奥运会时，我还懵懵懂懂，不知道那些绚烂烟花和灯火背后的意义。六岁的我不明白获得奥运会的举办权对于国家意味着什么，不懂得竞技体育的魅力到底在何处，更不理解一群穿着各式各样运动服、说着不同的语言的陌生人来到北京参加奥运会这件事情到底有什么值得庆祝的。

这种夹杂着自豪的遗憾情绪在我不断听到别人对于2008年奥运会的回忆时潜滋暗长。他们说2008年是伟大的一年，在经历了诸多苦难后，所有人都憋着一口气，而奥运会开幕则是这种孕育着向上力量的破晓时分；他们说全北京的司机2008年都在努力地学英语；他们说《北京欢迎你》唱得真好，2008年是中国人自信而热情地打开家门，邀请全世界的朋友来做客的一年。看到过去的影像，当宣布北京申奥成功时演播厅沸腾起来，北京大学的学生们欢呼起来，有一种持久的感动回荡在心里。

2015年，北京申办冬季奥运会成功，成为世界上独一无二的“双奥之城”，我的奥运梦想再一次被点燃了。我清楚地记得看到冬奥会志愿者招募消息的夏日午后，那种突然被使命和责任击中的感觉。在准备志愿者面试时，我兴冲冲地在自己的笔记本上一笔一画地勾勒下“冰墩墩”和“雪容融”的轮廓，那种被未来的无限际遇萦绕的期待伴随着我。当拆开志愿者服装包后，看到大大的“BEIJING 2022”的标志时难以自抑的激动情绪涌上心头；在冬奥会志愿者培训期间，那种“成为伟大事业一部分”的难以名状的喜悦荡漾心中。2月4日晚，我在新太阳和众多志愿者一起看开幕式，全体起立唱国歌的时刻让我掉下泪来。

这些充满喜悦、感动与荣誉的时刻是被期待与珍视的。我十分确信，当多年以后我再次回想起这次冬奥会志愿经历时，这些感受将是我唯一记得的东西。但是在被经历着的线性时间中，这些被意义标定着的时间节点之间是重复与烦琐的工作。相较于与运动员近距离接触、或是有趣且曝光度高的工作，我的工作似乎是琐碎而简单的：对每日每餐各个点位的菜品照片进行整理和归档；在餐厅门口提醒大家进行手部消毒、保持一米间距；阶段性地进行菜品满意度问卷调查和宣传视频的剪辑；进行每日菜单展示版的装饰。

当新奇感退去，浮上水面的是早出晚归的疲倦和日常服务的忙碌。我开始渐渐懂了：奥运会不只是一声发令枪、十秒的心跳加速和被特写镜头放大的喜悦与怒吼；奥运会是一个精密而复杂的八音盒，有成千上万个零件在盒箱里一刻不停、丝毫不差地工作着，而正是每一次准确运行才保证了上方的人物能够优雅地跳跃、优美地歌唱。

蒋凡一（右一）在未来组委会交流会中协助领域经理进行翻译

餐饮领域志愿者在筹备集体生日会

奥运会的筹办需要很长时间，但奥运会的赛期只有 16 天。运动员在赛场上拥有那么多的高光时刻，呐喊、拼搏与怒吼，仿佛将人一生的情绪起伏全部浓缩在几小时、甚至几秒内体验，这种感觉令许多人痴迷。但奥运会的工作人员却必须进入仿佛是被开了慢速的生活，面对与那几秒钟相关的无限的琐碎。

在参与冬奥会志愿服务之前，我羡慕志愿者，在参与之后，我更加喜爱与尊重他们。志愿者从事的工作其实并不比任何一项其他领域的工作更加简单，甚至更加繁复琐碎。但他们却总是能够出于对奥林匹克运动的热爱而高效地完成所有任务。我爱他们的纯粹，也感谢他们给予了我无限的力量。在我作为八音盒里一颗不起眼的“零件”疲惫焦虑时，是他们的微笑、鼓励与拥抱让我明白志愿服务的意义。

感谢冬奥带给我的纯粹的一个月。我常常为竞技体育而落泪，我永远喜欢它让所有参与者，即使是旁观者，能够直接触摸到生命温度的魔力。

“细致”：做注册证件的守护者

高昕阳
政府管理学院 2019 级本科生
国家游泳中心 注册助理

我是政府管理学院政治学与行政学专业 2019 级本科生高昕阳，是本次冬奥会注册领域志愿者中的一员，服务于“冰立方”。注册领域志愿者承担着与冬奥通行证件相关的一系列任务，人员注册信息的录入、处理，身份注册卡的办理与激活，一日卡办理，注册信息核对录入等都是我们的工作内容。

高昕阳冬奥主题照

高昕阳（右一）与注册领域经理和小伙伴们的合影

这一张小小的证件不大，背后的故事却不少，证件分区不仅涉及其通行权限，还有闭环内外防疫标识等。注册领域志愿者是注册证件的“守护者”，也都有着留心每一份证件信息的“职业病”。在赛前，注册领域志愿者需要核对并录入体量庞大、类别繁杂的各领域注册信息，制证、分证、发证……一张张注册证件经过激活才能生效使用；在赛时如果各领域工作人员注册证件丢失、损毁或注销，注册领域志愿者都需要及时为其审核、补办证件、办理一日卡、完成制证等，避免影响各个领域开展工作。

“细致”是每一个注册领域志愿者的标签，注册领域的工作都容不得半点马虎，在完成工作中也需要不断学习系统操作、办理业务流程等；解答希望进入场馆的来访人员关于证件办理、通行权限的问题，以及对两份卡、一日卡、升级卡等各类证件使用方面的困惑。我们以细致严谨的服务，与来访人员及时沟通交流，传递出注册领域志愿者的善意与温暖。

由于工作地点距离场馆安保线最近，我们有时还会遇到一些突发的工作。许多次，有中外工作人员前来办公室咨询交通、证件权限等问题，尽管对自己的口语水平有些担心，但秉持热情细致的态度，耐心回应、全力解决，在经理的指导下及时处理了问题。而这也让我感受到工作职责之外，关于志愿服务的更深意涵。

令我印象深刻的是晚班时第一次遇到此类情况的经历，当时同经理与伙伴们一起帮助了一位因错过了班车而滞留场馆的国际奥林匹克委员会（IOC，下文简称“国际奥委会”）成员。由于竞赛场馆周边交通管制，在经理与志愿者们的共同努力下，我们成功为他解决了车辆问题，并和司机师傅提前沟通好，顺利解决了返程交通问题。当我看到他发来成功到达目的地的信息，并在最后说道：“Thank you very much. Please thank everyone else for their help.”（非常感谢你。请替我感谢每个人的帮助）。我更加切身体会到了以奥运会为桥梁的跨越差异的奥林匹克新格言，以中国方式诠释的人类命运共同体理念，以及志愿服务所带给我的获得感与成就感。

还记得当我自4月测试赛后第一次走进“冰立方”时，距离北京2022年冬奥会开幕仅剩7天。不远处即将举办开幕式的“鸟巢”清晰可见，去年在庆祝中国共产党成立100周年我参加“鸟巢”文艺汇演志愿服务的场面仍历历在目。尽管如今服务的时空场所不同，不变的是每一次参与志愿活动时激动的心情，以及由志愿精神联结起来的珍贵友谊。从看着远处玲珑塔大屏幕“冬奥开幕倒计时”，到每天学校场馆两点一线随心中默默倒数，再到随着比赛日推进每天挥别夜幕下的“冰立方”，虽疲惫却难掩内心的激动与自豪。我能体会到“冰新一代”的归属感与自豪感，是一群“雪燕”联结起百廿北大与冬奥会，志同道合，共同奉献着青年人的光与热。

尽管有过测试赛经验，但面对新的流程和操作，我仍旧担心自己完成不好工作、需要不少时间磨合。赛前几天，在经理们的培训下，我们完成了上岗前准备，和领域内熟悉的师兄师姐也更有默契，中队大家庭也令人倍感温暖。令我十分触动的是：第一日乘坐环外车辆从学校出发离开校门那一刻，保卫部值班的安保人员默默肃立敬礼，让我感受到作为北京大学冬奥会志愿者责任重大、使命光荣；每一日场馆的各类工作人员、志愿者坚守岗位，都在默默地为向世界奉献一场“简约、安全、精彩”的奥运盛会做一片“燃烧的雪花”，在这个共同体中可以切身体会到北大青年“冰新一代”的风貌。

北京2022年冬奥会与冬残奥会已落下帷幕，我何其有幸能够参与这样一场盛会、遇见一群志同道合的伙伴。作为志愿者，能为诠释奥林匹克精神作出自己微小的、如雪花般的贡献，我感到满足与珍惜，这次经历也将令我终生难忘。让我们“一起向未来”！

“双奥之城”，有我见证

罗孟昕
经济学院 2018 级本科生
国家游泳中心 注册助理

在北京出生长大的我，见证着“奥运”这个词给城市和人民带来的巨大魔力。犹记五岁时，年幼的我第一次被母亲允许熬夜，便是为了观看北京奥运会倒计时 1000 天活动。正当我睡眼惺忪地趴在电视前，体育场上突然走来五个巨大的毛绒玩具让我一下清醒过来——原来是吉祥物“福娃”发布了。接着北京迎来了奥运会的“东风”，并以世界瞩目的速度完成现代化进程。生活欣欣向荣，高楼鳞次栉比，街道车水马龙。每天从学校回家经过北四环，我看着钢筋一点点雕铸成巨大的“鸟巢”，2008 年很快到来了。

在比赛一票难求的 2008 年，我们买到了两张田径比赛的门票，决定由热爱体育的父亲带着我前去观看。“鸟巢”很大，上完洗手间的我迷失在熙熙攘攘的人群中，忘记了回到座位的路，多亏身穿蓝色短袖的志愿者小姐姐牵着我的手，带我回到了看台。那时，八岁的我怎么也料想不到，这些“鸟巢一代”的大哥哥、大姐姐会成为我未来的师兄、师姐，而我自己，也将成为“冰新一代”的一员，接过他们手中传递的旗帜。

从北京成功申请冬奥会主办城市之时，我就一直期盼着成为一名冬奥会志愿者，早早在冬奥组委的网站上进行了报名。在北大开始征选志愿者后，我第一时间就提交了申请，也如愿成为第一批志愿者，参与 2021 年 4 月的“相约北京”系列测试赛服务。测试赛中，我担任了注册助理，在冬奥会和冬残奥会中，也继续留在该领域进行服务。为了方便前来激活证件的工作人员和赞助商，注册办公室设在场馆最外围的安检旁。在十几平方米的板房里，我和五名来自不同院系、不同年级的小伙伴一起完成日常的证件激活、信息录入等工作，在坚守注册岗位的同时建立了深厚的情谊。每天我期待的就是休息时间和大家围坐在一起观看比赛，为中国队呐喊助威，为每一个运动员超越自我的瞬间激动不已。

在学校的冬奥会出征仪式上，我有幸作为志愿者代表之一参与了讲述环节。候场时，我和志愿者伙伴们站在台侧，倾听了高明老师和丁宁学姐的倾情讲述。他们动情地回忆着参与 2008 年北京奥运会的一点一滴，他们心中的民族自豪感和对祖国的深沉热爱点燃了全场的气氛，一下子把所有人带回了过去。14 年过去，儿时记忆早已模糊不清，但他们故事中的细节仍闪闪发光。听着听着，大家的眼眶湿润了，那一刻，我深深体会到了“奉献、友爱、互助、进步”的志愿精神是如何刻进每个人的心中，庆幸自己作出了正确的决定。我为冬奥奉献了自己的精力，冬奥也赋予了我的生活不平凡的意义与回忆。

罗孟昕（右一）在进行人员信息录入与审核工作

罗孟昕（左一）在进行冬残奥会注册证件清点工作

赛事服务期间，让我印象最深刻的一次经历，发生在证件激活工作中。作为地理位置最便捷的激活点，“冰立方”注册办公室每天都会接待大量赞助商和转播商的工作人员。那次，碰巧几位保洁人员在对办公室进行消杀，正在办理业务的一位长者看到她们进来，兴奋地冲上前去，大声说：“我能和你们合张影么，你们的工作服是我们公司赞助的，这个项目就是我负责的！”她们也高兴地放下手中的工具，连声说：“感谢感谢，这套制服保暖又防水，颜色也很漂亮，我们都很喜欢！”他们的双手紧紧交握，在场的每一个人都体会到了冬奥会展现的平等与爱——无论职业与年龄，冬奥让我们相遇，我们都是祖国盛会的一块小小的零件，竭尽所能贡献自己的力量。

北京冬奥会闭幕式上，彩色的五环焰火绽放，“天下一家”四个字点亮夜空，再一次诠释“一起向未来”的美好希冀。冬奥会已经结束，无数经典的瞬间被所有人铭记于心、经久传唱，我也将继续服务于冬残奥会的注册工作。犹记得中国轮椅冰壶队在世锦赛上的决胜一击，让每一位在场的工作人员与志愿者热血沸腾。希望并祝福中国队能再创佳绩，每位运动员都能实现自己的理想与目标！

我和冬奥有个约定

王钰凯
法学院 2019 级本科生
国家游泳中心 权益保护工作人员

如果让我用一个词来概括我与冬奥的关系，我想应该是“约定”。与冬奥结缘，源于一个已经无法实现的约定；投身北京冬奥会志愿服务工作期间，我也始终坚持着一个与自己内心的约定；最后，在冬奥会闭幕后的今天，带着满腔热忱与期待，我又踏上了新的征程，奔赴下一个终点，某种程度上，这份信念和勇气的基础，或许就是我与冬奥会志愿者这段人生经历的一个约定——对未来的约定。

缘起：为什么要做冬奥会志愿者

我与冬奥的结缘，大概是在 2018 年平昌冬奥会上，那时的我还在读高二，只能趁着过年从繁重的课业压力中抽身出来，观看一些热门项目的比赛。那一年，我的同乡——短道速滑运动员武大靖为中国夺得了一枚奥运金牌，从那时起，榜样的力量就一直激励着我，为了心中的梦想而不懈奋斗，也促使我去了解冬奥会、了解冰雪运动。所以，考入北大后，我第一时间就通过网上系统报名，成为北京冬奥会储备志愿者的一分子。当然，理想和现实的差距始终是存在的，选择了冬奥会，就意味着要在一些学习生活的问题上进行取舍，这往往会带来很多现实的困难。而我之所以选择投身冬奥会的志愿服务工作，是因为一个我永生也不会忘记的约定。

同样是在 2018 年，那时我的妈妈和我开玩笑说，如果我能考上北大，一定要去报名参加北京 2022 年冬奥会的志愿者，代表祖国把我们青年人的风采展现给全世界，妈妈说那会是她一辈子的骄傲，也希望如果我通过了选拔，可以带她一起去看喜欢的比赛项目，我十分痛快地答应，并从那时起在心底埋下了要报名成为志愿者的愿望。可就在两年以后，在新冠肺炎疫情席卷全球的世纪灾难中，我也遭受了人生中最大的灾难——妈妈因患癌症，永远地离开了我，母子的这份约定，也成了永远无法兑现的承诺。但与此同时，它也为我义无反顾地投身冬奥注入了一股强大的动力，我始终相信，不管我在哪一个场馆，不论我从事什么样的服务工作，妈妈都一定会看到，并为我骄傲。

探寻：当法律的冷峻邂逅志愿的热情

终于，我如愿成为一名冬奥会志愿者，服务于“冰立方”权益保护业务领域。去年10月，我就参加了“相约北京”系列冬季体育赛事的志愿服务工作，这也是冬奥赛前最后一次大规模的测试赛活动。在进入场馆之前，我最担心的就是从事这份工作会与在校的学业发生冲突，譬如会经常缺课，无法协调足够的时间完成课程作业等。但慢慢地，我开始发现这个岗位的特殊之处——它非但不会影响我的专业学习，相反能够起到相得益彰的互助效果。

所谓“权益保护”，就是协助保护国际奥委会、国际残奥委会、北京冬奥组委及冬奥会和冬残奥会赞助企业的权益，及时发现、制止和打击各种侵权和隐性营销行为，保证冬奥场馆在规定时间内符合“清洁场馆”标准，清理各种违规的商业展示，从而优化奥运会的视觉效果。权益保护是彰显奥运会独特性的重要一环，在我看来也是法律人在冬奥会中最大的用武之地。

在赛前，我们学习了国际奥委会和北京冬奥组委发布的诸多法律文件，了解了权益保护工作在规则层面的依据。比赛期间，我们履行常规职责，在场馆内外开展例行的巡视巡查工作，保证新进入场馆区域的人员、物品和车辆符合“清洁场馆”的要求，并与场馆其他业务领域对接协调，对各个领域的权益保护工作提供专业和技术上的指导。与此同时，我们也会借助法学的知识背景，在业余时间对权益保护的典型案例进行研究和讨论，针对权益保护相关问题回复国际奥委会、赞助商和群众的来信，热情交流，礼貌互动。

我们每天要做的事情，看似简单，其实对细节的要求非常高。把这项工作做成、做好，对观察能力、沟通能力、应急能力等都是一种锻炼和考验。因此，身为一名志愿者，我始终保持着一种学习的心态，在把所学的法律知识融入工作中的同时，也从工作实践中吸取新的经验，学到很多在书本上、课堂中见不到的东西，收获更大进步与成长。这就是我与自己内心的一份约定，争取实现双向的奔赴，我用知识奉献冬奥，冬奥带给我新的知识，让冷峻的法律饱含奉献的热忱。

回眸：那些感人至深的“志愿瞬间”

在参与志愿服务的过程中，最不缺少的，就是感人的瞬间。寒冷的清晨，赛事服务领域的志愿者早早就坚守在场馆外的监测点，他们的工作地点在室外，在凛冽的寒风中，比我们要辛苦很多，但他们依然在每位场馆团队工作人员、志愿者进入场馆时，给予微笑和问候，我们也总会拍拍他们的肩膀，说一句“辛苦了”，再普通不过的画面，却是志愿者各司其职，团结一心，用热情彼此温暖的最好例证。

最让我为之触动的是在“出征”的第一天。我坐在前往场馆的大巴车上，车子缓缓启动，车下的老师、同学们目送我们奔赴自己的岗位，向我们挥手致意。在那个瞬间，我联想到了六个月前，那时的北大正在为中国共产党成立 100 周年重大活动紧锣密鼓地筹备着。我作为一名后勤保障人员，就常常站在车下，挥着手目送那些参与重大活动的兄弟姐妹们启程前往训练场地。同样的场景，从目送的人变成被目送的人，在那一刻我感受到了传承的力量，北大从来不缺少奉献的热情，正是因为有这一次次的目送，有一代代为国家和民族的事业而奋斗的青年，才有了今天的北大和今天的我们。

王钰凯对比赛场地开展常规巡视巡查工作

权益保护业务领域的老师和同学在场馆外合影留念（左二）

启航：冬残奥会与新的征程

如今，北京 2022 年冬奥会已落下帷幕，我们也整装待发，准备投入冬残奥会的志愿服务工作中。终点，也是新的起点；归航，意味着再次启航。冬奥所留给我的，不仅是“更快、更高、更强——更团结”的理念，更是“让微笑成为我们最美的名片”的格言——用微笑对待他人，用微笑对待挫折，用微笑对待每一段新的征程。就让这份收获也变成一份美丽的约定，激励我们所有人，向着理想的彼岸进发。

最后，我还是想用自己常常为之感慨的这段时间线作结：我出生那年，北京申奥成功；我上一年级的时候，北京举办夏季奥运会，我在电视机前见证了中国健儿的风采；我小学快毕业的那一年，正值伦敦奥运会，“激励一代人”的口号真实地激励着我们这一代——奥运的一代；我上高中那一年——里约奥运会上，女排精神又再一次激励了我；我备战高考的那一年是平昌冬奥会，我的同乡武大靖取得了短道速滑的冠军，铸就了榜样的力量；今年，我大三，成为一名光荣的志愿者，圆满完成了服务工作。我想说：我们是属于奥运的一代，也是将青春绽放在奥运的一代！

这个冬天，我们“一起向未来”

田维萱
环境科学与工程学院 2020 级硕士研究生
国家游泳中心 场馆通信中心助理

场馆通信中心（VCC）是做什么的？800 M 集群是什么？公网又是什么？面前的一个个手台让我生出了仿佛在执行秘密任务的幻想，培训时复杂的演练让我又一次坠入了云里雾里。真正进入“冰立方”后，真实的工作没有原本想的那样令人费解，我们场馆管理领域的志愿者承担的任务既没有那么复杂，同时也不简单。调度中心是闭环外的“大脑”，那么调度中心志愿者就是“大脑”延伸出的“神经元”，负责收集“身体”各处的信息，把信息传入“大脑”。观众何时入场，哪里急需物资，都是我们特别需要关注与记录的。我们既要在快速短促的对话中准确地抓住信息，又要应对手台中实时传输过来的各种情况。

“宇宙不爆炸，场馆通信中心不放假”，这是我们常拿来调侃的一句口号，我确实体会到了这种感觉。场馆管理是与场馆运行同频共振的，只要“冰立方”仍在工作状态，就需要场馆通信中心的志愿者们坚守。相比于其他各个业务领域，场馆管理领域的服务时间更长。我们见过凌晨漆黑朦胧的燕园，也见过入夜万籁俱寂的燕园。一天接一天的兜兜转转，冬奥会赛程也在志愿工作中飞快地运行。在老师的带领和同组伙伴的相互配合中，我也对这项任务有了更多自信。一开始还对手台播报有些许胆怯，后来也能慢慢做到从容应对。

志愿者在“冰立方”不仅是工作关系，而且像是为同一目标努力的战友。场馆通信中心的组员们在兢兢业业完成任务的同时，也会分享彼此的喜怒哀乐。我也由此发现了同一业务领域的志愿者们的另一面。大家来自不同的专业和年级，若只是在校园中穿梭，很难聚在一起。正是这个珍贵的机会，让来自天南海北的同学们能够了解彼此，了解彼此的多才多艺，了解彼此的性格迥异。形状不同却能嵌合的拼图才有别样的色彩。赛后的小聚，共同的漫步，让我们之间又多了几分情谊。

场馆管理领域的主任、主管美丽开朗，就像我们的大姐姐。一开始我还会有一些拘束和紧张，后来发现在老师们的眼里，我们就是一群可爱的弟弟妹妹。这里俨然就是一个大家庭：工作中，我们严谨规范；生活中，我们每个人都有一个有趣的灵魂。在这美好的氛围里，我逐渐明白，去“冰立方”就是去和另一群可爱的人相聚、相知。

说到“pin”的故事，身处闭环外又需要驻守岗位的我，失去了换“pin”的机会。看到其他志愿者身上佩戴着闪闪发光的“pin”，我在心里打出了三个“柠檬”表情。令我感动的是，冬奥组委没有忘记我们，每天都在发新的“pin”与纪念品，不知不觉中，我的“pin”也积攒了不少。“pin”做工精美，各式各样，实在是冬奥会期间难得的纪念品。每次志愿者领域的志愿者都会带来好消息，送来新的“pin”，让我们一饱眼福。我们在填写物资单时，连落笔都十分开心。这确实激励了我们，我能感受到冬奥组委将志愿者放在了重要的位置，无论是巴赫主席说“志愿者，谢谢你们”，还是闭幕式上志愿者代表登台，都表明了志愿者们的付出能被看到、被认可！

换“pin”是奥运会的传统活动。在不能换“pin”的情况下，我想到可以自己画一个属于场馆通信中心的“pin”。最开始我只是在休息之余用画画来解闷，后来经过修修改改，我成功完成了一个完整的“pin”，并期待着它可以被做成实物。经过联络，我们场馆管理领域也有了自己独一无二的“pin”。看着我们领域的其他志愿者和老师戴上我设计的“pin”，我感受到我与冬奥会和冬残奥会更贴近了。

田维萱制作的 VCC 徽章

田维萱在“冰立方”观看男子冰壶决赛

赛事期间，我们小组有幸看了瑞典对英国的男子冰壶决赛。我们虽在“冰立方”坚守了近一个月，这却是第一次真真正正进入“冰立方”看台内部，我感到十分新奇。以往在电视中看的冰壶比赛节奏很慢，可身临其境的感觉完全不同。决赛的双方都是高手，一次次进攻与防守的结果都在碰撞的瞬间决定，令人感叹这项运动真是力量与智慧的结合。临近赛点，每一次投球都是牵一发而动全身，作为观众的我看得屏气敛息。正是在“冰立方”的志愿者经历，让我对冰壶运动有了全新的感受和印象。

另一场不得不说的比赛是中国对瑞典的冬残奥会轮椅冰壶决赛，整个“冰立方”都翘首期盼。比赛时我们依然在岗位上执行工作任务，耳边却能敏锐地捕捉到观众热烈的加油声。我们紧张地看着调度中心的大屏幕，挥舞手中的国旗。虽然不能进入观众席看比赛，但我的心却穿越了屏幕、跳跃进了比赛场地，为中国队鼓掌喝彩。经过激烈的较量，中国轮椅冰壶队成功将金牌收入囊中。所有在调度中心的工作人员都沸腾了，这是中国的第 18 块残奥金牌，“冰立方”在最后一个比赛日画上了圆满的句号。在屏幕中缓缓升起的国旗面前，我们全体起立，共同在国歌声中热泪盈眶，共同为伟大的祖国激动不已。这既是为征战许久、不懈奋斗的中国轮椅冰壶队庆贺，也是为团结一心、日夜坚守的志愿者和工作人员团队喝彩。

坚守在场馆通信中心的岗位上，我们受到了认可。在场馆调度中心，我们接待了前来考察的各位领导与来宾，得到了他们的鼓励与赞扬。在志愿服务中，我看到了运动员们一次又一次突破人类极限，深受鼓舞，我想我或许也可以通过拼搏增添人生的多样可能。作为这场盛会的志愿者，我的研究生生涯也多了一丝不平凡。

这个冬天，我们“一起向未来”。在“冰立方”，我度过了特殊的春节与元宵节。恰逢盛会，我从日常的生活节奏中抽离出来，全情投入，踏上一段新的旅程。很多人与事，都是不可多得的经历。在一次次赴约中，时间竟也过得飞快，很快就要到令人不舍的终点了。但我相信，这段经历也是未来人生路上的宝藏，我将背起新的行囊，走向新的未来。

京城雪落，蓝色年华

乌寒
基础医学院 2019 级本科生
国家游泳中心 赛事服务助理

第一次进入“冰立方”那天，是个雪后的好天气，我穿着统一的蓝色制服，跟着大部队，走向在视频课程中曾听说过的七号门。回想第一天的新鲜感，那种紧张而悸动的心情再次袭来，第一次人脸核对，第一次全身安检，第一次走进部署区，第一次进入看台，第一次面对观众，第一次通行控制……这些难忘的经历，一笔笔书写了“冰立方”中属于我们“冰新一代”的故事，一点点汇聚成蓝色雪花落在“双奥之城”——北京！

乌寒（后排右一）和小伙伴们的合影

2 月 13 日北京大雪，乌寒第一次轮值室外岗

2008 年的奥运情结，2022 年的冰雪相约

2008 年，奥运的圣火就像那个夏天炎热的天气，点燃着每一个中国人的赤子之心，《北京欢迎你》的旋律轻灵悠扬，和我的奥运故事一起跨越时空，来到了 2021 年的冬天。

在“冰新一代·一起向未来”培训营中，很多同学都讲述了自己的奥运情结。或是与我一样，因为见证了 2008 年激动人心的夏天而做了这个美好的梦；或是出于对冰雪运动的热爱，希望成为一抹雪色融入其中；或是难忘

2015年在马来西亚宣布中国申奥成功的那个夏夜，冬奥的火种已在心中孕育……我和其他志愿者一起，怀着相同的梦想，开启了属于自己的冬奥之旅。

在收到邮件通知的那一刻，有种好似梦境的不真实感，伴随着一点点恍惚，回想自己报名、面试、学习冰雪知识，渐渐了解冬奥的这一路，感到由衷的踏实与满足——我成为一名冬奥会志愿者，我将以我所学服务这场世界性的赛事，我将以青年之名表达中国人的热情与温暖，相约冰雪，相约“冰立方”。

“开门红”那夜，我们就在门口

2月2日晚八点零五分，北京2022年冬奥会的第一场比赛混双冰壶循环赛第一轮在“冰立方”举行，我所在的A组负责服务本场赛事，这是我第一天正式上岗。

下午三点半左右，我们从北大乘车出发，四点左右到达场馆。休息，彩排，晚餐，上岗，进入赛时！和认识不久的小伙伴们一起站岗，轮岗间歇一起在部署区激情观赛，见证中国首轮比赛的胜利。加时赛的最后一壶投出后宣布中国本轮取胜时，很遗憾我们没有在现场，听着来自部署区的欢呼，压抑着内心的喜悦，坚守在岗位上，指引每一位观众有序离场，送上新春的祝福与这夜的感动！

这像是一场准备已久的群演戏，虽然我们只是其中没有名字的那个角色。但是好戏开演的时候，我们依然拼尽全力，展现专业与热情，以“冰新一代”这个共同的名字，刻在历史的光荣榜上。

雪花纷飞的清晨，我们是欢乐“打工人”

“请各点位注意，观众已开始陆续入场，完毕”，手台里的声音开始忙碌起来，2月13日早班的赛事服务正式开始了。如果你还记得，这一天的北京迎来了2022年的第一场大雪，而我们也在这一天第一次轮值室外岗。小伙伴调侃：“早上看到天气预报，就已经做好了成为一个‘小雪人’的准备。”但是，关于冬奥的故事总是有更多意想不到的快乐。

到达点位时，还没有开始积雪，风吹着雪花，落在蓝色的“冰立方”上。身边的保安人员穿着厚厚的大衣，和我们一起检查来往人员的新冠肺炎疫情防控情况。工作量不大，重在沟通与细心。幸运的是，被检查的人员都很配合，即使有时机器因寒冷运转得比较慢，他们也会表示理解，主动出示手机里的健康宝。不时收获的一句“谢谢”，就更加让人雀跃。

慢慢地，雪越下越大，地面上开始积雪。附近扫雪的清洁人员越来越多，远处的工作人员戴着一层薄薄的塑料手套在搬运午餐，身边保安人员的衣服上已经覆了一层雪，他还在开玩笑问我：“像不像‘冰墩墩’外面的那层膜?”我们似乎也被这种精神感染，开始在雪地里画“冰墩墩”，甚至还捧了雪，想要捏一个“冰墩墩”……

再次回想那一天，感触是更加深刻的。身体上的寒冷早已消失不见，内心的温暖却挥之不去。毫无疑问，北京2022年冬奥会是一次盛大的冰雪盛宴。八方来客相聚在北京与张家口，“一起向未来”的口号温暖了这个冬日。而我们——以志愿者身份参与这场冬奥会的青年人，与来自各个领域的工作人员建立联络，彼此帮助，深深共情，共同托举起冬奥会赛场的后方。所有的工作人员心在一处，劲在一起，“功成不必在我，功成必定有我”，我们“一起向未来”!

ONE FAMILY，我们“一起向未来”

在闭幕式上，夜空中绽放的烟花拼写出了“ONE FAMILY”的字样，从“同一个世界，同一个梦想”到“一起向未来”，我们一直在呼唤着“ONE FAMILY”，人类命运共同体的故事需要全世界共同写就。无论是在纯洁的运动赛场上，还是在观众每一次热烈的掌声中，中国都充分展现了一个大国应有的胸怀，开幕式的一句“Welcome to China!”是我们所有人的心声。

冬奥会已经画上了圆满的句点，在全球新冠肺炎疫情下举办的这场冬奥会已经在历史上留下了浓墨重彩的一笔，而此次志愿服务经历，也将成为我的人生中不可复制的、无可挑剔的回忆，我将珍藏着这段回忆，走向未来。

这段身着志愿者制服的时光，是我永远怀念、永远铭记的蓝色年华，这一年，雪落京城。

温暖与被温暖

马一凡
国际关系学院 2020 级本科生
国家游泳中心 赛事服务助理

一次次向观众招手、始终保持着微笑的姿态、随时解答观众的疑惑；一次次见证五星红旗升起、收获观众的感谢、收到来自学校无微不至的关心，这些都是我的冬奥记忆。我的冬奥之旅是一场温暖与被温暖的旅途，在冬奥会的志愿服务期间，我在温暖他人，同时也被来自各方的关心温暖着、感动着，在平凡的工作中体验到不平凡的温暖。

来自工作现场的温暖时刻

我是“冰立方”的一名赛事服务领域志愿者，我主要的工作简而言之就是服务观众，包括入口检票、引导观众、信息咨询等。随着“冰墩墩”的一夜爆火，我所在的南商业街成为“冰立方”人流量最大的区域。我在冬奥特许商品零售店门口工作了七天，是名副其实的“老员工”。每天我都要和大量的观众进行互动、保持微笑、维持秩序、引导观众保持防疫间隔距离排队、提醒观众提前准备好门票、解答观众的疑惑等，这考验着我的沟通能力和解决问题的能力。有一次，一位来自中东地区的外国观众进店购买商品，店员不知如何和他交流，只能用手比画。我看到后，主动当起临时翻译。最终，这位观众买了两个画有冰壶图案的书包带给他的外国朋友。临走时，他一直对我表示感谢。我为自己能及时并切实解决问题感到特别自豪，化解了当时的尴尬，给外国观众带来更好的购物体验。在服务过程中，我的热情获得了许多观众的认可。一句句感谢的话语、一张张珍贵的合影，温暖了我的心。虽然我的工作都是细碎和烦琐的，但是能为观众提供力所能及的帮助，让我感到非常幸福。

当理想照亮现实，那些变为永恒瞬间

2 月 4 日，北京 2022 年冬奥会开幕，我和小伙伴们在新太阳学生中心 B101 集体观看直播。跟随镜头鸟瞰“鸟巢”和“冰立方”，记忆仿佛回转到了 2008 年。那时，还没上小学的我坐在电视机前看绚烂的烟花、闪烁的“水立方”和“鸟巢”。而如今，化身“冰立方”的场馆就是我每天服务的地方，“冰新一代”志愿者默默坚守与付出的地方。仿佛理想一下拉进了现实，无论是在“冰立方”里面工作，近距离感知场馆的“律动”，还是俯瞰开幕式里的“冰立方”，全景式感受它的结构之美，都让我那么心驰神往、为之心醉。

最令我印象深刻的是：当中国代表团入场时，集体观看开幕式的北大志愿者们掌声雷鸣，挥舞着手中的国旗，跟着音乐自发合唱起《歌唱祖国》。于我而言，能把自己的人生和冬奥会这样盛大的赛事联系起来，能把自己的青春和祖国的伟大事业联系起来，让我感到莫大的荣幸和无上的光荣。巴赫主席在致辞中感谢志愿者，这又让我和中队的志愿者小伙伴们兴奋了起来。志愿者的微笑获得了赞美，志愿者的工作获得了认可。我想，无论自己在这期间付出了多少辛苦与努力，当几年后乃至几十年后，回首这段与冬奥会相伴的日子，我可以骄傲地说，这是我参与的冬奥，服务的冬奥！

马一凡在南商业街北京 2022 官方特许商品零售店门口工作

马一凡在冰壶比赛看台工作

我“见证”的中国队冬奥首金颁奖

在冬奥会工作期间，能去颁奖广场见证五星红旗升起，是我每天最期待的事情。那天，我刚刚结束晚班的工作，回到部署区就看到电视上正在直播中国首金——混合接力短道速滑颁奖典礼。我激动地冲出“冰立方”，跑到闭环外距离颁奖台、距离中国首金最近的地方。隔着一条马路，我亲耳听见了以往只出现在电视中的激动人心的颁奖音乐。此时此刻，全世界的目光正聚焦此处，聚焦在为中国夺得荣誉、摘得首金的运动健儿身上，而我正在他们身旁。那一刻，工作一天的所有疲惫都消失不见。在这激动人心的五分钟里，我“见证”了仪式的全过程：听见宣布铜牌、银牌直到属于中国队的金牌；听见主持人慷慨激昂地一个一个宣读范可新、任子威、曲春雨、武大靖和张雨婷的名字。我和小伙伴们伴随着国歌的旋律大声歌唱国歌，歌声响彻夜空。

在中国短道速滑队的运动员们退场的时候，相隔一条马路，我已经无法抑制心中的激动，和“冰立方”的志愿者们不约而同地欢呼着：“中国队加油!”这种激动或许是“追星成功”的喜悦，但在那时，我只想亲口向中国的运动员们表达我最真挚的祝福和赞美！运动员们特别可爱，听见我们的欢呼声，他们都亲切地和我们打招呼，又一次，我的心被他们的温暖击中了。那一刻我真的泪目了，这种从心底升起的爱国之情终于找到了宣泄的窗口，我们一遍一遍喊着“中国队加油”，久久不能停歇……这段自豪、梦幻、激动人心的经历，将是我最宝贵的冬奥财富。

来自学校和学院的温暖

用自己的热情和微笑服务冬奥的同时，我也在被学校和学院温暖着。冬奥恰逢春节，这是一个特殊的春节，也是我第一个没有和家人一起度过的春节，但在学校和学院的保障与关心下，我并没有感到寒冷和孤独。出发上岗前，国际关系学院举行座谈会，老师们了解了志愿者们的疑问和顾虑，并且积极解答、解决；腊月二十九，我和中队的志愿者们在新太阳学生中心剪窗花、写对联、看春晚；在学院，老师们手把手教我们包饺子、煮饺子，我和所有留校同学一起度过了一个独特而有意义的春节。在志愿服务期间，学校为晚班凌晨回学校的志愿者们延长了热水澡供应时间；电影《狙击手》和《长津湖之水门桥》主创团队进北大，组织志愿者集体观影；2 月 13 日下大雪，学校在新太阳活动中心为一天工作结束的志愿者们提供姜丝可乐，温暖了身体和内心；元宵节那天，结束晚班后的我们凌晨回到学校，农园一楼已经准备好热腾腾的汤圆；在新学期的选课方面提供帮助，开设线上体育课，让志愿者们没有后顾之忧……这些都切实解决了志愿者的顾虑，这些暖心的小细节温暖了寒夜中坚守岗位的志愿者的心。

冬奥会的工作告一段落，我有幸能继续参与到冬残奥会的志愿服务中。冬奥会期间，我为观众带去温暖的服务、热情的微笑。同时，也被可爱的运动员、观众、学校和学院温暖着，志愿者们手牵着手，将这份光和爱传播开去。“一起向未来”，是国家对共同构建人类命运共同体的期待，也更是每一个人共赴美好未来的期许。而现在，我和我的志愿者小伙伴们正在向未来努力奔跑，祝福冬奥会，祝福冬残奥会，祝福祖国！

做万千冰雪中的一片雪花

董慧
马克思主义学院 2019 级本科生
国家游泳中心 赛事服务助理

国际奥委会主席巴赫在冬奥会开幕式致辞中曾高度赞扬志愿者工作，他说："我们要特别感谢全体志愿者。从我们抵达的第一刻起，你们就给了我们宾至如归的感受。你们眼中的微笑温暖着我们的心。谢谢你们，志愿者！"作为一名北京 2022 年冬奥会和冬残奥会志愿者，我非常自豪我们的工作能得到巴赫主席的关注和认可。作为一名中国青年，我也非常荣幸能参与到祖国盛事当中，成为万千冰雪中的一片雪花，为冬奥贡献青春力量。

董慧在拍摄赛事服务宣传视频期间的留影

深夜结束工作任务，董慧与冬奥会主火炬合影

两肩担重任，妙笔生华章

在冬奥活动中，赛事服务领域志愿者主要负责在场馆内为观众提供客流管理、检票验票、通行控制、引导助行、失物招领、信息咨询等服务。我具体的工作岗位是"冰立方"场馆运行团队赛事服务助理，负责服务"冰立方"中冰壶和轮椅冰壶比赛的开展。从观众进入到场馆的那一瞬间开始，赛事服务领域志愿者就开始工作，尽力为观众提供优质的观赛服务。赛事服务工作的技术难度并不高，但是它涉及非常烦冗的细节，也是观众来观赛时最先接

触到的冬奥赛事相关内容，因此赛事服务领域志愿者的态度和工作好坏直接关系到观众的观赛体验。这就要求志愿者把每一项具体细微的工作做好，把每一件平凡的小事做好，给予观赛者和赛事方最佳体验。

在做好赛事服务领域志愿者本职工作的基础上，我还兼任赛场宣传员，主要负责采编和宣传赛事服务领域志愿者的青春风采，记录下志愿者工作的美好瞬间和感悟感想，以此让更多人了解到志愿者的涓滴努力和幕后故事。虽然没有完全参与到赛事服务的具体环节中，但是我与其他宣传组成员通过图片、文字、视频等形式记录下来许多精彩瞬间和历史时刻，将志愿者的昂扬风采呈现给大家、将志愿者的快乐和收获传递给大家。这些宣传工作富有趣味，兼具深意，使我感受到极大的使命感和责任感。

涉世觉深浅，至大尽精微

以志愿者身份参与冬奥盛会，也使我对冬奥会和奥运精神的理解更为详细和深刻。在此之前，每谈及冬奥会，我只能从比较宏观的方面泛泛而谈，比如冬奥会是一项国家盛事，是奥运健儿拼搏奋斗的舞台，是展示国家形象与促进国际交流的好机会等。但是在参与冬奥会志愿活动的过程中，我深刻感受到举国大事背后的平凡与伟大，这涉及严整紧密的工作体系，也牵扯各司其职的工作人员。仅是“冰立方”场馆工作的开展，就涉及市场开发、赛事服务、志愿者、物流、礼宾、安保、电力、技术、餐饮、清洁与废弃物、财务、注册、权益保护、公共卫生、医疗服务、体育展示等几十个领域。每一个领域都必须做到尽职尽责，还需要做好各领域间的沟通协调。这让我意识到，冬奥赛事平稳顺利开展的背后，是一项项微小具体的工作，以及一个个鲜活生动的个人，每一个领域、每一项工作、每一个人都是至关重要且不可或缺的。这段独特的志愿服务经历，让我心中的冬奥更为具体和翔实，也更为生动和伟岸。我也越发自豪成为冬奥大家庭的一员，能够为冬奥会的成功举办贡献自己的力量。

举止显大爱，谈笑暖温情

我作为一名服务观众的志愿者，其实质是一名光荣的服务者。在夜以继日的活动中，我与观众存在很多直接的互动，在完成上级任务的同时也收获了许多来自他们的诚挚感谢和热情微笑，这让我感受到志愿者工作的独特魅力和使命价值。在我看来，冬奥会志愿者传递和接受着人与人之间最朴实且纯真的大爱。还记得有几天北京下大雪，场馆外严寒刺骨，许多观众会如亲人般为在室外值守的志愿者贴上暖宝宝。还有某天下午比赛结束之时，我正在场馆门口挥着国旗和冬奥小旗向观众送别，他们脱口而出的“拜拜”“谢谢”“辛苦啦”，言语间洋溢着喜悦与赞许。

冬奥会志愿者也勾连和维系着人世间最简单的温情，曾有一个观众叔叔看到我们奋力挥着小旗子，也掏出他的冬奥旗子尽力挥舞，热情回应，跟我们一起合影留念。还有一次，我刚完成上午的工作，拖着沉重的步伐，背着双肩包去搭乘班车。此时正好遇到观众进场，有位姐姐看到我书包上的“冰墩墩”挂件和玩偶，微笑着跟我说：“你的书包真漂亮。当然，你们志愿者更美!”那一刻，我顿觉心情愉悦、困意全无，一下子便精神起来向她问好。这些与观众互动的微小细节，给我的冬奥志愿故事添加了许多惊喜和暖意，也支撑着我的尽心服务、踏实工作，更加坚定了我参与志愿服务的决心。

作为“冰新一代”青年志愿者，我们生逢盛世，深感使命重大。虽然冬奥赛事已告一段落，但是那份“更快、更高、更强——更团结”的奥运精神，以及踏实奋斗、砥砺前行的精神姿态，将成为冬奥会志愿者群体共同的文化财富和不竭的精神源泉。正如习近平总书记给苏翊鸣运动员回信中所勉励的那样，我们要继续“心系祖国，志存高远，脚踏实地，在奋斗中创造精彩人生，为祖国和人民贡献青春和力量”，在深刻变革的中国大地上谱写青春乐章。

平凡中的坚守——我的冬奥日记

于悦
信息科学技术学院 2020 级本科生
国家游泳中心 赛事服务助理

我是于悦，信科 2020 级微电子科学与工程专业的一名本科生。收到入选冬奥会志愿者邮件的那一刻，我的内心激动不已。这是我第一次亲身参与奥运会这样大型的国际赛事，尽管只是作为一名普通的通用志愿者。我深知，北京冬奥会我们必须办好，而这也需要每一个参与者的付出。激动之余我感到肩头担了一份责任，也下定了做好工作的决心。

经过了短暂的培训，第一天正式上岗时，我的内心仍有些许紧张。闭锁期时我被分配到通行控制岗，需要检查进入场馆的所有工作人员的健康状况和证件。每一次测温、每一次身份验证都不容马虎。遇到核酸阴性报告过期却坚持进入场管的工作人员，我们在劝阻拦截无果后及时报告，坚守了维护场馆防疫安全的责任。

经过一段时间的上岗，我收获了很多。最大的收获是我克服了与陌生人交往时的瑟缩与胆怯。总以“社恐”（社交恐惧症）自嘲，在赛事开始的第一天，我被安排到广场引导欢迎，主动热情地与观众交流对我来说是个不小的挑战。当几百个观众入场时，我突然很怵，那句“欢迎来到‘冰立方’”试了很多次都难以说出口。我默默地跟自己说，明天争取和观众说句话，就一句也好。第二天，我鼓起勇气忐忑地招手，却得到了观众热情洋溢的回馈，这给了我很大的鼓励。我开始更加大胆，从挥手打招呼致以欢迎，到主动送上温暖的节日祝福，在观众提出请求时帮他们拍照。当几个观众经过时对我说“辛苦了”，冲我竖起大拇指时，寒冷、疲惫、胆怯都烟消云散。我感到有了一点小小的成就，很高兴自己迈出了这一步。

而更深层的灵魂触动发生在中国首金的颁奖仪式。我所在的“冰立方”场馆与颁奖广场只有一街之隔。2 月 6 日，晚班观众入场结束换岗时，很巧，我们赶上了中国首金——短道速滑队混合接力颁奖仪式。我们透过围栏，踮着脚尖望着，当“the People’s Republic of China”的英文在“Olympic champion”后面被宣读，当五星红旗冉冉升起，那一刻，我从未感受到如此的动容。我们脱帽肃立，小声唱着国歌，注视着辽远夜空中那一抹炽烈的鲜红，泪水不知不觉湿润了眼眶。运动员退场时，不知是谁起了头，大家一起唱起了《歌唱祖国》，在“从今走向繁荣富强”的歌声中，运动员们冲我们挥手致意并表示感谢。而这段小插曲还被第二天夺金的运动员任子威提到，也成为他的感动时刻。亲身见证了奥运健儿们驰骋冰雪，摘金夺银，为国争光的荣耀时刻，我内心的民族自豪感油然而生。如运动员在接受采访时所说：“我们这代年轻人是能担大任的，会为祖国付出一切！”

南广场志愿者的合影

冬奥完赛后小组合影

“冰立方”冬奥会完赛那天，场馆内弥漫着志愿服务圆满结束的欢腾氛围，我的心里也满是轻松。赛事服务领域的全部志愿者来到看台留下大合影，场内是刚刚夺金正在庆祝留念的英国队员。在主管的号召下，大家一齐喊出：“Congratulations!”，每一个声音都是来自东道主国家最真诚恳切的祝福。队员们与我们亲切合影，四周都是明媚的笑脸。20天的工作结束了，回首20天里与小伙伴们共同的坚守，我感到幸福与满足。

我们的工作其实很普通，常常戏称自己为“小保安”“门童”。测体温，查核酸，引导观众，维护秩序……驻守在每一个通行口，无论风雪。在这个平凡的岗位上，我也结识了很多美好的人。值岗时间是我们很多倍的保安人员，永远一身黑大衣伫立在风雪中；来得最早、走得最晚的清废人员，常用淳朴的乡音说着赶时间；来回奔波的电力工作人员，总是戴着电工帽匆匆走着；还有餐点准时小推车就位的憨厚小哥，任劳任怨推着沉重的物资……再普通的工作也需要有人做，我们都是大型赛事顺利举办的一颗最微小的螺丝钉。日复一日平凡的工作也许枯燥，也许疲累，也许有厌烦，也许会沮丧，但不变的是坚守。我很自豪参与了北京冬奥会的志愿服务工作，能够尽自己的努力用心服务、做好工作，展现中国青年志愿者昂扬的精神风貌。

我会永远记得那些日子，记得清晨六点的云翳和晨曦，记得临近午夜黛色天宇中的繁星，更记得大雪中的户外广场、大风里的测温棚、停车场门口的岗亭，以及镜头之外一个个平凡的岗位上，一份份不平凡的坚守。

诗酒趁年华，“一起向未来”

申雨禾
心理与认知科学学院 2018 级本科生
国家游泳中心 赛事服务助理

能够参加本次冬奥会对我来说其实算是个意外。从第一次怀着忐忑的心情报名注册，到暑假的面试筛选，再到老师通知我正式成为志愿者，中间间隔了漫长的时间，久到我都快忘记了这件事。当时的我面对意料之外的通知有些犹豫，一方面这确实是一次难得的机会，另一方面这也意味着我将又一个假期无法回家，思乡之情让我望而却步。但经过了一番考虑之后，我还是决定不要错过这次参与冬奥会的机会。事实证明，我的选择没有让我后悔，这趟冬奥之旅成为我人生中一段非常难忘的经历。

我所在的领域是赛事服务，顾名思义，即全方位地服务于每场赛事的观众。这个岗位属于闭环外，既没有办法像闭环内志愿者那样可以直接接触到运动员或其他外国友人，与他们交换徽章，又没有办法像技术或体育领域的志愿者有机会亲自参与到赛事项目的建设与维护中，乍一听显得有些平平无奇。一开始我也是抱着这样怀疑的心态，兴致有些不太高涨，当时的我觉得赛事服务无非就是微笑、引导、看门。

可真正进入比赛的周期里，真正站在每日负责的岗位上，才明白原来冬奥会的每一个环节都是严丝密合地联结在一起，每一个领域都有着它必不可少的使命，甚至每一场赛事的成功举办都离不开每一个看似不起眼的岗位、每一名志愿者的付出。

“冰立方”承办的是冰壶项目，是冬奥会所有项目中比赛场次最多、耗时最长的。而我们赛事服务领域志愿者的工作就是负责让每一场的观众能够顺利、满意地观看比赛，积极地应对好可能发生的所有突发情况。在长达 17 天的志愿服务中，我们会轮岗到不同的地点，负责不同的工作，包括检票、引导、信息咨询、通行控制等。每一场比赛都不能放松，每一个岗位都是一次全新的经历。在这个过程中，我也从一个冬季运动小白，逐渐开始可以看懂比赛，并且与其他志愿者一同在部署区为中国的胜利而欢呼，为运动员的失误而惋惜，为赛程的发展而揪心。

在冬奥会期间，最让我感动和难忘的还是人与人之间的连接。我们的主要工作是服务观众，因此在观众入场和退场期间都需要热情地欢迎或引导。

有时遇上晚班退场的岗次，我们还需要在零下十来度的北京夜里举着荧光棒为观众送行。我印象非常深刻的是，一些观众在路过我们的时候，会挥手和我们打招呼，并特意说一声“你们辛苦了”“谢谢”，让我在寒冷的天气里感受到温暖；在通行控制岗位上，虽然无法直接与观众接触，但与同在一个岗位上坚守的安保人员谈天也是一件十分有趣的事情，可以了解到另一种生活的模样；最重要的是在这里我认识了许多优秀、可爱的同学，我们一起在雪里站岗，在大风里执勤，在狭小的部署区弹琴唱歌、排练舞蹈、交换信封和徽章……这些都是人与人之间最普通又最真挚的连接，这种连接组成了我在“冰立方”许多个日夜的片段，成为我弥足珍贵的回忆。

诚然，志愿工作也会有困难和疲惫的时候。比如在最冷的时候被安排在室外的岗位，北京大雪的那天，我在室外淋成了雪人儿；风最大的时候，我们随时都在担心棚子会被掀翻。每次从室外换岗回来时，我的手脚都冻得没有知觉，需要花上一个多小时才能恢复体温。有时还会遇到不配合的工作人员和观众，每每碰壁时不免有些沮丧。但总的来说，这趟冬奥之旅给我带来的温暖还是大过气温的寒冷。比如今年除夕虽然没有回家，但在场馆吃到了好大的蛋糕，也看到了 2021 年最后一天七彩的“冰立方”，和同学们在学院吃饺子跨年，也不觉得孤独；元宵节我们组是晚班，组里有姐姐买了许多蛋糕和大家分享，让我们也感受到像是来自家的关怀；当电视机里国歌响起，同学们都自发地站起来对着国旗行注目礼，那种油然而生的自豪感让人无比感动。记得在轮椅冰壶夺冠的那一天，所有志愿者都激动万分，能看到国旗在“冰立方”升起，也不负这些天大家的辛苦付出。

申雨禾在南广场引导观众

申雨禾在大雪中站岗

北京成为“双奥之城”是令人振奋的，我也很荣幸能够有机会作为“冰新一代”在这场盛事中贡献出自己微不足道的力量。我相信许多年以后，当我回想起这个冬天，依然可以想起“冰立方”的早晚，耳边响起《一起向未来》的旋律，记得这段旅程中相遇的每一个美好的人和每一件美好的事。

志合者，不以山海为远

刘钊
城市与环境学院 2020 级博士研究生
国家游泳中心 志愿者团队成员

我是刘钊，在北京 2022 年冬奥会和冬残奥会期间担任“冰立方”志愿者领域的志愿者。作为志愿者的“二次方”，我的职责是要全力协助做好“冰立方”场馆各业务领域志愿者团队建设、激励保障、宣传培训、总结表彰等工作，为 700 多位“冰立方”志愿者保驾护航，成为他们最坚实的后盾。

刘钊工作照

刘钊在进行物资清点、搬运及分发工作

发光发热，让保障有力度

想志愿者所想，做志愿者所需。为了让志愿者们能够以饱满的状态服务冬奥，在日常工作中，我承担了为“冰立方”志愿者管理分发防疫物资、保障物资、激励物资等工作。分发物资看起来是个很容易的活儿，其实清点每一份物资时都需要一遍一遍地核对，确保每个志愿者都能拿到，都能更好地为冬奥会服务。自志愿服务开始以来，我和志愿者们已完成上百次物资交接，累计接收和发放防疫、激励各项物资上万件。为了做好物资搬运及整理工作，我还和志愿者们一起组建了物资搬运队伍，将其作为劳动教育的一环，创造志愿者之间沟通协作的平台。

为了确保每一项物资分发到位，我和领域志愿者们充分利用测试赛时物资管理的相关经验，听取各领域志愿者的意见，从物资存储、清点、分发、交接、捐赠、人员对接、清算登记等方面，详细制定了冬奥会志愿者激励保障工作方案，对物资领用的问题及时了解、及时解决，力守物资保障第一关。

将温暖传递给更多志愿者。我与其他同学还主动负责了“志愿服务、互助同行”的活动，积极组织协调“冰立方”各领域志愿者，向坚守在室外寒冷工作环境的交通设施领域志愿者，寄送出 2022 份爱心暖贴，并附上一封饱含关心的问候信。岗位不同，职责各异，但是“志愿”“冬奥”将两个领域的志愿者连接在一起，2022 份爱心暖贴承载全体“冰立方”志愿者的热情与友爱，为交通设施领域志愿者送去温暖。艳丽的“打树花”、蔚县剪纸，以“很中国”的方式回传交通设施领域志愿者的新春祝福。互相支撑，相互温暖，携手共进的志愿者已经为“更团结”写下了来自北京 2022 年的最佳蓝本。

深入人心，让设计有温度

你们为冬奥会服务，我为你们服务。为了给来自十余所高校的志愿者提供最佳服务保障，我主动策划并负责承担了多项志愿者的切实保障工作。

在赛前，在场馆主任的支持和领域经理的策划下，我和几位志愿者一起牵头承担了 100 余页的《国家游泳中心志愿者手册》的文案编写和排版设计工作。通过电子口袋书的方式，让每名志愿者都能随时随地扫描二维码查看上岗培训的重点工作内容，涉及场馆流线、防疫要求、常用英文缩写、上网指南、各领域志愿者组长联系方式等志愿者工作和生活的方方面面。此外，手册还会根据场馆需求实时更新，给予志愿者们贴心实用的帮助。

时时有“新意”，更有“心意”。在赛时，为了让志愿者们持续获得物质激励，我还积极策划设计了类型多样的场馆定制版印章。这些专属印章让志愿者们在工作之余，也能在邮寄明信片、记录日志或制作手账本时拥有更有趣活泼的记录形式，让记录的每一笔变得更加难忘。

让每一片“燃烧的雪花”都能被记住。冬奥会志愿者像是一片片“燃烧的雪花”，绽放在奥运会的每个角落，散播着热情和爱，每一位志愿者的工作看似微小，但缺一不可。在赛后，我借鉴冬奥会中奥运圣火“雪花”的创意，主动策划并设计完成了全场馆 20 余个领域的志愿者雪花电子纪念册，将每个领域志愿者化作一片“燃烧的雪花”，当无数片雪花汇聚一起时，就组成了场馆中巨大的一片雪花。无数片雪花的中心是志愿者的标识，展现出“奉献、友爱、互助、进步”的志愿精神，激励场馆志愿者们投身“有一分热，发一分光”“我为人人、人人为我”的志愿服务中。

同频共振，让宣传有广度

让志愿者们获得“被看到”和“被尊重”的价值感。为了让志愿者们能够感受到工作不是“透明隐形”的，充分调动志愿者的工作积极性，我利用在学校里的宣传经验，平时及时关注志愿者思想动态，做好优秀志愿者事迹的挖掘和宣传工作，参与了“冰立方”场馆和北大志愿者的信息推送工作。对日常重点工作的记录和宣传，不仅能够让志愿者们及时了解各领域的工作进展，还以图文并茂的形式，让更多的人看到志愿者们日常服务的身影。

在日常工作中，我还策划拍摄并剪辑了“‘冰立方’志愿者的一天 vlog”等形式新颖的宣传视频，在《北京日报》等媒体发布，充分展示了志愿者的工作成果。通过图文、短视频等形式，记录志愿服务瞬间，通过视频讲述故事，通过图文抒发感想，寻找活动中的感人细节，成为展示志愿者们生活点滴的窗口，从更多角度塑造志愿者们更生动立体的形象。

情深胜景深。在日常工作时，我还会拿起相机，定期为场馆内不同领域的志愿者们定格日常工作的精彩瞬间，为志愿者们留下难忘的冬奥会的美好回忆，用照片传递志愿服务正能量。志愿者的感动与快乐是我们这些“摄影师们”最先感受到的。通过这样的形式，让志愿者们在享受爱心奉献的同时，也能被更多的人关注、关心，让志愿者得到尊重，让付出得到回报。

敲门问需，让服务有深度

志愿者的辛勤付出应该得到同等的尊重与关怀。由于冰壶赛事的日程十分紧凑，工作量也更为饱和，在这样的“压力测试”下，不同领域的志愿者都发现了平时没有发现和暴露的问题。我不仅是一名宣传员，还是一个解决者。通过集合所有人的问题，针对性提出需求，这样才能找到工作重点。我和志愿者们在赛事期间广泛走访调研各业务领域志愿者工作，及时收集和掌握志愿者的工作反馈，联动各方，集智攻关，着力优化志愿服务流程，提升志愿者的服务体验。一方面，优化宣传分工，减轻一线志愿者的工作负担。另一方面，安排各领域对接负责人，对各领域志愿者提出的问题提供反馈渠道，总结上报并协助共同解决。

从早晨六点到晚上十一点，从天未明到夜幕降，时刻补缺，闻令而动，我的岗位就是在志愿者的背后，竭力为志愿者们提供有温度、有力度、有深度、有广度的服务保障工作。

“志合者，不以山海为远。”志愿者的微笑是奥运会最美的名片，有幸成为这一切的见证者，我被所有志愿者的辛勤付出感动，更为祖国的繁荣富强感到无比骄傲。不管是在冬奥会还是在冬残奥会，我都会不忘初心，将志愿者精神的火种永远留在心中，并将其传递给越来越多的人，让他们感受到“燃烧的雪花”的温暖。

从村里到家里，从我到我们

王添
光华管理学院 2018 级本科生
北京冬（残）奥村 兴奋剂检查陪护员

进村

一场大雪过后我们第一次进村。

五十多个人挤在小小的准备间里，因为椅子不够，很多同学只能站着。“同学们对不起，这个房间太小了，”主管的张老师说，“但是以后会好，因为大家再也不会同时上班了。”是的，那是我们唯一聚齐的一次。我们在冬（残）奥村广场前的展板拍了大合影。没想到后来我便再也没有权限、也忙到没有时间去那里了。

我们常调侃说，自己是村里最不受欢迎的一群人。作为反兴奋剂领域的志愿者，我们的任务是找到并通知目标运动员，并将其带入兴奋剂检查站，协助其完成兴奋剂检查。我的工作地点在二楼的兴奋剂检查站，这是一个老师人数比志愿者多将近三倍的地方。上楼的第一天，我心中不禁生出几分惧怕。我战战兢兢地做完自我介绍，发现自己和站里最德高望重的老师同姓。我试图缓解不安和尴尬，怯怯笑着说：“或许我们五百年前是一家。”他回复说：“不用五百年前，现在也是啊。”大家都笑了，我隔着口罩长舒了一口气。

事实证明，老师没骗人，这里就是我们的家。脱下隔离衣的他们都是有趣亲和的人儿：会偷偷给我们塞小饼干，会和我们一同聊天八卦，也会在好多天不见之后在微信上说想我们。我被安排在了早班，每天凌晨三点起床、四点登车、五点上岗。夜猫子的生物钟就这样被颠倒了。之后每晚一到八点左右，我都会收到很多热心朋友发来的消息：睡了没，该睡了，睡不着就数绵羊吧，晚安……

于是，我对村里的清晨再熟悉不过。站里有很大的落地窗，每天一抬头便可以慢慢地看晨曦、望朝霞、迎日出，有点浪漫。

兴奋剂检查站里的工作涉及机密和隐私，在我们日常的工作中，每一个细节都有着十分严格的流程与规定。一旦开始工作，我们便时刻绷紧神经，生怕在某一个环节上出了差错。在二楼工作的志愿者伙伴们有一个微信群，我们给它取名为“小可爱队”。大家平时喜欢说说笑笑、打打闹闹，讲起工作却靠谱又贴心。记得春节前后的一天我们坐在一起分配任务，连续的高强度工作让大家都有点打不起精神。组里的学长突然说了一句：“你们先选吧，你们不想做什么就我来做。”那一刻突然觉得温暖又惭愧。这样相互扶持的时刻还有很多，感恩这一群可爱的人。

回家

我们属于闭环管理，驻地在九华山庄。每天上班、下班，三位辅导员老师都会在驻地门口送我们、接我们，从不缺席。我时常疑惑他们是不用睡觉只用充电的机器人吗：有时候晚班同学回来已经要半夜十二点，早班同学四点又要出发，他们却总能精神抖擞、衣冠整齐地准时出现在大厅。

九华山庄的饭很好吃，种类还很丰富，看起来健康、吃起来可口。俗话说，要想拿捏一个人，先要拿捏他/她的胃。这可能就是我很快爱上驻地的原因吧！但这里的食堂有一个缺点——没有面吃，除了寿星。每次有人过生日，我们都能在食堂听到熟悉的旋律：“和所有的烦恼说拜拜，和所有的快乐说嗨嗨。”气氛组不一定只有志愿者同学，食堂的工作人员、打扫房间的阿姨、值班的保安，都会齐刷刷出现在寿星周围，并为他送上小礼物和一碗很好吃的长寿面。“很好吃”这个评价是我从寿星的朋友圈看来的，毕竟我的生日在夏天。

记得服务冬奥会闭幕式的那一天，我们辗转回到驻地已经快要凌晨一点了，又冷、又饿、又困。我本打算一头扎回房间，结果一下车发现辅导员老师还有同学们都在迎接我们，食堂里还特地为我们留了热腾腾的宵夜。

从除夕到新年，我们也是在这里度过的。二楼的88会议室就像我们的小客厅，我们唱啊、跳啊，倒数着迎接零点。会议室里播放了家长远程录制的新年祝福，我们从凳子上的红包里开出了驻地超市的大额代金券。虽然那晚我只睡了两个小时便再次踏上了早班的班车，但温暖和幸福足以驱散所有的疲惫。

第一次和大家自我介绍时，我说我有社交恐惧症。很长一段时间，我都很害怕集体活动，害怕人多的场合，于是总习惯站在很远的地方，做一个沉默的观察者。我看到在这个集体里，有太多无声的奉献了。摄影师总是悄悄用镜头记录每个人，自己却很少出镜；活动组总是默默安排最精彩的节目，却把自己的休息时间压缩到最少；得知我上早班时，一起负责健康信息的姐妹特地跑来对我说她可以帮我完成工作，这样我就可以多休息一会了；还有此前一直在幕后帮助我们完成培训、每天做宣传写简报、保障我们住宿和物资的小伙伴……他们都在用善意、用真心、用挚诚的爱捂热这个家。那么，我也没有理由逃避。

王添（左一）在88会议室的除夕联欢会上

王添（左一）在北京冬残奥村开村日

告别

村里的生活是那样幸福洋溢，家里的伙伴总是愿意带着我向外走。我终于也不再害怕在岗位上和运动员说话，不再害怕加入大家的桌游，不再害怕在群里发消息，不再害怕住在周围的邻居来串门，不再害怕进入24小时直播间……却也因此，开始害怕离别。

换室友的那天、在冬（残）奥村上岗的最后一天、和即将要去隔离的小伙伴道别的那晚，我都躲在角落里哭了很久。这段日子我的收获远比付出要多得多，它璀璨得让我常常要扪心自问，我何德何能。

一位辅导员老师说："或许懂得分别才更懂得相遇、珍惜和感恩。"这句话足以安慰我，却也远不能安慰我。我告别的是一段镀金的日子，迎来的是独特的体验、集体的回忆、温暖的友情以及一个崭新的自己。它们是我频频回望时的羁绊，也是鼓励我不断向前的力量。我们为同一个纯洁体育的目标相聚于此，从我变成了我们，哪怕分别，也仍是璀璨的满天星火。

现在我和其他一些伙伴已经迈入了忙碌的冬残奥服务阶段，学校也开学了。我常自嘲，说我们现在属于"半工半读"，还要抽空写个毕业论文出来。但好像已经没有什么可惧怕的了，我心中怀抱着的只有满满的感恩，想要用力珍惜眼前每一寸我们在一起的时光。

在各种采访或闲聊中，我被问过很多次：为什么要成为一名志愿者。我一直有点逃避这个问题，因为2019年报名时我并没有思索太多。两年多之后，我真正成为志愿者。新冠肺炎疫情的风险、学业压力接踵而至，我也深刻体会到志愿服务的辛苦与琐碎。这些挑战的来临或许更是一种对初心的拷问，我也终于想清了当时自己坚定回答的背后到底是什么在支撑：我想来到这里，更是因为我觉得自己该来到这里。

我们一生中最好的年纪与这个最好的时代完美重合，这本身就是一种惊喜。把自己的工作做好、为有意义的事业奉献自己的力量，然后变成更有能力、有担当的我，这是一件再浪漫不过的事情了，也是一份再浪漫不过的责任了。更何况，“我”不是一个人，我有“我们”。

感谢这个冬天的遇见

许航
法学院 2019 级硕士研究生
北京冬（残）奥村 兴奋剂检测志愿者

在这段时光的结尾，我想了又想，大概可以用两个词来总结——感动、遗憾。这段时光带给了我许多感动。几次因工作的事情到一楼、二楼，都看到大家在开心地玩游戏，这种情景，怕是在外面难觅的——大家大抵只会各自玩手机，半天说不上一句话。

冬奥会期间的倒数第二天，我上班路过楼下，正巧其他志愿者在拍视频，见我们来，便拉上一起拍。拍完后，几位同学突然跑进屋，拿来袖标和笔郑重地请我们签名，毫无准备的我们，也急忙找老师要了一个袖标，到楼下来请大家挨个给我们签名。

最难忘的是元宵晚会那晚，原本以为来的人不多，有些失落，没想在晚会即将结束时，下了晚班的同学们突然一起出现在现场，并展出写有我们四位同学和三位老师名字的条幅，原来我们从来都不是一个人在战斗。

这样的温暖的事情还有太多：隔离前夜，零点前一刻，大家互相告别，不舍地说再见；老师们深夜送生病的同学就医；大家不忘给每一位寿星过生日；以及工作中老师的指点包容和彼此的扶持帮助，不一而足，一点一滴，共同融成了这个冬天最美的暖阳。

那么，遗憾又是什么呢？由于岗位的原因和很多小伙伴都还不甚相熟，甚至都没说过话。说实话，因为新冠肺炎疫情防控的要求，大家多数时候都包裹得严实，常常只能凭借一些特征（如高矮胖瘦、发型和声音）来辨认，有时候在路上碰到，真怕认错尴尬而没敢叫。有时认得出，却又不知打完招呼后该说啥，犹豫片刻便擦肩而过，留下满腔纠结。另外，同样是由于岗位的原因，没能体验四点早班的快乐，没能亲自戴上袖标和面罩当一回陪护员，没能有太多机会和运动员交换徽章，以及没能去到现场看开闭幕式表演，这些或许也是一点小小的遗憾吧。

其实远不止这些。还有欢乐，那是我们为中国队夺冠喝彩的喜悦。还有友谊，有幸结识了一群憨厚可爱的小伙伴，他们的优秀让我敬佩。当然，也还有过一些误会，但请不必介怀，因为它绝不会是这段记忆的主旋律。

闭幕式结束那天晚上，看到很多小伙伴都发了离别的朋友圈。我不想仔细去看，也没有给大家点赞，试图以这样一种幼稚的方式来抗拒即将真实到来的离别。相见时难别亦难，相比于“你好”，更难说出口的是“再见”。那就不说吧，相信我们还会再相见的。也许不是在燕园，也不是在春暖花开的4月，而是在未来某个时空交错的奇妙转角。倘若真有那么一天，那一刻是会惊讶、恍惚，还是感慨、害羞？如果还能认出彼此的脸庞，会不会打一声招呼呢？

我想，多年以后，当冬奥村不再是冬奥村，北京九华山庄的一切也将恢复旧貌原样，甚至微信被新的社交软件取代而让我失去了所有人的联系方式，又或是中国能够再次举办冬奥会。那时的我们，会是在哪里，又会是什么模样呢？还会记得这段并肩作战的时光吗？谁也无法回答，但我能保证的是，不管时间如何把记忆冲淡，我依然会记得你们每一个人的名字，记得这个你我相识的冬天和一起欢度的新年。生活重回正轨，我们继续为学业、前途和理想奔忙，当迷茫、心累或失去方向的时候，愿这段时光能带给我们温暖和继续前行的力量。

兴奋剂检查站志愿者与“雪容融”合影（后排左二）

许航在北京2022年冬残奥会闭幕式现场

到了冬残奥会，也许在很多人眼中，冬残奥会只被看作是冬奥会的续曲，然而，我的志愿经历却因它而更加饱满丰盈。

冬奥会结束，大队人马撤离，留下约三分之一的同学继续服务冬残奥会，我就是留下的一员。人变少了，任务也变轻了，带来的却是交流的快速增进。楼上楼下开始“串门”，任务过多的时候楼下的志愿者会上楼增援，闲暇时也常来做客，一起参加活动。移出志愿者解除隔离当晚，我们在会议室线上连线，和他们一同狂欢。冬残奥会最后一天，我们为国际检查官James和Philip举办了欢送会。晚会上，每个人都展示出自己多才多艺的一面。闭幕当天，冬奥村所有志愿者都可以亲临“鸟巢”观看闭幕式。闭村最后两天，我终于去广场区买到心心念念的纪念品。感谢冬残奥会，让我们的友谊升华了，彼此的心贴得更近了。

残奥会的收获远不止于此。在此之前，我很少有机会接触残障人士，对残奥会也知之甚少，这次志愿服务经历增加了我的很多认知。在冬残奥村里，时常能够看到残疾人运动员摇着轮椅，在路上健“步”如飞，有时互相打闹，或是午后一同晒太阳。他们的残疾程度各不相同，最严重的完全没有下半身，但他们不仅活着，还在用实际行动证明自己能像健全人一样参与体育竞技。他们脸上绽放的纯真笑容没有掺杂一点对命运不公的激愤，每看到这些，我都会被深深感动，心中升腾起无与伦比的敬意。在他们身上，我不仅看到了奥林匹克精神，还看到了生命的倔强与不屈。他们比健全人更值得我们敬佩。

“双奥”都已落幕，聚散有缘，此情绵长。这段难忘的时光，必将永远镌刻在我的记忆深处。既然找不到一朵相送的花，那就把祝福别在襟上吧。不说再见，永远想念。山高水长，愿君珍重，相逢是缘，后会有期！世界越爱越精彩，让我们“一起向未来”！

为纯洁冬奥贡献青春力量

郭文杰

马克思主义学院 2019 级博士生

北京冬（残）奥村 兴奋剂检查陪护员

我叫郭文杰，来自北京大学，是北京 2022 年冬奥会反兴奋剂领域志愿者，担任冬（残）奥村北大志愿者第二临时党支部委员、交通组负责人、车长、中队教育宣传骨干。

成为一名冬奥会志愿者殊为不易，在冬奥组委中英文面试后，还需要学习国际兴奋剂检测机构（ITA）的英文课程并通过考试取得资格证书；紧接着在校内进行了反兴奋剂专业培训，包括兴奋剂检查工作职责、尿样血样采集程序、异常情况处理等内容并参加相关考试；随后还需要完成北京冬奥组委信息与知识管理平台上 23 课时的学习，如完成有关比赛项目、场馆建设、文化法律等知识的学习并通过考试；同时 1 月初在校内进行了反兴奋剂实操培训，包括全流程中英文实操演练、异常情况下通知程序示范与演练并进行全英文模拟实操考试，至此才能说初步具备了反兴奋剂专业志愿者能力要求。回首几个月的志愿者学习时光，既感慨一路走来的不易与幸运，也感叹国家对冬奥会及志愿者培养的重视。

2022 年 1 月 4 日，我作为北京冬（残）奥会志愿者代表有幸来到冬（残）奥村考察现场，聆听习近平总书记重要讲话。总书记指出："能够参加北京冬奥会、冬残奥会的志愿服务工作，是人生难得的机会，希望大家振奋精神、鼓足干劲，团结协作、共同努力，确保冬奥会期间各项服务保障工作顺利，让各国参赛人员充分感受到中国人民的热情好客和文明礼貌，感受到春天般的温暖。"回到学校后，我第一时间和老师、同学们分享了总书记对于冬奥会志愿者的殷切嘱托。此后我利用马克思主义专业特长，将总书记关于冬奥会的重要讲话与会议精神总结归纳，结合自己的心得体会，在校研究生会、中国科学院大学学生会"骨干冬训营"、深圳龙华区委办"百年接力，强国有我"、全国高校宣讲团 2022 年北京冬奥会联合宣讲会等处进行宣讲，点燃同学们冰雪热情的同时取得良好效果。

在担任反兴奋剂专业志愿者与早班车车长期间，我每天凌晨三点半起床，整队、点名、通知同学，确保四点发车、五点到达冬（残）奥村，进行室内消杀与物资准备后，六点开始运动员抽检陪护工作。针对同学们提前完成检测任务的情况，我主动联系协调交通负责老师、冬奥村主管老师、车队队长、班车司机、兄弟高校车长等，在领域群、网格群、工作群协调报备，动态编辑乘车人员信息，实时更新上传表格，提高班车满载率的同时尽可能减少同学们等候班车的时间。

郭文杰（下排右五）在习近平总书记考察冬（残）奥村工作现场

郭文杰（左一）赠予国际奥委会委员费利西特·鲁韦马里卡女士北大校徽

做好反兴奋剂本职工作外，我也处理了不少“突发事件”。2月5日中午，在冬（残）奥村餐厅旁，我路遇肩伤发作、寻求帮助的国际奥委会委员费利西特·鲁韦马里卡女士。我马上将她送至应急诊所，帮助她挂号、就医，为医生翻译她的过往病史，并协助医生使用深层肌肉刺激仪以及热敷治疗。急痛症状缓解后，我为她预约了后续治疗并将她送到乘车点。临别前，当鲁韦马里卡女士询问并得知我来自北京大学，她欣然佩戴起我赠送的北大校徽，并充分肯定了志愿者在冬奥会中不可或缺的作用，同时为北大志愿者的热情和专业点赞。

身处志愿者驻地闭环酒店，服务保障人员多、同学思想波动大，因此我与党小组成员一同策划了“志愿青春担使命，携手同心向未来”主题党日活动，为冬（残）奥村主管老师、酒店运营团队、核酸检测医疗人员及班车司机等后勤保障人员送去由同学们亲手制作的新年礼物与手绘、签名、诗词等形式写成的别具一格的感谢信，以及节日窗花、“福”字，在浓浓年味中体现出别样的情怀。收到礼物与祝福的工作人员、司机师傅纷纷竖起大拇指，同学们也深受感恩教育。这不仅帮助同学们发现志愿生活之外的美好，更以实践性思政活动带动驻地更多同学以党员标准严格要求自己，积极向党组织靠拢。

冬奥会志愿服务之旅已经结束，回想起这几个月的时光，充实而骄傲。我想，燃情冰雪，服务冬奥，也正是所有北大青年、北大志愿者的理想信念所在，让青春在冬奥志愿服务中绽放绚丽之花，向世界人民展现中国青年的热情与担当。

行之以躬，不言而信

高远
光华管理学院 2019 级本科生
北京冬（残）奥村 兴奋剂检查陪护员

我是光华管理学院 2019 级金融系本科生高远，现任学院青年志愿者协会秘书长。从大一开始，我便在老师和学长学姐的带领下走上了志愿服务的道路，从参与志愿服务，到协助组织服务活动，再到负责协会工作，我一步步与志愿服务紧密地联系在一起。

在过去的 2021 年中，我曾先后参与了庆祝中国共产党成立 100 周年系列重大活动、“相约北京”系列测试赛，在“冰立方”和“鸟巢”都留下了自己的身影。最终，在一场瑞雪后，我来到了冬（残）奥村，开始了为期近一个月的志愿服务。回顾这一段历程，我深深地感受到了欧阳修在《连处士墓表》中所写到的“行之以躬，不言而信”这句话的力量。

在 2021 年 4 月举办的“相约北京”系列测试赛后，经支部大会表决通过，我成为一名光荣的中共预备党员。以一名党员的身份参与志愿服务，我感受到的除了无上的光荣感，还有沉甸甸的使命感与责任感。

高远（右二）在测试赛中服务

高远在主持每日工作总结

作为北京大学“冰新一代”的一员，我服务于北京冬（残）奥村反兴奋剂领域，是一名兴奋剂检测陪护员，我的职责是找到要接受检查的运动员，正式通知他们将接受兴奋剂检查并填写通知单，而后将他们带到检查站。接下来，检查站中的检查官等专业人员将采集运动员的尿样或血样，并将其统一转运到兴奋剂检测中心进行检测。

但我的工作还不止于此。因曾在“冰立方”参与冬奥会测试赛的反兴奋剂工作，在工作正式开始前，我便被陪护主管老师委派担任陪护员总组长，协调陪护员工作，做好沟通驻地与检查站的桥梁。不同于其他陪护员，我的工作更多地在室内进行。除去正常外出寻找并通知运动员，我还与其他同学一起承担了整理核查任务信息的工作。同时，如果遇到车辆调度、工作时间统计或调整等问题，我也需要随时协助主管老师进行安排。总而言之，作为大家在工作站的“管家”，我需要对所有日常涉及的工作领域和主责人员都有足够的了解，才能够顺利地完成一系列的工作。

习近平总书记曾说：“干事担事，是干部的职责所在，也是价值所在。”作为一名党员志愿者，既要做好志愿服务工作，锻炼过硬的服务能力，也要做好党交托的工作，搞好党建宣传活动。作为组长，我率先接受了国际检查官的实操考核，并顺利完成了任务；在工作中主动连续“作战”，晚上十一点刚刚回到驻地休整，凌晨三点便又起身收拾行装准备出发；在任务较少时，我放弃了在驻地休息的机会，与其他志愿者共同去站内进行值守、对次日的检查任务进行核对；在服务结束后，对检查数据进行汇总和分析，发挥专业技能，制作工作汇报材料。作为党员，我积极完成党交代的工作、听取同学意见、灵活调整工作策略，力争实现更好的党建宣传效果，出色地完成了任务，让工作站充满温暖。

除我之外，反兴奋剂团队中还有许多党员，其中不乏在领域内工作数十年的老党员。他们都在自己的岗位上发光发热，用丰富的阅历教导我们，用自己的行动带动着集体向前。俗话说“喊破嗓子，不如干出个样子”，他们有本领、有担当，勇于任事、知重负重，展现出了共产党员的崇高觉悟，深深地影响着我。虽然自始至终没能去特许商店和邮局逛一逛、没有机会亲眼见证冬奥会开闭幕式，但他们依旧坚守岗位、无私奉献。他们的话很少，做的却很多。党员群体在服务中所展现出的优秀品质，让我深深地感受到了党员干部们的非凡“成色”。

在结束反兴奋剂服务后，我还有幸参与到了冬奥会闭幕式服务中。作为引导志愿者的我们，其实没有办法看到“鸟巢”内的表演，而是远远望着“鸟巢”，隐约听着其中的声音。在闭幕式即将结束时，我们正站在整齐停放的班车旁边，举着灯牌等待运动员退场上车。当时我正在眺望着出入口，闭幕式的烟花突然在夜空中绽开，灼灼光华绚烂无比。我突然想到，在中国共产党成立 100 周年的文艺汇演中，我也是作为引导员在“鸟巢”内服务。由于坚守在楼梯上，我未能看到那一晚的烟花，只能从盘古大厦的倒影上窥见亮光。那时，同样有几位老党员陪我站在一起，坚守着岗位。我突然无比感动，在朋友圈写下了一段话：“‘功成不必在我，功成必定有我。’无我之处，亦是有我。”几分钟后，同为志愿者的一位博士生党员学长评论道：“因为有你，冬奥精彩！”

我想，正是有了这样的默默付出者，我们的生活才能越来越好。其实我所完成的工作，从来不是我一个人的努力就能实现的。在服务的过程中，需要很多的小伙伴、老师、主管经理和我一起完成一项又一项挑战。而这种彼此信任的来源，恰恰应了那句话——“行之以躬，不言而信”。

严谨、隐秘而温暖

杜益萌
中国语言文学系 2020 级本科生
北京冬（残）奥村 兴奋剂检查陪护员

2006 年，我第一次穿上冰鞋，在父母的带领下踏上北大未名湖冰场，在此后的十余年成长岁月中，滑冰带给了我无限欢畅与自在。

2008 年，我在“鸟巢”的鼎沸人声中观看了男子 100 米决赛，散场时，一位身着青花蓝色服装的志愿者微笑着，递给七岁的我一小张贴纸。

2022 年 1 月 24 日，我以反兴奋剂领域志愿者的身份，第一次进入北京冬（残）奥村。

2022 年 2 月 20 日，在“Good bye. Thank you for your cooperation!”的道别声中，我目送本次冬奥会北京冬奥村中最后一名接受检测的运动员离开。

在北京冬残奥会闭幕之日回首冬奥会、冬残奥会服务经历，我愿用严谨、隐秘、温暖这三个词来形容。

严谨，是细致到每一个英文字母、不该说的话绝不说、不该做的事绝不做的审慎周严。

在冬奥会、冬残奥会服务期间，共有包括我在内的八名同学自愿前往二楼的兴奋剂检查站工作。我与组员的工作主要分为四个环节：首先，帮助运动员、运动员代表，以及来自国际组织的工作人员进行进出站的签到。其次，引导运动员等进站人员入座，并进行一些必要的提醒。再次，整理并看管资料夹、分配并引导运动员进入检查室。最后，还要负责将运动员送至楼下出口处。此外，我也需及时回应运动员及其代表的各种需求。

兴奋剂检查作为体育竞技中极为重要的一环，密切关系着竞技的公平性，坚守着“纯洁体育”的价值观，必须保证检查流程的规范与严谨。我作为反兴奋剂领域志愿者，在上岗第一天就收到了场馆协调主管王永佩老师的一句鼓励：“我希望咱们的工作能够永远不出错！”这并非夸大的豪言壮语，而是每一位反兴奋剂领域工作人员及志愿者需努力达成的目标。

为此，我与组员全身心地投入每次工作，遵循流程、细致核对，每日总结尚可优化的细节。每天一到岗，我们要穿戴好全套新冠防护装备，面屏、N95 口罩、手套、鞋套，下班时，也仔细做好消杀工作。在做进出站登记时，我们注意每一个英文字母之间的适当间隔，牢记数字“7”中间要加一个短横线“一”，以避免和数字“1”混淆。在站内引导时，我们依次码放运动员的资料夹，理顺注册卡的挂绳。在送运动员下楼的过程中，尽管检查工作已经结束，我们也绝不与运动员交换徽章、不向运动员索要签名与合影。

反兴奋剂领域志愿者和部分工作人员的合影（右二）

杜益萌工作照

隐秘，是“功成不必在我，功成必定有我”的默默付出。

反兴奋剂领域志愿者们平日里总开玩笑称自己是冬（残）奥村里的“隐形人”——我们不能接受任何采访，拍照时小心遮挡住兴奋剂检查站通行证与写着“DOP”的袖标，除了寻找运动员的过程外，我们未曾因个人原因前往广场区。

“隐形”的，也不仅是“人”，更有无数的准备工作。记得有一次，一位运动员询问我中医馆应该怎么走，我因对广场区不了解，只得临时掏出手机查看，搞得手忙脚乱。下班后，我背下了整个冬（残）奥村的地图，记下每个区域每栋住宿楼的排布，熟悉广场区里每个展区的位置。其实，在那之后，我再也没有遇到过运动员向我问路，但在闲暇之余，我还是时常拿着冬（残）奥村的地图“温故而知新”。某次查看时，我突然觉得村里的每一条马路与小巷像是静脉与动脉一样，流淌着温热的血，如此生动，如此鲜活，我与它们从未如此贴近。我想，每一个不被看到的志愿者都有他的贡献，每一份看似没有派上用场的准备工作也自有它的价值。

温暖，是“有朋自远方来，不亦乐乎？”的温馨和乐。

这份温暖，是运动员与运动员之间超越国籍的友谊，昨晚还在冰球场上竞逐的两队队员，第二天一早就在候检室中轻松地聊天；一位加拿大运动员和一位捷克运动员第二天就要在赛场上一决高下，候检时，加拿大运动员热情地向检查官介绍："她是我的好朋友，是一位非常优秀的运动员！"

这份温暖，是运动员与志愿者之间的相互尊重与体谅。完成出站登记后，不少运动员会微笑着道谢，更有不少外国运动员用中文说"谢谢"。由于新冠肺炎疫情，微笑与微笑之间隔着两层防护口罩，但我们仍能从运动员们弯起的双眼和眼角浅浅的细纹中看出笑意。记得有一次，我送一位芬兰运动员下楼，在电梯里时，他问我："Are you tired?"一句简单的关心给我带来了极大的动力。冬残奥会期间，当遇到乘轮椅的运动员进入检查站时，我和同伴迅速地撤掉签入处的座椅，以便轮椅的安放。检查站冰柜内饮料的摆放，从冬奥会时按种类分层码放，变为低层摆放上全部种类的饮料，以便乘轮椅的运动员取用。残疾人运动员们摇着轮椅灵活行进的身姿、对自身残缺的接纳令我无比动容、深受激励。

这份温暖，更来源于亲身体会到中华文化走向世界的欣喜与骄傲。"你好""谢谢"是几乎每一位运动员来到检查站里时都会挂在嘴边的中国话；一位美国运动员说自己高中时学过中文，主动用汉语和志愿者交流；一位志愿者的名字中带"Peng"，他陪护的德国运动员得知后，开心地说："I know 'Peng You', so you are my friend now!"（我知道"朋友"，现在你是我的朋友了）；运动员的注册卡绳子上也时常挂满中国元素——中国国家队的徽章，中药馆赠予的绣着"平安"二字的草药香囊……令我印象最深的是一位美国运动员在注册卡绳子上挂了一个红灯笼，走路时，灯笼在他胸前一晃一晃地，很是喜庆。检查站的一位日本检查官，在第一次见面自我介绍时就说自己"喜欢中文"，工作闲暇时，他时常向我请教汉语问题——"拧开"和"打开"有什么区别？"头疼"和"头痛"哪个程度更深？当别人说"谢谢"时，应该回答"没关系"还是"不客气"？他还准备了一个笔记本，把这些学到的汉字和拼音都一笔一画地记录下来，回到酒店后再反复温习。

始于对冰雪运动的热爱，启于北京 2008 年奥运会志愿者的微笑与运动健儿们拼搏精神的鼓舞，怀揣着对祖国繁荣发展、全民共享体育盛会的骄傲心情，也肩负着为冬奥会圆满举办贡献一份力量的责任，2022 年冬天，我有幸参与北京冬（残）奥村反兴奋剂领域的志愿服务工作。这短短 20 余天的服务经历注定将鼓舞、启发我的一生！

再会，冬奥

孔子琛
信息科学技术学院 2019 级本科生
北京冬（残）奥村 兴奋剂检查陪护员

两个月前的我绝不会想象到，接下来两个月的生活会是这样的精彩、感动与刻骨铭心。当我回望时，我记得与这里每个人的交谈，记得每张口罩后面的笑容，记得我们在驻地和冬（残）奥村共度的一切。

我是孔子琛，一名普通的北京大学本科生，也是一名北京冬（残）奥村反兴奋剂领域陪护员。虽然大一入学后就在志愿者全球招募系统中提交了报名信息，但最后成为一名陪护员却是阴差阳错的最美的遇见。

陪护员的工作是极为严肃和低容错的。我们的工作流程总体并不复杂：根据任务信息找到需要进行兴奋剂检测的运动员，履行检测通知程序，陪同运动员前往兴奋剂检查站。由于工作的保密要求，很遗憾无法详述每一个工作细节。作为反兴奋剂的最前线，我们的每个动作、每一句话都需要绝对的严谨细致，每一个细节上的偏差，都可能变成运动员推翻检测结果的凭证。检查站的老师们在工作中常常嘱咐，工作要求就六个字——“零失误、零错误”。前辈的教诲，我们一直谨记于心。

我们经常调侃自己，说自己是整个冬（残）奥村最不受各国代表队欢迎的人，也是最不希望被镜头记录下来的人。但有趣的是，我们有机会见到运动员们镜头之外的生活百态。你永远不知道会在何处找到目标运动员，是在休息的卧室，还是在令人垂涎的运动员餐厅，是在挥洒汗水的健身房，还是在志愿者们无法前往的购物广场。运动员“看热闹不嫌事大”的场景也常常是忍俊不禁，有时我们找到运动员时，他们的队友也在场，得知要找的不是自己时就开启了幸灾乐祸模式。

于我而言，与各国代表团接触时的所见所感是其次，更重要的是深深地感受到了集体的力量。记得第一次负责通知运动员时的紧张与窘迫，在公寓楼下等到了训练归来的运动员后，他十分紧张，而且不会英文，我只能和代表队的翻译交流。不知道是因为寒风还是过于紧张，我的双腿一直发抖，甚至不小心将运动员的注册卡掉到了地上，通知过程也磕磕绊绊，多亏队友及时解围，通知任务得以顺利完成。类似的故事在工作中经常上演，一个人的力量或许有限，语言的障碍、信息的缺失、时间的紧迫、沟通的缺位，这些都是横亘在面前的阻碍，但团队中每一位主管老师和反兴奋剂志愿者总是相互包容理解，遇到困难冲锋在前，让阻碍变成了团队的黏合剂。

志愿者们在北京冬（残）奥村雪中合影

志原者们与驻地辅导员（中间三位）合影

这是一个足够大也足够温暖的团队，有志愿者，有冬（残）奥村的主管老师，也有三位驻地辅导员。从学校的“冰新一代”训练营相识，一路走来，见证了这个集体从“我”一步步变成“我们”。进入闭环后，每天凌晨三点半，三位驻地辅导员已经在酒店大厅等候，村里的主管老师已经在整理任务信息。凌晨四点，早班的同学在夜幕中坐上开往“战场”的大巴。上午十点，经历了几个小时的奋战，早班任务完成，晚班的同学也已经在为下午的工作摩拳擦掌。下午一点，早班和晚班同学分别在冬（残）奥村和驻地与老师们挥手告别。晚上七点，我们在会议室开会，在运动区挥汗如雨，在活动室随着音乐起舞。晚上十一点，三位驻地辅导员又回到酒店大厅，迎接晚班归来的同学们。这就是北大冬（残）奥村志愿者的十二时辰，周而复始，但每个循环都让我们更加珍惜遇见的每一个人。

2 月 19 日，是我们大多数人最后一次上岗。大家挤在小小的陪护员准备间里互相签名、合影留念，一步三回头地与两位陪护员主管老师挥手告别。冬奥会的旅途终究会结束，但幸运的是，我抽到了前往闭幕式进行志愿服务的机会，这也让我的冬奥之行更加圆满。作为一名入场引导员，我在湖景西路的路边迎接着来自世界各地的代表团，又在闭幕式结束后为他们送别。一切似乎十分恍惚，我大声地喊着：“Welcome to the closing ceremony!”，又在两三个小时后说着：“Good bye!”“Salut!”和观众告别。当“鸟巢”上空的烟花升起时，我知道这一切该画上句号了，然而心中回想着开幕式时随风飘散的蒲公英，我知道无数的种子早已在此刻种下。

回想这段日子，我收获了最诚挚的友谊，完成了最自豪的工作，见证了最动人的竞技体育故事。或许这就是志愿服务的魅力，它将无数陌生但怀有相同理想和目标的人聚在一起，为同一项有意义的事业奉献着自己的光和热，也让这些陌生人在奉献中收获到最珍贵的友谊。

再会，冬奥会，再会，家中的每个人。

大家好，我是兴奋剂检查陪护员

张浩然
外国语学院 2018 级本科生
北京冬（残）奥村 兴奋剂检查陪护员

冬奥的梦结束太快，甚至来不及整理回忆。从未想过，短短不到一个月能够留下如此多的故事和思绪。我好像落入了这个冬天的神奇魔法中，沉溺于开在阳光下的雪花梦里。冬（残）奥村一定是有什么魔力，把不同的人和从未听闻的事都融在了一起。在与外界隔离的闭环里，两点一线的生活成为我的世外桃源。在这一个月里我成为从未听说过的陪护员（chaperone），挤进了冬（残）奥村东北角的小准备间里，在这里严谨地完成着面向各国运动员的通知工作、与同赏一片湖光塔影的靠谱伙伴们共同努力，偶尔还有机会与风趣的老师们和来自世界各地的检查官们聊上两句，听听他们的世界。

什么是陪护员？陪护员难道是类似护士、护工一样的角色吗？我一时颇有不解，作为一名外语专业学生，“陪护员”这三个字好像与我没有丝毫联系。从一开始，冬奥就好像脱离了我的现实，它是我的一场冰雪之梦，就像天马行空的梦一般，把我送进了一片未知。

陪护员担负着反兴奋剂领域的重要工作，简而言之，就是陪护运动员，从被通知要接受兴奋剂检查开始，到完成兴奋剂检查。陪护员团队是一个分工明确的组织，接收兴奋剂检查管理中心的每日检查命令、明确目标运动员、出站寻找、通知运动员、带回检查站、入站交由兴奋剂检查官，以上是一个团队的核心任务，而我的任务，就是寻找运动员、通知并带回。

看似简单的任务，其实跌宕起伏而又丰富多彩。我工作在北京冬（残）奥村，所有的陪护工作都是在比赛之外的时间进行的，与赛内的兴奋剂检测有很大区别。冬（残）奥村是运动员的家，他们在这里生活，每天起居、吃饭、训练、娱乐、购物等，而我们就是闯入他们生活的兴奋剂检查陪护员。由于工作性质的原因，我会近距离接触运动员，敲开他们的房门，走进他们的房间，也可能陪同他们吃饭、训练。自从反兴奋剂检查在国际兴奋剂检测机构的改革下变为“事先无通知”之后，运动员就不会提前知晓自己将接受检查，所以也不会等待陪护员上门，我们的工作就变得更为困难，或者也可以说更为有趣。我们戏称自己的工作为“抓人”，有时候甚至要花整整一个半天的时间来寻找一位运动员，或许最终经历了几个人的共同努力，仍然没能找到。让我印象最深的是在寻找某运动员时，运动员即将从场馆训练返回，而我作为主通知在运动员房间门口、冬（残）奥村车站、食堂、健身房等地点寻找了五个多小时，其间我的小伙伴们帮助我在多个地点蹲守仍未找到，直到下班返回驻地也没能完成任务，这种感受难以形容。

张浩然在北京冬（残）奥村兴奋剂检查站

张浩然（左二）与北京冬（残）奥村兴奋剂检查站老师合影

陪护员工作的新奇和不真实感让我像是经历了一场冬梦，躺在床上我经常会想，我居然做了这样新鲜的工作，我居然每天都能见到来自世界各地的运动员。那些在电视荧幕上拼搏的身影，或许就和我见过面，和我一起聊过天，他们生活中最真实的样子就展现在我的面前。当我看比赛的时候，那种如梦一般的不真实感就会占据心头，会像一个朋友、一个粉丝那样期盼着他们取得好成绩。而由于兴奋剂检查的特殊性，我们工作的服务性质并不像大多数志愿者一样，更像是一群严肃规则的执行者，面对运动员时既要注意友好的态度，又要做到不卑不亢。我会碰到很配合、很友好的运动员，与他们聊上两句，也会碰到早晨有起床气的运动员，或许气氛会非常尴尬，有时候还会有特殊情况，比如运动员想去吃饭，我就必须陪同，看着运动员在餐厅里大快朵颐而自己肚子咕咕叫。

这样一个神秘的领域为我打开了大门，当我走到运动员的房间，他们玩笑式地猜测房间里哪位是“幸运儿”的时候，当我在大雪纷飞的冬（残）奥村看着运动员和志愿者打雪仗的时候，当我在电视上看到我陪护过的运动员拿到高分的时候，这 20 多天做梦一般的经历就一遍遍浮现在眼前。

冬奥的生活也带给我许许多多新奇的感受，第一次见到“pin”，第一次收到“pin”，第一次看到身边的“冰墩墩”被抢购一空，第一次跟运动员讨论中国菜，如果不是冬奥，我可能永远不会有这些新奇的体验。用“冬梦”形容我的冬奥经历再合适不过了，“冬梦”是北京 2022 年的标志，也可以说是我冰雪冬天中的似真似幻的梦。

工作之外，我还有一片独属于陪护员的净土，我们团队的所有同学都在九华山庄驻地，九华山庄的北大成员也都属于反兴奋剂领域，我们是最独特、最团结的一批人——有着共同的岗位、共同的目标、共同的生活。在三位靠谱又有趣的老师的带领下，我真正体会到了家的感觉。很难想象，在不到一个月的时间里原本毫不相干的人能够变得如此亲近，我们都来自燕园，怀揣服务冬奥的热忱来到了北京冬（残）奥村。在驻地我们一起看比赛、一起学技能、一起做运动，还能够办属于我们的晚会和活动。

这是一个特殊的春节，我们在纯洁的雪花中，迎接属于中国的红色，又在这一片中国红中，守护着纯洁的奥运精神。我举着相机给大家拍照，想记录下每一分、每一秒的时光，因为在这里我找到了消失许久的归属感，感受到了能够一起狂歌竟夜的激情，真正理解了“一起向未来”的主题。在离别之际就像一位同学说的，我甚至不想冬奥结束，或许我们的相遇就像久别重逢，或许我们之间就是相见恨晚。在回程的大巴上，我依依不舍地写下“不想离开”。

感谢北京冬奥会，感谢支持我的家人、老师和同学，感谢与我共同守护纯洁冰雪的小伙伴，我的收获很多，心绪很多，冬梦再见，我们也要再见！

必要的“讨厌”——兴奋剂检查陪护员

常容若
政府管理学院 2020 级本科生
北京冬（残）奥村 兴奋剂检查陪护员

我的“最后一单”是在十点出发。我像往常一样敲门，询问姓名，敲开房间门，进入房间……完成一系列流程。这位运动员趴在床上，大声打着哈欠，询问过时间后希望再给他五分钟缓一缓起床。在签通知单的时候他说前一天晚上比赛他受伤了，夜里五点才得以回来睡觉。他向我展示缝了九针的伤口，并笑着说如果我们六点就来敲他的房门，他发誓我们一定叫不醒他。我听着他的话，感到好笑，也感到自己终究在结束志愿服务前化解了一桩心事。

起初我是晚班，虽然一天有整整 12 个小时在外，但至少可以睡个懒觉再工作。开幕式后的第二天，换入早班。第一个感受是疲倦，身子拖着四肢，肉体带动大脑。我所做的就是接单、出单、再接单、出单，然后回到检查站，假寐一会或眼睛半开半闭地等待中午到来。第二个感受是愧疚。我会目不转睛地盯着一只手上的电子手表，另一只手举着装得满满的矿泉水瓶抵在门上，当 LED 屏上的 59 猛地变换到 00 时，用力叩响某个“倒霉蛋”的大门，然后等待着睡眼惺忪、愁眉苦脸的运动员。

常容若在执行陪护员任务

早班的兴奋剂检查陪护员最早要在四点集合出发，五点左右到达冬（残）奥村检查站，六点正式开始陪护。由于时间过早，我们最担心的或许就是运动员的拒绝配合。有时连敲一小时门都不开，有时开门后运动员说想再睡一小时回笼觉，有时可能大发雷霆甚至破口大骂。

一次在七点多敲开运动员的房门，还没来得及开口，待检的那位运动员便不断重复道，我们清晨的到访绝对是个笑话，并表示要向我的上级投诉。当我尝试向他解释我们为了不影响运动员之后的训练和整体的检测进度才这么早敲门时，他咆哮着说他并不关心。尽管我早有准备面对运动员的不快之情，却从未设想会遇到这么强烈的不满。稍稍冷静下之后，他委屈地向我们解释，他们昨日比赛加上兴奋剂检测后回到酒店已经凌晨两点，并说他完全可以配合检测但希望我们最好不要在早上来打扰他们。尽管我最终按照程序完成了任务，但是这次志愿服务还是给我留下很深的印象。

回到驻地，我反思当天发生的一切，尝试说服自己这并不是什么大不了的事，挨骂是我们岗位几乎都会遭遇的。反兴奋剂领域志愿者都自嘲为整个冬（残）奥村最不受人待见的志愿者群体。走在村子里，我偶尔能听到有运动员在对我们绿色袖标上的 DOP 字样进行议论。我们或在清晨把人从床上“薅”起来，或告诉在餐厅的运动员尽快报到，或干脆站在人堆里挨着冷眼旁听次日比赛全部的战术部署。与其他志愿者不同，我们服务的角色弱，强制的性质多。没有运动员会乐意自己的计划被突然打破，被一双眼睛直勾勾监视着自己的隐私。

然而回想那位愤怒却又有苦衷的运动员，我总感到我的个人感情和职责在这一天产生了强烈的割裂。我发自内心不愿意打扰运动员的作息，但作为陪护员却又不得不身背着这必要的“讨厌”，因为反兴奋剂保障着整个冬奥会的公平公正。我自己可以理解并接受被各种不友好的态度对待，但又不希望志愿者所代表的北京冬奥会被质疑和批评。反兴奋剂领域的工作虽然有时令人不快，却是保证“干净公正”的北京冬奥会的基石。作为这项严格规则的执行者，我夹在中间，有时也会觉得没准儿自己比运动员还痛苦。

我想这件事也许还有更好的解决办法，如在不影响训练和检查的情况下，时间安排能够更合理；不仅仅依靠志愿者们的歉意和感谢来为反兴奋剂领域注入服务的色彩，而是从根本的程序设置上更体现关怀。我和同学一起向检查站经理反映了这件事，描述了这位愤怒的运动员的诉求及其他志愿者们遭遇到的类似情况，希望至少在出发检查前查询运动员前一天的比赛日程，为他们留出更多的休息时间。

再次上岗，主管老师告诉我们将“第一单”推至早晨八点，并把前一晚有比赛的运动员排到后面。这一次，我敲开大门时终于感到从容、轻松。我期待着门后运动员的笑容，我期待陪他们沐浴温煦的晨光，我期待次日在电视机上目睹他们取得好成绩，我期待北京 2022 年冬奥会成为像冰雪一样纯洁干净的盛会。

咚咚咚，陪护员——反兴奋剂领域的工作日常

孙润泽

历史学系 2018 级本科生

北京冬（残）奥村 兴奋剂检查陪护员

在北京冬（残）奥村，上岗 16 天，穿梭在楼宇间，陪护 16 个国家的 24 位运动员完成检查，与 50 多位伙伴一起披星戴月。看似简单的数字，承载着我一个月来志愿生活的全部意义。从反兴奋剂小组到北大，从冬（残）奥村到“冰立方”，放下顾虑与犹疑，鼓起勇气为着同一个梦想，我们走到了一起，“一起向未来”。日常工作也许平凡，但也足够独特，足够精彩。

我写下此文的时刻，世界上仍有许多地方被阴霾笼罩，但我们仍然相信光明。

引子

冰雪是天空的“孩子”，最纯洁，最可爱。飞舞盘旋，一洗浊尘，阳光下闪闪发亮，在暗处显出淡淡蓝色。雪好看也好听，不同湿度的雪，脚踩在上面发出不同的音色，水分小发脆，水分大则发闷，高低深浅，吱吱呀呀。我的故乡雪下得很多，据说是国内降雪天数最多的城市之一，及膝的大雪也稀松平常，所以初到北京不太适应干燥多风的冬季，下雪反而成为真正的乐趣与稀奇事。

天公作美，在我们到冬（残）奥村前后不到一个月就有三场降雪，出征仪式时大家正录制视频，雪花就纷纷扬扬飘洒下来，真是“瑞雪知时节”；而在冬（残）奥村的那一次，更加奇妙，走进一处通道前还一切平静，等我从通道出来路上已经有星星点点的白色了。冬季奥林匹克盛会延续着我与冰雪的奇妙缘分。

紧张活泼的工作要到来了！

咚咚咚，陪护员

“咚，咚，咚咚，咚。滴答，滴答。”

这并不是某种后现代的打击乐，而是我们日常工作流程的写照。在这里

简单说说我们的职责，反兴奋剂领域工作有许多环节，而陪护员的工作处于前端，在赛内（各比赛场馆）和赛外［冬（残）奥村］准确找到通知对象（运动员）告知检查计划，并按规定陪护至检查站，即任务完成。对我们而言，主要通知场景是运动员公寓或餐厅之类，找到运动员是最困难的环节。通常两人一组协作通知，带上盛满水的塑料瓶、手表、按动式的黑色圆珠笔、通知单，这些就是发生上面声响的“乐器”。冬（残）奥村里住人的20栋楼和从检查站出发的路线已经心中有数，于是可以轻车熟路地“摸”进楼里，按住口罩上缘以避免眼镜片起雾，找到目标运动员居住的房间，就可以开始“演奏”了。

北京冬（残）奥村的第一场雪

孙润泽在北京冬奥村与“冰墩墩”合影

咚咚咚，咚咚。据说，公寓房门很厚，且里面还有隔间和小房门，所以专门配备了水瓶来敲门。敲门前要做好充分的心理上和体力上的准备，尤其在清晨天还未亮，浓重的夜色令敲门声质感浑厚而长久回荡。造成一些听感变化或许比一味猛敲更有效，我尝试先用瓶子较软而大的底部来敲，隔一会再用小而坚硬的瓶盖敲，就形成了这样的效果：乓乓，乒乒，乓乓，乒乒……通常敲一阵子，耳凑到门边听听里面的动静，听是否有脚步声。环境真是寂静，当屏息谛听时，手表秒针“滴答，滴答”的声音竟也十分清晰，以致会和房间里的脚步声弄混。从敲门到开门，也许是立刻，也许是五分钟、一刻钟、一个小时，这取决于通知时间及房间里运动员的状态。

反兴奋剂陪护员是冬（残）奥村最不受欢迎的人。这句话的真实性有待求证，但我确信村里流传着关于我们的江湖传说。每日清晨、午后、深夜，戴着绿色DOP袖标和面屏，手拿板夹，逢人说chaperone（反兴奋剂陪护员的专用词，源自法语），在楼道奏响“打击乐”……奇幻的一幕日日上演，故事在运动员与代表团间口耳相传。后来大约是为了隐蔽行动，我们在进楼之前暂时摘掉袖标，但手上的蓝色板夹依然足够醒目。一天，我正快步走在大道上寻找通知对象，背后驶来一辆载着运动员的电瓶车，忽闻一位女士喊了句“chaperone”，于是同行者都笑起来，车上充满了欢乐的气氛。

虽然时有些小插曲，但我们团队的业务水平还是值得信赖，在25天里高效完成了近千次的陪护任务。

荣誉与泪水

反兴奋剂陪护员的工作庄严而又特殊。庄严，在于它的使命是维护体育竞赛的公平公正。特殊的体现就更多了，如程式化的工作日常、严格的保密要求（合影签名这类互动都受限）、时而成为运动员牢骚与（不失友好的）戏谑对象等。除此之外，我们还面临着执法者与服务者身份之间的张力。

对于陪护员来说，本职固然是维护秩序，难能可贵处在于关怀规则背后的人。规则只是手段，而不是目的。有一次，我们在早上八点多的一次通知中，被要求等到十点再检查，因为运动员前一天有比赛，午夜时分才返回住所，需要休息。遗憾的是，协商后我们得到的指示仍是按预定时间完成通知，只得相当抱歉地将运动员从床上“捞”起来。通知完成后，与老师和同学谈及此事，发现这并非孤例，因为我们不掌握运动员前一天的比赛情况。好在赛程信息很容易获取，于是向检查站老师建议，先查查前一晚的比赛日程，再安排清晨的检查计划。这样一来，虽然我们的工作会持续更长时间，但对运动员来说却不失为一个好消息。

我们奉献的情感从哪里得到回馈呢？当然在16天的检查过程中。所遇到的大部分朋友仍然是友善而亲切的，甚至会主动和我们攀谈，谈北欧与北京的气候差别、聊比赛的日常等。即便运动员有微词、抱怨，我们也完全能够付之一笑，因为我们和运动员为着同样的荣誉与友爱，相向而行。我们的关怀，包括规则本身，包括规则背后的公平竞赛精神，也包括奥林匹克运动的每位参与者。当运动员们站上赛场的那一刻，我们如释重负，正是有了反兴奋剂这块试金石，运动员的荣誉才成色十足。而陪护员承担的正是反兴奋剂工作的关键环节，这种亲历与见证的感受是难以言表的。

尾声

2月19日，在冬（残）奥村的最后一天。我和搭档说：“再出去转一圈吧，最后一圈了。”我走过为新冠肺炎逝世者开辟的纪念园地，正午白色的阳光照在褐色的尖顶纪念碑上，纪念碑上泛着金光，斑驳的树影融化在光芒里，像失了焦一样遥远。穿过中央大道来到反战墙前，在这里无数向往和平的人签下名字，写下寄语。同伴说：“冬奥之旅结束了。”

冬奥之旅结束了，但奥运精神没有，它将永远是和平与安宁的使者，跨越国界，振奋人心。自有人类社会以来，总有悲壮执着地捍卫世界和平与团结的不朽事迹。我从来都相信，人的崇高莫过于悲壮地跋涉，如夸父一般。

感谢奥林匹克盛会，让我们走到一起，to be stronger。

平凡而特殊的一个月

陈泽晖

元培学院 2020 级本科生

北京冬（残）奥村 兴奋剂检查陪护员

每当太阳在北京冬（残）奥村升起，一群戴着绿袖标、隔离面屏，手里拿着文件夹和对讲机的志愿者就开始了新一天的工作，冬（残）奥村里的楼宇中开始此起彼伏地响起敲门声，兴奋剂检查站也将迎来一天中的第一批运动员。在北京冬（残）奥村，每天都有若干名运动员被挑选接受兴奋剂检查。作为兴奋剂检查陪护员，我们的职责就是：在村里找到运动员，通知运动员进行检查并将其带到兴奋剂检查站。

陈泽晖工作照

这项工作看上去不难，但只是在最理想的情况下。对于反兴奋剂领域，特殊情况才是正常情况。有时，运动员并不在房间里，这就需要我们在全村各个可能出现的地方寻找：代表团办公室、食堂、健身房……有时我们要在楼门口“盘问”进来的各位运动员，有时我们需要联系代表团助理，向他们获取最新的运动员住宿信息与房间安排。甚至有的时候怎么也找不到运动员，任务从上午拖到下午，换了几组人才最终完成通知。即使顺利地找到了运动员，也不意味着我们的任务就一帆风顺了，有时运动员急着赶去场馆训练，这时就需要全程陪同他到场馆，与场馆的检查官进行交接；有时运动员出现身体不适等情况，这就需要我们具体情况具体分析，联系各个部门灵活应对。此外，语言不通也是一个不好处理的问题，有的运动员英语不好，我们就只能借助手机翻译，结合手势与动作告诉他接下来需要他做什么。

由于工作的特殊性，兴奋剂检查往往在早晨六点就要开始，这意味着住在昌平小汤山驻地的我们需要三点半就起床，搭乘凌晨四点的班车前往冬（残）奥村执行早班任务。而晚班的同学通常在晚上十点才启程返回驻地，回房间安顿下来已经是第二天。我们早上执行任务经常需要叫醒运动员，有时也难免会引起运动员的不满。但我们始终坚持发扬志愿服务精神，展示中国形象。即使运动员态度不好，我们也要不卑不亢、以礼相待。在绝大多数情况下，运动员都十分配合我们的工作，表示支持和理解。

与其他志愿者不同的是，我们所扮演的更多是监督的角色，而不仅仅是服务的角色，这与我对志愿者一词的理解有些许出入。没有运动员希望接受兴奋剂检查，所以我们常常调侃，称自己是整个冬（残）奥村最不受待见的人。有队医曾经和我们抱怨，说每天早上都可以听见我们“咚咚咚”的敲门声。即使如此，但是为了维护公平的比赛环境、打造像冰雪一样纯洁的冬奥盛会尽自己的绵薄之力，我感到十分自豪。

在报名之前，我本以为能够在现场观看比赛、参加开闭幕式，但这些都没有实现。我们只能观看比赛的电视转播，只能对出现在开闭幕式中的志愿者产生无比羡慕。反兴奋剂正是这样一个特殊的领域，这个领域的性质决定了我们无法出现在聚光灯下。但是冬奥会的成功举办离不开我们，正所谓“功成不必在我，功成必定有我”。

这个寒假也是我不在家过的第一个寒假，是我在异乡度过的第一个新年。为了让我们过好这个年，从学校到驻地，上上下下都在为我们考虑。虽然我们所在的九华山庄驻地是由其他高校主责的，但北大还是给了我们许多物质上的支持，为我们统一购置了插线板、台灯、洗衣液等生活用品。同时，驻地给我们提供了一间专用会议室，老师和同学们还将它精心布置了一番。在不去冬（残）奥村上班的时间，我们经常在这里开展活动，从收看比赛到玩桌游应有尽有，极大地丰富了我们的生活。除夕夜和元宵节当天，我们都在驻地举办了独属于我们自己的晚会，给独在异乡的我们带来了别样的温暖。

这次短暂而难忘的冬奥之旅，不仅让我有参与到国之盛事的荣誉感，也让我对冰雪运动的相关知识，尤其是反兴奋剂领域的相关专业知识有了更多了解。现在我国在不断推进反兴奋剂的宣传教育，不断加强反兴奋剂管理力度，相信我国的反兴奋剂事业也将迎来一个崭新的明天。

守护纯洁冰雪，圆梦冬奥之约

刘瀚元
化学与分子工程学院 2019 级本科生
北京冬（残）奥村 兴奋剂检查陪护员

兴奋剂检查陪护员这个名字听上去可能像是陪同运动员进行兴奋剂检测的一个岗位，实际上我们的工作内容更主要的是通知运动员，并且要当面通知并陪同运动员到达兴奋剂检查站。为了防止逃避检查和造假，兴奋剂检查秉持“事先无通知”的原则，所以我们不能直接电话联系运动员来检查，而是需要搜集住宿信息、训练信息，再加上多方协助查询，最终当面找到运动员进行通知，于是就有了兴奋剂检查陪护员这一岗位。

在冬（残）奥村和训练场馆里，常能看见一些身着志愿者制服，手臂上绑着绿色袖章，手拿对讲机四处奔走的同学，那就是我们赛外兴奋剂检查陪护员。而在竞赛场馆里和颁奖仪式上，同样会有一群志愿者的目光始终锁定着自己所要通知的运动员，每位登上领奖台的运动员身旁，都有一双媒体镜头之外的眼睛，他们就是赛内兴奋剂检查陪护员。

兴奋剂检查陪护员是开展岗前培训最多的岗位之一。反兴奋剂领域志愿服务比较特殊，专业性比较强。要成为冬奥会兴奋剂检查陪护员，首先要通过学院初选、冬奥组委中英文面试，并学习冬奥组委的志愿者通用课程与国际兴奋剂检测机构的英文课程，通过考试取得资格证书，全部考核下来需要历经上千道题。其次要参加在校内进行的反兴奋剂专业培训并通过考试。最后还需要参加实操培训，并通过全英文模拟实操考试，一个环节成绩不合格，就会被直接淘汰，没有第二次机会。

即使通过了考试，也还有很长的路要走。仅仅熟记各大通知环节需要遵守的程序规则并掌握突发情况处理的理论知识是远远不够的，我们还进行了一场又一场的头脑风暴，自制题目“相互刁难”，全英文模拟了近百场和运动员沟通时的场景，并由其他同学进行评价，最后根据大家的讨论充分准备，形成应急预案。

那些令人羡慕的与运动员合影签名、亲切交流比赛感受、交换徽章等被视为历届奥运会建立各国友谊的行为，而在反兴奋剂领域则是不被允许的，为了保证通知环节的干净、不被运动员投诉不规范，我们寻找、通知、交流、填表每一步都要小心谨慎。如果在通知运动员采样检测的时候出现了错误，一旦检测出阳性，运动员就可能会说是我们的问题而拒绝承认检测结果。我们需要用最沉稳的操作、最规范的用语完成整场通知程序。

由于工作要求，我们在通知完运动员后必须全程陪护，在回到检查站前必须保证运动员时刻在我们的视线范围内，也因此有了许多有趣的经历。我在第一天上岗的“第一单”，就在找到运动员后陪同运动员一起开完会才回到检查站；我还曾在饭点“接单”出发寻找运动员，进入运动员餐厅后凭脑海中的运动员照片逐一比对，对于可能的目标再一一上前打招呼询问姓名，着实体验了一把“社牛症”。其他陪护员也各有各的奇遇，有时找某一名运动员会用上好几个小时，有时会在运动员身旁守着他吃饭、睡觉，有时运动员早晨被叫醒接受检测会十分直接地表达自己的不满……也正是这种陪护过程中的不确定性，赋予了这个岗位独特的责任与挑战。

工作之余，我们的驻地生活十分丰富，志愿者们有各种兴趣小组和专门的活动场地，大家会一起观看比赛、运动、练字、桌游、观星等。驻地的酒店有一整层楼是健身区域，有各种各样的运动器材，我常会去那里打乒乓球和射箭。

我们还组织了驻地春晚、元宵晚会等，在除夕夜，我上台表演了吉他指弹独奏，还和两位同学为大家带来了歌曲演唱。2 月 23 日，在冬奥会志愿者进入转换期与“双奥”志愿者分离的告别晚会上，我抱着一个红色的气球，让所有人签满了名字，心想，只要在隔离的时候抱住这个气球，就能抱住大家所有人了吧。直到晚上十一点多，距电梯封锁只剩最后 15 分钟，大家才在《朋友》的大合唱中依依不舍地离去，开始了 21 天的隔离。现在我们开放了一个 24 小时腾讯会议室，大家吃饭的时候都会一起在里边聊天吐槽，仿佛隔离之前大家围在餐桌旁一样，一点也不会感到孤独。

刘瀚元在驻地春晚上进行表演

在清晨的阳光下，四个不同国家的运动员并排骑着自行车，微笑着聊天、和经过的人打招呼。在冬（残）奥村里，人类最美好健硕的肉体与最顽强奋进的精神相聚于此，诠释着奥林匹克精神与“更快、更高、更强——更团结”的意义。还记得开幕式宣誓“我们承诺在体育运动中绝不使用兴奋剂”时，我们的会议室里热烈的掌声与大家激动的心。在观看各个项目的比赛时，我们都会下意识地从画面中寻找自己陪护过的运动员的身影。我们永远不会忘记每次见到运动员后的第一句“Excuse me，I'm a doping control chaperone.”，不会忘记每次出发寻找运动员之前陪护员协调主管老师的那一句“Good luck!”。为着同一个梦想，我们来到这里，看着运动员们踏上纯洁的冰雪赛场，我们倍感荣幸。我的工作是守护“纯洁冰雪”，守护奥林匹克精神的高尚与纯洁，这是属于每一位反兴奋剂领域志愿者的重要责任与独特记忆。

舞台背后的“守夜人”

张逸飞
元培学院 2018 级本科生
北京冬（残）奥村 兴奋剂检查陪护员

冬奥会已经落下帷幕，我还是会时不时回想起那段或早出或晚归的日子，有时凌晨惊醒，会下意识拿起手机看看 15 分钟准备能不能赶上四点的班车。这就是所谓刻进 DNA 的记忆吧。

我来自北京大学，是北京冬（残）奥村的一名兴奋剂检查陪护员。我们的工作是向运动员传达兴奋剂检查的通知，并陪同其前往检查站接受检查，在此过程中观察和记录运动员是否有不当行为并及时上报。听上去非常简单，实际做起来常常充满出人意料的“惊喜”。

兴奋剂检查陪护员的“工作标志”
——绿色的 DOP 袖标

张逸飞与“千金”安娜·谢尔巴科娃合影

由于工作的特殊性，不同于其他志愿者，当我们因为工作遇到运动员的时候，迎接我们的有时并不是友好的问候，而是非难和责备。记得有一次早上去通知一位冰球运动员，他睡眼惺忪地开了门，见到反兴奋剂的标志，既生气又无奈地长叹了口气，带着满脸的不耐烦听完了我的通知。他的队医随他一同前往检查站的时候，虽然态度很好，但也无不埋怨地告诉我们，那位运动员昨晚很晚才比完赛，休息不好对一位运动员来说是很不利于恢复的。我们也只能很抱歉地告知他们，这是根据国际检查机构的要求来通知，希望能够互相理解。那天返回检查站，我向负责的老师汇报情况，希望以后的工作可以提前了解运动员的比赛安排，在通知的时候能够尽量不打扰他们的休息，没过几天，我们早上开始通知的时间就向后推迟了一些，这也是反兴奋剂领域工作严肃中的温情一面吧。

更多的“意外情况”是没有在房间找到运动员本人，这就是陪护员工作的重难点了，如何在不让其他人意识到我们需要找谁的情况下，了解到这名运动员在哪里。这就涉及我们工作的一个原则——“事前无通知”，也就是在找到运动员确认身份之前，不能让运动员通过其他渠道获知检查信息，这是为了防止运动员故意逃脱检查所做的保险措施。于是我们就时不时地变成“谜语人”，旁敲侧击地询问这名运动员在哪里，然后在整个冬（残）奥村里寻找他/她。

别看我们天天要跟运动员一起，但工作纪律要求我们不能随便和运动员套近乎或者要签名，这可能会被一些运动员投诉。所以有时看到一些志愿者和运动员互动的新闻会生出几分羡慕，“你看，明明他/她可以和志愿者这么亲近!”就像我们彼此打趣的那样，反兴奋剂领域志愿者某种意义上确实是整个冬（残）奥村最不受欢迎的人了。

不过，这样对比下来，工作中遇到的一些温馨时刻就格外让人记忆深刻了。有一次需要被检查的是一位俄罗斯运动员，我见到他的时候他正在享用早餐，但当我向他表明来意和确认身份的时候，他立刻放下了餐具，非常友好地配合我。我们俩的英语都各自带了些口音，他也很耐心地跟我交流，丝毫没有不高兴，去取咖啡的时候，还主动招手提醒我应该一直跟着他。

其实，大多数运动员都很友好，只是因为反兴奋剂的特殊性让大家都比较紧张。仔细想想，几乎所有运动员，或多或少都对我们的工作表示了理解和尊重。我们虽然不能特别亲昵地表示对他们的欢迎和喜爱，但以另一种独特的方式见证和传递了奥林匹克精神，一种崇尚公平、互相尊重、相互理解、相互信任的国际主义精神，这对我来说是难能可贵的体验。近一个月的志愿服务，把我带到了一个从未了解过的世界，让我看到了人类正以怎样的努力维护竞技体育的这片净土，仿佛更能认识到最终那块奖牌的分量。我非常荣幸能够有这样的机会参与其中。

当然，我们的工作也会有温暖的时刻，工作之余遇到运动员也是可以友好互动的，只是工作之余的时间确实不多，但这本来也不是志愿服务的重点嘛，认真工作的好孩子是会有奖励的，比如我就偶遇安娜·谢尔巴科娃并成功合影了!

最后，就像闭幕式那天我发的朋友圈一样，“四年后，能不能去米兰呢?”我希望未来还可以继续和这群志同道合的伙伴，一同守护这份属于奥林匹克的纯洁。

相约冰雪，纯洁盛会

张宜鹏
外国语学院 2018 级本科生
北京冬（残）奥村 兴奋剂检查陪护员

回望这 20 多天的志愿服务，有太多的回忆留存在我脑海中：第一次到冬（残）奥村时对周围一切的好奇，第一次出任务时的紧张，在村里偶遇明星运动员时的激动。这些经历有的甜、有的酸、也有的带有一点点苦涩，但每个瞬间都共同构成了这段五彩斑斓的旅程，为我即将结束的大学生涯留下了精彩的一笔。

我服务的岗位是兴奋剂检查陪护员，整个团队有 50 多名志愿者，主要的任务是在冬（残）奥村里找到运动员，通知他们被选中接受反兴奋剂检查，并将他们带回检查站接受检测。我们的工作看似简单，但想要完成好却并不容易。一方面，作为直接与运动员接触的志愿者，我们需要保持热情和礼貌，让他们感受到来自东道主的关爱；另一方面，我们要时刻保持专业，严格遵守工作程序，保证运动员没有违反兴奋剂检测的相关规定，维护体育赛事的公平和纯洁。为了做到这些，我们在上岗前经过了多次培训，反复练习通知用语，并演练了多种可能出现的突发状况，确保能够出色地完成每一次的通知任务。

张宜鹏在北京冬奥村

运动员的检测时间十分分散，因此陪护员们被分成了早晚两班，而每班各有特点。早班的陪护员被我们戏称为“小闹铃”，因为经常需要在早上六七点钟时去敲运动员的房间门，在他们睡眼惺忪时将他们带到检查站，这也导致运动员们经常有一些“起床气”，需要我们有很强的心理承受能力和应变能力。相比较而言，晚班时被通知的运动员基本都十分配合，态度也更加热情，不过由于晚班的检测都是在下午或饭点，所以运动员会出现在冬（残）奥村里任意一个角落，这就需要每组陪护员相互配合，根据行程信息推测出运动员可能的位置，并找到目标运动员。也正因为这个特点，晚班的陪护员被我们戏称为“搜证犬”。我们有和运动员直接接触的机会，可以看到运动员在赛场上没有展现的一面，也让我更加了解了运动员这个群体，并能切身体会到作为一个职业运动员的不易和艰辛，这其中令我印象最深刻的是陪护一名瑞士冰球运动员的经历。

在陪护之前，我们从行程信息中得知这名运动员前一天晚上刚刚有过比赛，让我对这次陪护过程中可能面对的困难有了一定的心理准备。到达目标运动员的房间后，我们发现运动员还没有醒，他的室友帮我们开了门，他睡眼惺忪地问我们要干什么，语气中略有不满。我按照规定的通知程序请他出示注册卡，他却执意问是谁被选中接受兴奋剂检测，否则他拒绝给我注册卡。之前顺风顺水的通知经历让我对这一突如其来的意外措手不及，还好一旁的副陪耐心地向他解释了兴奋剂检查的规则，并告知他抗检的后果。他这才开始配合我们的工作，但显然他的怒气并没有消散，在之后的几分钟里，他一直在表达对于我们检查安排的抱怨。为了安抚他的情绪，我只能一边向他道歉，一边向他解释兴奋剂检查的随机性。在一番波折之后，我总算完成了整套通知程序，有了一种如释重负的感觉。在陪运动员去检查站的路上，我一直战战兢兢，生怕他会有一些过激的举动。但出乎我意料的是，他不仅没有怒气反而向我们道歉，并解释他刚才所有举动的原因，原来他为了备战比赛已经连续训练两周没有休息，昨晚因为比赛更是到凌晨三点才入睡，在那一瞬间，我也理解了他刚才表达出不满的原因了。

当我与这位运动员告别后，回想起在去通知的路上世界反兴奋剂机构（WADA）官员对我们半开玩笑的一句话：“如果我是陪护员的话，我会在出发前看他昨晚比赛的结果，从而能够清楚他今天的心情如何。”这段经历让我对反兴奋剂和兴奋剂检查陪护员这份工作有了更深的思考：反兴奋剂工作一方面是严肃的，有严格的检测程序规定和对运动员的各项约束，另一方面它也需要考虑运动员的个人感受，确保检测工作不会影响到他们正常的比赛和生活。这就像是在走钢丝，有时难免会顾此失彼，需要反兴奋剂领域的工作人员在保持专业性的同时，更多地释放出人文关怀，让运动员真正理解反兴奋剂这项工作，让他们知道这不仅是例行的公事，还是在共同维护赛事的公平，让他们日复一日的努力真切地在纯洁的赛场上获得回报。

“冰新一代”，永不言败

李浣青
软件与微电子学院2020级硕士研究生
北京冬（残）奥村 兴奋剂检查陪护员

“今天是正式上岗的第一天，大家一定打起精神来，顺利完成今天的任务！”那是2022年1月27日，凌晨五点的冬（残）奥村，狂风吹过头顶，令人感受到的不是寒冷，而是对前方的期待。

我们工作的岗位为兴奋剂检查陪护员。第一次听说这个岗位，是在本科阶段担任全国第十届天津残运会志愿者，虽没能有机会留在反兴奋剂领域，但当时就对这项工作抱有浓厚兴趣与深深敬畏。于是，在2019年12月，一看到北京2022年冬奥会志愿者的报名推送，我就毫不犹豫、第一时间报了名，并开始对冬奥会这场国际盛会充满期盼。

几个月的时间，经过学校、学院的层层选拔，在系主任、导师的支持下，我终于顺利地来到冬奥会一线，担任北京冬（残）奥村反兴奋剂领域的陪护志愿者，来到了闭环内的九华山庄驻地，成为这里61名北大师生中的一员。

第一次来到冬（残）奥村，第一次执行任务的场景依旧历历在目。拿到任务单，开始穿戴防护面罩，执行一系列严格培训的程序；找到运动员后，认真审核运动员的注册卡，牢牢跟在运动员身后确保安全，提醒运动员注意加衣、不要过度饮水；尽力减轻运动员做检测的紧张感，陪同运动员及时到达检查站。每当运动员顺利完成检测、走出检查站的时候，我们都会给予他们一个温暖的微笑，对他们的配合表示感谢，对运动员坚强拼搏的精神表示崇敬。

反兴奋剂检测工作要求极高的严谨性、准确性，并要求志愿者有较强的灵活变通能力。在老师的精心培训与团队同学的密切配合下，我们尽可能地做好每个细节，不断完善通知流程、改进应急预案。每一位同学都在岗位上默默无闻，时刻仔细核验，确保工作万无一失。

时间这么快，也这么慢。站内检查的数量越来越多，我们接触不同国家的运动员越来越多，对各个国家的语言与文化也有了更深刻的了解，令人感动的故事在不断上演。在冬（残）奥村内苦苦寻觅运动员却无果，俄罗斯队队医的热心帮忙令人心头一暖；在执行任务时偶遇荷兰运动员在骑行训练，她转过头来的温柔一笑如阳光般明媚；大清早去通知斯洛伐克运动员时，运动员忍着困意，积极配合我们的工作来站内接受检测。不同国家有不同的文化，但在冬（残）奥村，所有人都有着共同的目标，不畏艰难，永不言弃，"一起向未来"！各个国家运动员见面时都微笑问好，各个国家文化互相融合、互相包容，虽然在赛场是对手，但是奥运精神却让他们成为朋友。

令我印象深刻的一件事，是在等待教练到来时，一位花样滑冰女运动员欣喜地向我展示她衣柜里飘逸美丽的裙子，像个孩子一样在分享她的快乐。即便我们突然打扰，这位运动员也没有一丝的怒气，给人带来的都是快乐与惬意。也正因为如此，每当听到运动员顺利检测出站的消息时，我们的心里就像落下了一块块石头，能顺利完成检测就是我们最大的心愿。

在归站途中，我们常常与运动员聊起的话题就是"您习惯这里的饮食吗？您休息得怎么样？"令人觉得惊讶却又在情理之中的是，大家都一致地表示对北京冬（残）奥村的居住环境非常满意。而这让我想起，在 1932 年，中国奥运第一人——短跑选手刘长春，孤身一人赴海外参加了奥运比赛。虽然没能取得好成绩，但历史记住了他的名字。直到 2022 年的今天，冬奥会在中国举办，北京作为"双奥之城"再次彰显了中国的特有魅力。在本次北京冬奥会中，中国体育代表团总人数为 387 人，其中运动员 176 人，中国最终位列奖牌榜第三位，金牌数、奖牌数均创历史最好成绩！这都在向全世界证明，祖国近些年来取得的跨越式进步，中国人民的强大凝聚力、奉献精神，是任何一个国家都无法比拟的。拼搏与奋斗是奥林匹克精神和中华体育精神，"一起向未来"、天下一家亲更是中国一直坚信的理念与主张。

参加北京 2022 年冬奥会并担任志愿者，是我感到最为荣幸的一件事。我有幸见证了历史，这份志愿服务经历，也将成为伴随我一生的美好回忆，每每想起，依旧感动。

李浣青（右一）在兴奋剂检查站前合影

纯洁冰雪，激情相约

郭鹏
地球与空间科学学院 2019 级直博生
北京冬（残）奥村 兴奋剂检查陪护员

我叫郭鹏，来自北京大学地球与空间科学学院，是北京 2022 年冬奥会兴奋剂检查陪护员，担任北京冬奥村兴奋剂检查陪护员小组组长、九华山庄宿舍管委会楼层长，也是北京大学冬奥会志愿者第二临时党支部成员。

初心：圆梦冬奥，无惧挑战

对于我来说，没能亲身感受 2008 年奥运会是我的一个遗憾，而 2015 年 7 月 31 日“BEIJING 2022”的荣耀时刻无疑带给了我一个弥足珍贵的机会，正是从那时起，我的心里萌生了要在北京冬奥会时成为一名志愿者的愿望。怀着服务和奉献、体验和成长的初心，我毅然报名了冬奥会志愿者。从最初选择到报名参加，心里一直秉持并坚守的理念就是为国家重大活动出份力，同时在重大活动中去体验和收获不一样的成长。

平日里的锻炼习惯和冰球运动基础赋予了我良好的身体素质，所以在选择志愿者岗位时，我优先报名了环境较为寒冷、工作难度较大的张家口和延庆赛区的志愿者岗位。最终经过层层选拔，我成为一名兴奋剂检查陪护员。

责任：守护纯洁冰雪，传递奥运精神

北京冬（残）奥村反兴奋剂领域陪护员是连接运动员和检查站的桥梁，日常的主要工作是根据主管下达的通知任务，前往指定住处寻找目标运动员，按要求完成通知程序后，全程陪同运动员到检查站报到，参加兴奋剂检测。为了完成好志愿服务工作，反兴奋剂领域志愿者在服务之前参加了多种培训：国际兴奋剂检测机构的英文课程培训、反兴奋剂专业培训、北京冬奥组委信息与知识管理平台的课程培训、反兴奋剂实操培训等，同时还得通过相应的考试。这些培训项目不仅让我对反兴奋剂的工作有了更深刻的了解，还让我在随后 20 多天的工作中和岗位上的同伴一起，顺利圆满地完成了国际兴奋剂检测机构下达的所有任务。服务期间，我共完成了对 20 余名运动员的兴奋剂检查陪护工作，全程工作零失误，应对突发情况处理得当；同时，参与通知信息统计工作，主要负责核对运动员训练时间及通知任务下达工作，保障通知程序的顺利进行，协助完成站内的一系列活动组织和筹备。

郭鹏在北京冬（残）奥村兴奋剂检查站前合影

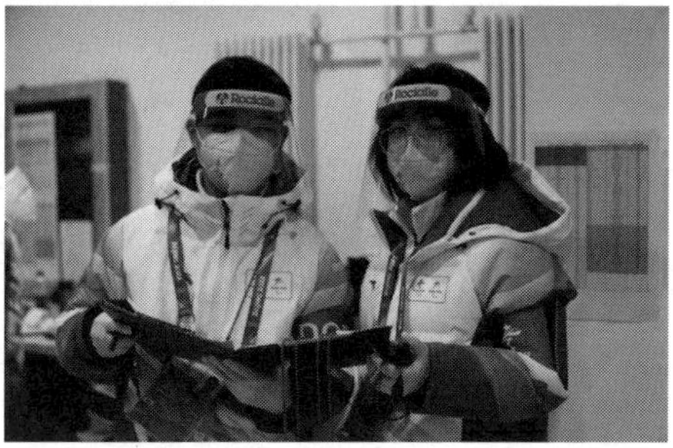

工作中的兴奋剂检查陪护员（左一）

这份工作的性质要求我们必须要专业、细致、认真，做到零失误。但在工作过程中，一名特别热情的德国运动员让我的陪护工作变得丰富和有趣。这名德国运动员在拼读了通知单上“郭鹏（GUO PENG）”的拼音后，激动地说：“GUO PENG is my friend,I love my friend,I Love You.”。现实往往还可以更精彩，在我之后出任务的过程中，所要找的一个目标运动员身边陪同的朋友正是之前的德国运动员，我们激动地击掌，直呼：“What a coincidence!”。元宵节的晚上，看到明月，我向他介绍了元宵节的习俗和中国的一些故事，并诚挚邀请他有机会再到中国来！简单的句子、温暖的故事和小小的礼物，给我带来的却是大大的触动，让我明白冬奥会传递给我们的，远不止于竞技运动中的“更快、更高、更强”，更是各国运动员以及志愿者之间不分国籍、不分肤色、不分民族的“更团结”，大家欢聚一堂、共襄盛举。

温情：志愿团队温馨和谐，体验丰富收获满满

除了工作，冬奥会志愿老师和同学们的相互陪伴，让我的志愿者生活增添别样的温暖。除夕那天师生的同台唱歌、演出和新年钟声下的声声祝福都让这个除夕无比难忘。组织驻地“小春晚”的老师和同学们提前联系到我们每一名九华驻地志愿者的家人，收集了家人录制的新年祝福在活动上作为神秘环节进行播放。那句来自家人的“郭鹏，加油，我们为你和你的小伙伴感到骄傲!”更是让我热泪盈眶。作为驻地里的“气氛组”成员，我们给来自不同院校的师生同唱生日歌，元宵节晚会上为北大的老师、队友们加油喝彩，

这些点滴瞬间让我十分怀念也无比热爱。同时，冬奥会志愿服务期间，不管什么时间、什么活动，身边总会有熟悉的伙伴和老师们陪伴的身影，让我每时每刻都意识到，我们是一个团队，彼此温暖，共同前行。志愿服务取得的成绩不只属于某一个人，而是团队的共同努力。

感悟：冰雪冬奥服务有我，春暖花开燕园再见

这届冬奥会有太多精彩的瞬间，谷爱凌创造历史的“夺金一跳”，美国运动员阿什利·考德威尔赛后与金牌得主徐梦桃的激动拥抱，以及马耳他共和国“豆包姐”因为热爱而不断超越自我的故事都让人深受感动，这些冰雪运动健儿身上敢于展示自我、超越自我、成就自我的精神正是对奥林匹克精神最好的诠释。

作为一名冬奥会志愿者，我不仅体会到了高水平竞技体育所带来的快乐，还感受到了一个“更快、更高、更强——更团结”的奥运氛围，这样的一个赛事是给全世界一个契机，让我们大家团结在一起。未来，我会带着在冬奥会期间收获的经验、观点和技能，做更多的志愿服务工作，用自己微薄的力量去服务、奉献，让这个世界变得更加美好。

伴随着冬奥圣火的熄灭，冬奥这段旅程画上一个分号，即将迎来冬残奥会的开幕，秉持两个奥运，同样精彩的理念，相信团队中继续服务冬残奥会的伙伴们定会圆满完成所有任务。同时，目前正在隔离的我们，希望能够早日回到燕园，和同学们分享冬奥会的故事，也希望继续参加冬残奥会志愿服务的老师、同学们一切顺利，期待燕园相聚！我们“一起向未来”！

纯洁冰雪，温暖志愿

郑璐彤

医学人文学院 2019 级本科生

北京冬（残）奥村 兴奋剂检查陪护员

“Hello，I am a doping control chaperone.”

我是北京 2022 年冬奥会反兴奋剂领域志愿者，是一名兴奋剂检查陪护员。在偌大的冬（残）奥村中找到被抽取进行兴奋剂检测的运动员，并陪护其至检查站，就是我们每天上岗所做的工作。开篇的那一句英文自我介绍，便是我们每一次见到运动员后的第一句话。这句话可能落在安静的清晨、闲适的午后、月升的傍晚；可能是在睡眼惺忪的运动员刚打开的房门前、在吵嚷喧闹的餐厅、在疲惫的运动员从训练场返回的小路上……

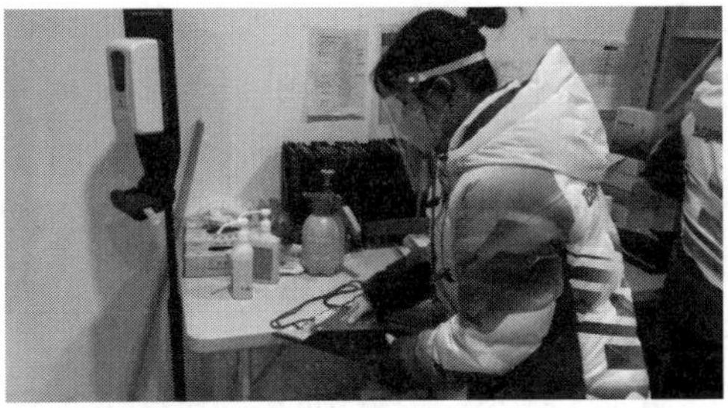

郑璐彤在陪护员准备间做通知前准备

北京大学兴奋剂检查陪护员

在出发通知前合影（左二）

同岗位的志愿者常常开玩笑道，我们是整个冬（残）奥村最不受待见的人。同时，反兴奋剂领域工作的严格保密性也让我们远离媒体与镜头。还清楚地记得冬奥会闭幕式那天我和老师、同学们一起在驻地观看的直播，我们不愿放过任何一刻关于志愿者的环节，最终也没有找到任何有关兴奋剂检查陪护员志愿者的画面。像是自我安慰般，放映室的大家指着投影上出现的每一抹蓝色身影，兴奋而自豪地说着：“这个是我！”“那个也是我！”从未到现场观看过比赛，只能隔着橱窗看几眼商店里的“冰墩墩”，每日去“打扰”一位又一位的运动员……听起来似乎有几分落寞，但这就是默默付出的志愿生活，不是吗？

冬奥会闭幕式那天和朋友聊天时，我说，这样无人知晓的感觉让我的这段日子又增添了一份奇妙的体验。就好像电影中肩负着重大使命的人总在无人关注处默默行动，也或者是一场热热闹闹的盛大晚会中总有许多人在幕后默默支持。

而我们，正是在无人知晓的地方守护着冰雪运动的纯洁。这是我第一次接触反兴奋剂这个领域，但短短的一个月时间使我对这一领域产生了深深的敬畏之情。干净的赛场与纯洁的奖牌，是由成功无差错的反兴奋剂领域工作保障的。

这是一段以冰雪为背景色的经历，然而回想起，脑海中浮现出的是许许多多的亮色调：执行任务前，会特意蹭到老师面前，等她一句充满力量的“Good luck!”；某次全员出发的艰难任务，大家成功后的欢欣庆贺；叫醒只睡了两三个小时的运动员，但他为了宽慰抱歉的我而不断重复的温柔的“Never mind.”；几个突然欢闹着跑过来合影的笑容灿烂的外国运动员；早班任务结束后大家一起欣赏的那场灿烂的日出，冬日的早晨寒风彻骨但我们激动地面向远处的袅袅炊烟眺望许久；冬（残）奥村飘雪那天我们在雪地里扬起的雪花；出任务错过午饭，回来后主管老师泡好的一碗热腾腾的面；无论何时，或早或晚，总在门口迎接我们返回驻地的几位老师……

数千片在这个冬日的冰雪中燃烧的蓝色雪花，我只是其中极为平凡的一片，但当回顾起这转瞬即逝的28天，数不胜数的细节让独属于我的这段日子闪烁着独特的光芒。那些可爱的运动员、温暖的朋友与老师、美好的雪与月……无数的细节灿烂到我想把这段日子中的每一刻都摆放在太阳下晒一晒，然后大声地告诉所有人：看啊！它们多么热烈！

或许在他人眼中我们是“坐冷板凳”的一群人，但我知道，在纯洁的冰雪之中，我们心怀热情，彼此温暖，始终璀璨。

冬奥志愿工作：在双向奔赴中感受爱、传递爱

李名扬
外国语学院 2020 级本科生
北京冬（残）奥村 兴奋剂检查陪护员

一个月的志愿服务，时间很短，却让北京冬（残）奥村的每一个角落都藏着回忆与秘密；一个月的工作披星戴月，时间很长，却让那样美好而恣意的生活在指尖飞速流淌。在北京 2022 年冬奥会的志愿服务中，我经历了太多值得铭记的双向奔赴。

"燃烧的雪花"：志愿者与冬奥会的双向奔赴

2020 年，从郑重填写北京冬奥会与冬残奥会志愿者招募信息的那一刻起，渺小的我向冬奥会的奔赴正式启程。而当我来到北京，并在北大学习外语时，我也意识到，这或许会是我服务北京冬奥会的一次机会。在入学的一年里，我从未放弃任何提升自我能力、扩充自己知识的机会，终于在 2021 年 7 月入选北京 2022 年冬奥会反兴奋剂领域志愿者，成为冬奥会志愿者"小雪花"的两万分之一。

在我得知自己成功入选冬奥会志愿者的那一刻，2015 年申奥成功的欣喜、2018 年由平昌冬奥会衍生的希冀、2020 年填写招募信息的期待，此时也都化作向前的动力，勉励我为冬奥会的成功举办奉献自己的青春与力量。我也相信，每一位志愿者朋友也都如我一样，怀着对北京冬奥会无限的期冀与热情，共同奔赴这场将被载入史册的盛事。当我们看到开闭幕式上一片片纯白无瑕的雪花落下，看到每一段影像资料中蓝白相间的身影穿梭时，心头大约也都会浮现"功成不必在我，功成必定有我"的壮阔使命。

而当我回望近一个月的志愿服务生活，我意识到，冬奥会志愿者与冬奥盛事之间，绝非志愿者的单向奔赴。

细致入微的生活保障，从始至终的人文关怀；色彩明媚的志愿者服装定制，令人赞不绝口的饭菜饮食，以及劳逸结合的工作安排，都何尝不让每一位志愿者在冬奥会志愿工作中感受到家一般的温暖。也正是这种包裹于身旁的温暖让我意识到，每一份奉献都不曾被辜负。每一位志愿者感受到的宾至如归、收获满满，也同样是此次冬奥会圆满成功的真切体现。

志愿者之间流转着的对冬奥会的热爱，冬奥组委和母校对于志愿者的关爱，一份份爱相互交融，使这场盛会温暖又明亮。

纯洁体育：陪护员与反兴奋剂工作的双向奔赴

反兴奋剂工作是保障冬奥赛事纯洁竞技、公平竞技的重要一环，对于北京冬奥会的成功举办具有重要意义。也正是认识到这一关键工作的神圣性，我和北大其余 57 位同学通过重重选拔，义无反顾地成为北京 2022 年冬奥会反兴奋剂领域的志愿者，志愿为纯洁奥运的举办贡献自己的力量。

对于一名陪护员而言，日常工作并不像想象中轻松。在冬奥会开始前的一周里，我们每天披着星光，伴着三点半的闹铃踏上奔赴冬（残）奥村的征途；也不乏随着夜幕渐深，直到凌晨才抵达酒店结束工作的日子。在如此高强度的工作下，我们每一位同学都展示出了专业的工作能力和顽强的工作态度。即使由于天气干燥寒冷，我在工作开始的一周内多次出现流鼻血、胃痛等身体不适的症状，也始终怀有对这份工作的信仰，坚守在工作岗位上。

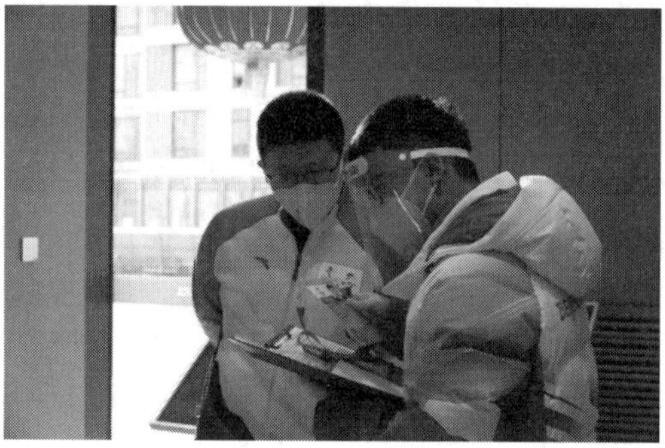

李名扬（右一）在北京冬（残）奥村兴奋剂检查站工作中的照片

九华山庄驻地元宵晚会上北京大学师生的合影（左六）

随着工作能力的进一步提升，我逐渐在相对单调的陪护工作中发掘出它动人的一面：凌晨四点的冬（残）奥村自有它静谧的美好所在，狭小的准备室空间里也始终酝酿着温暖的情谊；奔波在寻找运动员的路上，能看到夕阳慢慢坠入地平线；与国际运动员攀谈的归程，我们也不总觉得孤单。

反兴奋剂工作认真严肃，但它冷漠的外表下填充着鲜活的情感与生命力。无论是在出任务前互道一声“Good luck!”，还是在工作之余一场场加深友谊的游戏，都让我们每一个人深刻感知着，工作绝非生活的意义本身，新鲜体验、认真感受才构成了这段志愿生活的内核。

就这样，在欢声笑语与披星戴月的交替中，我们圆满结束了一个月的陪护员志愿工作。北京冬（残）奥村四百多单的陪护工作，由 50 多位北大志愿者出色地完成了。五枚不同颜色的“纯洁体育”徽章在阳光下映射出别样的光泽，复现着一个月来每一刻珍贵的回忆。

不只冬奥限定：我与朋友们的双向奔赴

一个月的闭环生活并不简单。在抵达闭环点之前，与彼此并不相熟的同学们一同坐上前往昌平区九华山庄的大巴，我暗暗思忖：物资紧缺、环境闭塞，这一个月的闭环生活必然枯燥乏味。与此同时我也担忧，倘若在闭环里难以交到性格相投的朋友，这一个月想必在志愿工作之外也会十分孤单。

怀着这种忧虑，我加入了驻地专班的活动运营组，期望能认识更多志同道合朋友的同时，也尽己所能为闭环生活添上一抹明媚的色彩。我不曾想到的是，这是我在闭环内如梦一般美好生活的开端。

一次次头脑风暴，一场场盛大晚会，在志愿工作之余构成着丰富多彩的闭环生活。九华山庄驻地新年晚会时大家还不甚相熟，作为主持人，我与大家共同倒数新年的钟声，在欢笑与拥抱中共同度过这个不在家人身旁的春节。大约也是从那天起，我们构建起了家人一般的默契，像水溶于水中，像光点亮光。也难忘元宵节的前夜，假面舞会上的朋友们随着音乐起舞，我们学习热情的伦巴，也舞出华尔兹的优美。画上各色图案的口罩，也难挡每一位同学飞扬的笑颜。而最让我感动的是元宵晚会的“团圆”，作为九华山庄驻地元宵晚会上唯一来自北大的主持人，没有在偌大的会场上看到那些熟悉的身影，我难免感到落寞。但出人意料的是，在晚会接近落幕时，刚下晚班的小伙伴们举着“名扬小熊我们爱你”的横幅冲进会场，在台下为我大声加油喝彩。

我不曾想过能在短短一个月的闭环生活中，感受到如此浓烈而炽热的爱。冬奥会结束后，我和 36 名同学即将进入移出期。在北大师生共同组织的冬奥阶段告别仪式上，我念着告别辞，听到一首首告别的歌曲，难免痛哭出声。那个希望为大家带来温暖的我，也同时收获着老师和朋友们的关切，收获着最弥足珍贵的友谊。双向奔赴的我们，构成了闭环生活里最靓丽的风景线。

在最后那个告别的夜晚，我们奔走在楼道里，和每一个人说再见。我们深知，这份友谊绝非冬日限定。我们终将重逢，在未来更高的地方。

站在这趟旅程的终点，回望这短暂但耀眼的冬奥时光，我恍惚间看到两年前那个坚定填下志愿者报名信息的自己，那个踌躇满志、对志愿服务生活充满美好期望的自己。我想告诉他，感谢你的坚定选择，你的每一份奔赴，都不会被辜负。

我身上的标签就是“中国”

曹梦奇

公共卫生学院2020级直博生

北京冬（残）奥村 兴奋剂检查陪护员

在2019年庆祝中华人民共和国成立70周年活动上，我作为游行队伍的一员走上长安街，走过天安门城楼时，一种前所未有的自豪感和幸福感传遍全身，那是我20多年里从来没有过的感觉。那时的我还没有想到，下一次参与国之盛会的机会来得这么快。

庆祝活动结束后两个月，北京冬奥会和冬残奥会启动全球志愿者网络招募，带着参与祖国盛事的热切心愿，我再次第一时间报名参加。经过紧张的准备、激烈的面试和焦急的等待，2021年7月，我正式接到通知，成为北京冬（残）奥村反兴奋剂领域的一名志愿者，心情又一次无比澎湃。

反兴奋剂工作不仅事关体育公平，还是一项政治任务。习近平总书记强调，中国政府对使用兴奋剂持“零容忍”态度，提倡中国运动员哪怕不拿竞技场上的金牌，也一定要拿一个奥林匹克精神的金牌，拿一个遵纪守法的金牌，拿一个干净的金牌。

曹梦奇在兴奋剂检查站为运动员做出入控制工作

北京大学志愿者与中外检查官春节合影（左七）

反兴奋剂领域志愿服务的性质比较特殊，在通知运动员采样检测时，如果出现了程序性错误，一旦检测出阳性，运动员很可能会提出程序性质疑而拒绝承认。工作的重要性不言而喻，这也给我们带来了不小的压力。我们参与了所有领域中最多的岗前培训，在工作中拿出绝对严谨的态度，每次出发通知运动员前都要相互加油，场面就像是一次“出征”。

因为需要直接陪护运动员，我们的工作不仅要小心细致，还要大方得体。每天早上，我们都是凌晨四点从驻地出发，五点到冬（残）奥村后进行一些准备工作，六点就要出发寻找运动员。在工作过程中，我们要全程在坚持原则的基础上保持礼貌友好地陪护运动员完成检测，表现出中国志愿者的友爱、包容和坚韧。

与运动员接触多了，也能见到他们赛场外的一面。令我印象深刻的是有一名运动员在比赛中原本一路领先，在最后时刻被反超而获得银牌，情绪有些失落。从赛场回到冬（残）奥村做兴奋剂检测时，取尿样后发现样本不够，此时颁奖广场又通知其要尽快去领奖。那一刻，情绪崩溃的运动员在检查站痛哭了起来，当天正好是我值班，就与老师们赶过去一起安慰她。还没顾上吃饭，志愿者们又陪同运动员赶去颁奖广场。

我想在外国宾客眼中，我们每一位志愿者都没有自己的名字，而是只有一个共同的名字“北京冬奥会志愿者”。作为运动员的陪护员，在完成本职工作之外，我更希望尽力把安慰和支持给到运动员，展现志愿者的笑容与友爱，让他们感受到中国的温暖和热情。因此每次完成检测送运动员出检查站的时候，我都会送上一句“Good luck!”，希望他们在北京冬奥会能赛出水平，玩得开心。

反兴奋剂是国际共识，也是各国通力合作的重要领域。冬（残）奥村兴奋剂检查站也有三位外籍资深检查官，分别来自韩国、日本和加拿大。他们都很专业和热情，每天早上在分配任务的时候，他们都会主动要求多承担一些检查，有时还会主动充当翻译。工作不太繁忙的时候，他们会教我们几句外语，我们也会教他们几句中文，在持续的工作和相处中，我们结下了深厚的友谊。

春节前，我和北大同学们策划了给检查站老师们送祝福的活动。在给三位外籍检查官的祝福贺卡上，我们专门用韩语、日语和法语写下了新年祝福。除夕当天，当我们把贺卡还有中国传统的春联和“福”字送给他们的时候，他们都非常激动和珍视，韩国检查官幽默地说：“等我去世的时候，我一定把这张贺卡放在胸前。”

我不断体会到，正是奥运会能让他们来到异国他乡仍然乐观积极地工作，也正是奥运会能让不同肤色、不同国家的人聚在一起享受最纯真的体育。在奥运会面前、在反兴奋剂这项神圣的工作面前，每个人都在共同努力维护体育的圣洁。

作为东道主，我们也借冬奥这场盛会展现了传统的中国文化，展现了自信的大国形象，而这些，不光表现在开闭幕式那些大型的场面上，也表现在每名中国志愿者，每位中国人身上。我们向他们展现的笑容，就是中国和善开放的形象。

也正是每一位台前幕后的奉献者，每一位中国人的共同关注，一起把“我”变成了“我们”，才有了这冬奥盛会，才有了这盛世中华。我们每个人，都是英雄。于是我又一次心潮澎湃，又一次沦陷在对伟大祖国的热爱和感恩里，同时我也意识到，我们青年一代已经成为社会的中坚力量，逐步登上祖国建设的大舞台。我们必将不负韶华，让青春在党和人民最需要的地方绽放绚丽之花。

平凡岗位上的冬奥人

王昊玉

哲学系（宗教学系）2019 级硕士研究生

奥林匹克大家庭酒店 奥林匹克大家庭助理

2 月 20 日凌晨一点半，我再次和机场礼宾人员确认了客户出发的时间，把桌上的卡片仔细收好，整理好口罩、衣物和挂牌，最后一次在签退表上写下自己的名字。

走过空荡荡的奥林匹克大家庭助理（OFA）志愿者办公室，我的目光扫过签名墙上志愿者亲手画的“冰墩墩”和“雪容融”，不禁嘴角上扬。志愿服务期间，我无数次看见迎面走来的陌生人眼里的笑意，口罩和寒风挡不住这份温暖之光在人们亮闪闪的双眼间传递。

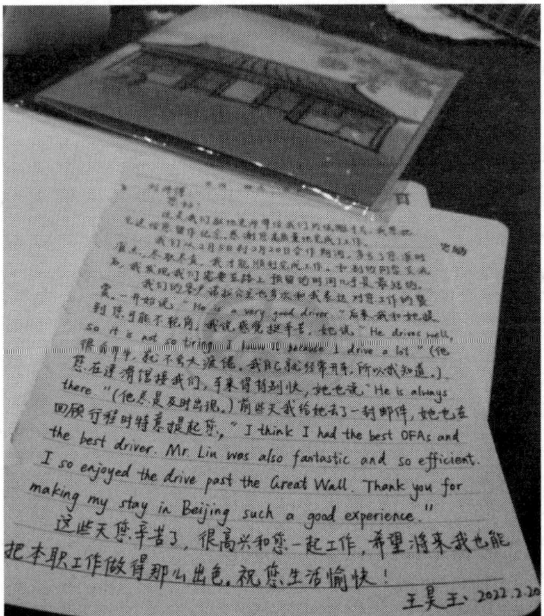

送给刘师傅的卡片和临别赠言

2 月 20 日凌晨三点，送机结束。驻地酒店门口，我郑重地把卡片送给刘师傅。卡片上，我转达了客户的感激和赞赏，也附上了我的敬意和祝福。

“好好休息！”“路上小心！”最后一次关上这辆黑色轿车的副座车门，我的志愿工作画上了句号。

作为奥林匹克大家庭助理志愿者，这些天我陪客户亲临北京、延庆、张家口的许多场馆。工作过程中，我有幸见到了许许多多不同岗位的冬奥人。

亲切友善的客户、奋力拼搏的冰雪健儿固然是我志愿工作中浓墨重彩的一笔。可除此之外，我忘不了那位负责卫生间消杀的阿姨。那天我担心雪天眼镜起雾，临时去更换隐形眼镜，阿姨关切地走来，提醒我卫生间人员流动性强，新冠肺炎疫情之下，要尽量出门前戴好眼镜，保护好自己。我忘不了国家会议中心的那位餐饮工作者，那天我出外勤，她贴心地为我准备了餐包，还不忘暖心地祝我工作顺利。我忘不了每天早早在酒店门口送我们上岗的老师和为我们做核酸检测的医务工作者，日复一日为我们保驾护航。看到他们，我就感到安全和力量。我忘不了“雪游龙”的场馆志愿者，他们放弃休息时间，在寒风中热情地为我们领路，带我们踏勘。临走时，他们站成一排和我们挥手道别，他们的笑容为延庆的冬夜添了许多温暖。

而这许许多多带给我感动的人当中，自然少不了刘师傅。他正是克服万难完成工作，同时又把温暖和友善传递出去的千万北京冬奥人的一个缩影。刘师傅是和我对接的 T1 车驾驶员，冬奥会期间全程保障客户的出行，是我的同事和战友。没有他，我不可能顺利完成工作。

我们的工作并非一帆风顺，第一次联系就颇费周折。我们原定第二天下午出发，去清河站坐高铁。但出发前的半夜，我接到临时通知，由于张家口车辆调度问题，要求 T1 车直接从北京把我们送到张家口赛区。这意味着路上来回要多花四小时，我们显然会错过用餐时间。我怀着歉意联系了尚未见面的刘师傅。他立刻回复了我，表示充分理解，这给我第二天的工作增添了信心。

幸运的是，通过沟通协商，我们最终仍按原计划坐高铁出行。到了约定时间，刘师傅已经提前 25 分钟在附近的停车区等候了。相比之下，我却错把酒店西门认成了南门，打了电话才找到车。为客户打开车门后，我坐上副座。刘师傅戴着口罩，看起来沉着稳重。我们很快到达了目的地，比预计的快一刻钟。守时、话少、开车快且稳，是我对刘师傅的第一印象。我也从他那里学到了敬业的态度，从此提前熟悉场馆，避免再出岔子。

第三天，客户要去延庆。延庆山路多、难掉头，按规定刘师傅只能把我们送到山下的阪泉服务区，我们再坐中巴上山。路上我和刘师傅交谈得知阪泉没有驾驶员休息室。这意味着我们在山上看比赛时，他要在车里待十几个小时。不仅如此，由于驾驶员驻地和停车场有一段距离，每天早上他们都要早早坐班车到停车场待命，晚上很晚才能回住处。

驾驶员师傅辛苦，我早就听别的志愿者说过。但没想到常常连倒杯热水、泡一碗面、下车活动一会儿的机会都没有。闭环内各有各的困难，大家都在默默克服。相比而言，我们幸运多了。

得知刘师傅没准备什么吃的，我连忙把包里的零食拿出来。“不用。”刘师傅说。“山上场馆有吃的，东西背上去挺重，我就放车里。”我这么说，刘师傅才没再推辞。

接下来，客户又连续两天前往延庆。由于熟门熟路，我们路上只用花一小时。有次客户的朋友和我们看同场比赛，客户的朋友八点半出发，我们九点出发，结果同时到达。客户的朋友说：“你们快，我们安全。”客户则不以为然，说：“我们又快又安全!”客户十分看重效率，也从此对刘师傅赞不绝口。

我们工作的高光时刻是带客户看了长城。我听说京藏高速穿过居庸关，能近距离看长城，便和客户提起，没想到她特别感兴趣。她说自己 2008 年来北京时没去长城，一直感到遗憾，这次由于闭环政策，本以为也看不到了。我立刻和刘师傅沟通，才得知京藏高速没有冬奥专用车道，路可能不大好走。对此客户也表示理解。但没想到刘师傅得知客户愿望强烈后，还是答应了。

那天我们亲眼看见一道道长城穿山越岭，在阳光照耀下雄奇壮伟，连我也激动不已。刘师傅专门放慢车速让客户拍照录像，完成了她 14 年来的心愿。后来客户向朋友展示自己的录像，我看见她脸上的笑容，真有种外交成功的自豪感。

下车时，客户反复和刘师傅说：“Thank you!”，刘师傅则点头回应。进机场前，客户还特意对我说：“Tell Mr. Liu,he is a good driver.”（请告诉刘先生，他是位优秀的司机）。

“很高兴和您一起工作，希望将来我也能把本职工作做得那么出色。”这是我写给刘师傅的临别留言，也是我对千万冬奥人的心声。愿我以此自勉，带着这个冬天的感动和鼓舞继续前行。

千万雪花，汇聚成一个家——和一群可爱的人服务冬奥会是一种怎样的体验？

石丽颖
法学院 2020 级硕士研究生
奥林匹克大家庭酒店 奥林匹克大家庭助理

我的冬奥会服务工作结束了。在一个多月前，我未曾想到自己将在这场盛会中结识这么多可爱的朋友。从冬奥组委、驻地的老师到中队、小组的同学，从一起合作接送客户的司机师傅到奇妙旅程中遇到的志愿者和安保人员，他们认真专注、敬业负责，又友好和善，用热情温暖了整个冬日。正如开幕式主题曲《雪花》所唱的那样，我们如同千万雪花，汇聚成一个家。

驻地 · 温暖的家

今年是我第一次离开家过春节，但驻地却带给了我和家里同样的节日温暖。驻地的老师们用十二分的暖心安排了拍照活动，发放了新春大礼包，还组织了热闹有趣的游园会。参与完所有的游园会游戏，我来到老师们早已准备好的投影幕前，和同学们一起看春晚，就像在家和家人们一起看春晚一样。

晚上十点多，我从热闹的 B2 活动室回到自己的房间准备休息，身边的环境一下子安静下来。看到家庭微信群里晒着年夜饭，我突然鼻子一酸，有点想家了。刚难过了一会儿，就听见走廊里传来了欢声笑语，原来是驻地的宛儒老师、贝贝老师、岸蒲老师和武铭老师来每个同学的房间给大家送“福”字和新春红包。打开门看到老师们抱着大红色的抽奖箱，拿着“福”字，笑着对我说：“新年快乐！”那一刻的暖意驱散了我想家的酸楚。

北大志愿者 · Super Singers & Dancers

正式上岗前，闭环生活也因可爱的志愿者们而充满了乐趣。志愿者们搭建了读书角，组建了健身群、桌游群。我和北大的志愿者们一起唱歌和跳舞，登上了学校团委特地为冬奥会志愿者准备的“云上春晚”舞台。

我们一起在 B2 活动室的沙发上讨论晚会唱什么歌，利用有限的条件在几扇玻璃门前走来走去拍延时摄影，坐在酒店的楼梯上挥舞气球拍视频，为了更好的音效跑到厕所里去录音……这群“路过星空的那么多人”，努力地去摘最亮的星。多才多艺的小伙伴们唱歌、弹琴、剪视频，各司其职，很快便完成了视频制作。

我们一起学习《一起向未来》的手势舞，一起在酒店大厅、电梯和食堂里拍视频。拍摄过程中时而有路人的入镜，时而有突然上行的电梯把我们的演员带上楼……这些小插曲并没有让我们感受到重复做手势舞的烦倦，反而常常让我们爆发出欢快的大笑。

张家口机动小组·报团取暖的奔波人

为了工作需要，奥林匹克大家庭助理志愿者成立了一支以北京大学学生为主要成员的张家口机动小组，专程到张家口赛区开展服务工作。作为机动小组的成员，我们时常需要在北京、张家口和延庆之间往返，一次通勤便接近半天时间。但换乘赶路的疲惫并没有让小组的成员们有半句怨言，恰恰相反，大家打起了十二分的精神迎接服务工作。

陌生地区更为复杂的交通、人员、防疫情况，给每一位张家口机动小组的成员都带来了不小的压力。到达张家口后，我们抱团取暖，互相安慰鼓励、加油打气。在工作中，大家为彼此提供通行经验和指南：姜琦做“交通流线”视频帮大家找路，骥一分享信息汇总，子彦和我也与大家交流客户通行权限问题的解决方式。遇到困难，我们总能解答彼此的问题，互相帮忙共渡难关。

石丽颖（右一）和搭档杨子彦在延庆冬奥村

石丽颖在“鸟巢”现场观看开幕式

工作之余，大家组织的休闲活动也让我们得到了极大的放松。我们一起玩“猜词游戏”，玩“谁是卧底”，一起堆雪人，一起吃番茄味薯片、嗦牛肉鲜米粉、喝椰岛饮料……在冰天雪地的崇礼赶路，一想到有17小组小伙伴们的陪伴，就总觉得有了温暖的依靠。

志愿者们·汇聚的一片片雪花

由于奥林匹克大家庭助理志愿者特殊的工作性质，我在各个场馆穿梭的过程中接触到了许多其他岗位的志愿者。他们以无比的热情与善意，让闭环里的每一个角落都充满了激情与活力。

在张家口颁奖广场，前来接引的礼宾志愿者冒着夜晚的寒风，提前在大门口等待我们。颁奖台下的志愿者挥舞着小旗子活跃气氛，看我两手空空，于是给了我好几面“冰墩墩”加油旗。我将几面旗子分给客户们，客户们也挥舞着小旗子为获奖的法国运动员喝彩。延庆冬（残）奥村的法国奥委会服务志愿者，一大清早就为了客户车辆的通行权限卡忙前忙后。主媒体中心前的两位交通志愿者，我们在数次转乘中频频遇见，彼此致以问候和关心，交换各自的徽章……

还有太多热心又负责的志愿者，在无数个可能遇到困难的节点，用专业的素质、认真负责的态度和慷慨的善良，帮助我们化解危机。初到陌生的张家口和延庆，只要看到这抹天霁蓝的身影，我总能感到安心。他们中很多人的名字我并不知晓，但每每回想起他们笑意盈盈的眼睛，我总能感受到一丝暖意注入心间。无数的志愿者就像一片片雪花，汇聚到闭环之中，为着冬奥会顺利举行这个共同的目标，谱写出一曲志愿者的无私奉献之歌。

闭环里的工作人员·闪耀在岗位上的万千繁星

除了志愿者外，还有很多敬业的人们，在冬奥会的岗位上熠熠生辉，并以温情的光芒照亮着我们。开幕式那天，连轴转 30 个小时没有睡觉的冬奥组委老师忙着安排嘉宾接送的事宜，也不忘让担任车长的同学进到“鸟巢”里感受开幕式现场。闭幕式那天，由于去给巴赫先生等国际奥委会成员做安检翻译，我拿到了入场票却没能赶上去往闭幕式的班车，冬奥组委的杨丽老师在百忙之中还送给我一个纪念徽章以安慰我。在张家口服务期间，老师们特地来崇礼和我们交流，听取并帮助我们解决在生活、服务中遇到的问题。

和我合作接送客户的司机邯师傅，有时天还没亮就要起床出车，提前到达站点接我们，却总是关心我休息得如何，让我别累着；等待客户的过程中，邯师傅在车里吃餐包，也不忘问我有没有吃好饭，让我别饿着。有时我会带些水果和面包给师傅，也让他别饿着，他总是一边说谢谢，一边说他没事儿不用担心。

国家会议中心附近的安保人员，每天要执行许多的任务，休息时应该是很累了。但当我们询问是否能与警犬合影时，他热情地把英姿飒爽又可爱淘气的警犬放出来，让我们与这只警犬学校的搜爆科优秀“学生”合影，还让我们带上一次性手套和狗狗玩球。闭幕式当晚，我和几位志愿者一起在国家会议中心楼下等待看“鸟巢”的烟花，两位安保人员带着下岗休息的警犬过来，看到我们喜欢狗狗的样子，友善地把警犬“如意”和“十日”介绍给我们，让我们抚摸它们，还让它们给我们以大大的拥抱。其实前些日子我们一直和安保人员在一个食堂吃饭，一起在国家会议中心上岗，却很少有机会交流。但当我和他们交流的时候，我感受到他们是这么认真、正直而又友好的人，他们身边执行任务的威风凛凛的大警犬原来也是这么柔软的小可爱。

在冬奥会志愿工作中，我遇到了太多美好的人们。他们认真专注，在自己的岗位上尽职尽责；他们友好热情，向身边的人们释放着善意的光芒。和他们一起为冬奥工作，让我感到何其荣幸。我们一起在冬奥会的岗位上各司其职，一起为世界献上了一届精彩的冬奥会。

聚是一团火，散是满天星，我们来自五湖四海，在北京 2022 年冬奥会中像家人一般并肩作战。如今我们圆满地完成了岗位任务，回归各自的多彩生活，在各个地方继续闪烁人生的万千星光。开幕式上万千雪花散聚复来，相信终有一日，我们也将在顶峰上再相见。

正如主题曲《雪花》唱的那样，我们这一片片在冬奥会中相聚的雪花，无论在何处，都将一样闪亮。在这离别的时刻，我愿意将世间所有美好的词汇献给他们。

一名平凡志愿者的不平凡冬奥

周娜
心理与认知科学学院 2021 级博士研究生
奥林匹克大家庭酒店 奥林匹克大家庭助理

11个月之前，在班级群里看到老师转发的冬奥会志愿者招募通知时，我并未意识到自己的生活会因此有任何改变。人生的许多十字路口，都在回望它时才后知后觉，假如当时作出的是另一项选择，人生或许就会完全不同。

奥林匹克大家庭助理储备力量，虽然彼时并不清楚这几个字的含义，但凭着对参与奥运这样历史事件的朴素向往，我还是提交了报名表。当时的我，虽然有过服务大型会议的经历，但深知岗位要求的绝非一般意义上的“优秀”，加之已经许久没有开口练习过面试需要使用的英语，因此对这次活动在某种意义上是激情使然的报名，并不抱收到回音的期望。

然而十分幸运，我竟然接到了选拔通过的邮件。在此之后，便是穿插在学习与科研生活中的培训赋能：从冬奥词汇到语料储备，从外交礼仪到危机应对，从交通流线到防疫规定，从奥运知识到赛区文化……于是关于冬奥的想象，就这样由方方面面的充电课程一点点丰满起来。

临近出征，奥林匹克大家庭助理们陆续收到岗位安排通知，有的同学已经开始着手了解自己负责的客户。我有些期待，又不免有些焦急地等待着。但直到真正出发的那天早晨，我才确定自己的归属——机动组。看到消息的那一刻，若说没有丝毫的失望，是假的。机动，意味着在整个冬奥会期间可能不会有任何工作。而如果每天都只待在驻地，怎么能算是参与了冬奥呢?

临行前，天是暗沉沉的，雪轻轻飘落，来不及落在手心便化了，织成一张绵密黏湿的网，落在我身上。合影时，我小心翼翼地捏着旗帜的一角，仿佛这就是我离奥林匹克大家庭最近的一次。那时我没能意识到的是，即便曾经对于志愿服务的想象最终无法变成鲜活的事实，也并不意味着我不能创造属于我自己的冬奥记忆。

转机发生在进入闭环的第二天，组长在群里询问是否有同学会剪纸或者画画。说实话，凭着成年以后才拿起画笔的“小打小闹”，若是换个情境，比如在燕园里，我绝不敢宣称自己会剪纸还会画画。但当时，怀着闭环里人口基数小的心理，我抬起一只脚，迈过了长久以来给自己设定的“安全线”。

我在三天后坐上了通勤的班车。说来有些惭愧，那天是我在相当长的一段时间里第一次没有卡点起床，第一次化妆，第一次一天吃三顿饭。到达场馆之后，才发现除了我之外还有一起工作的另外两个同学，一个是北大哲学系的研究生，一个是清华美院的艺术生。我们的任务是在被充当临时墙壁的夹板上作画。美术专业的小伙伴很快起好了草稿，我则和其他同学一边谈天说地，一边涂色。其间有负责的项目老师问谁会速写，我随口一应，没有想到竟会因此得到和国际奥委会主席巴赫面对面交流的机会。

志愿者与小萨马兰奇在我们绘制的壁画前合影

周娜向国际奥委会主席巴赫赠送为他现场绘制的人物速写

巴赫主席来慰问奥林匹克大家庭助理的那天，我正在场馆内待机，等待下午集合出发参加开幕式点位员的踏勘。突然接到巴赫主席马上就到的消息，我赶忙找在场的老师、同学借了纸和笔，趁着他在房间内参观的时间勾勒面孔的轮廓。

和许多人一样，在见到巴赫主席之前，我想象的他是一个严肃的长者，然而实际面对面才发现，他是那么和蔼、幽默。他热情地走入志愿者之中，与我们亲切地交流，关心我们的工作生活，并感谢每一位志愿者的付出。他特别提到，奥林匹克大家庭助理的工作对于奥运会的成功举办十分重要，而展现人们的共同点多于不同点，就是奥运会的意义。

新冠肺炎疫情阻隔了人们之间的自由交流。我想，正是在这样的背景下，北京 2022 年冬奥会的举办才显得格外有意义。它克服重重阻碍将世界各地的人们紧密联系在一起：和平，友善，充满希望。不过从另一个角度想，身处同样的物理时间与空间之中，几十亿人的命运本身就是相互交织的，我们“一起向未来”！

一片雪花的故事：从“我和你”到“我们”

任碧萱

新媒体研究院 2021 级硕士研究生

奥林匹克大家庭酒店 奥林匹克大家庭助理

2022 年的春天并不平凡。我有幸和同学们成为北京冬奥会奥林匹克大家庭助理志愿者，担任国际奥委会、国际单项体育联合会、国家和地区奥委会之高级官员们的赛时秘书——作为中国为推动构建人类命运共同体而奋斗的一名志愿者，努力与其他志愿者心手相连。

我不会忘记。我服务的奥委会委员，来自波兰的玛雅女士，前一秒还在“吐槽”俄罗斯的美学，后一秒却以我介绍的男单自由滑知识背景与赛事热点为媒，与同样喜欢花样滑冰的、来自俄罗斯的伊莲娜·伊辛巴耶娃女士共同期待羽生结弦成功挑战阿克塞尔四周跳。她们相谈甚欢、成为好友、共同参访主流媒体中心，并在参访结束时紧紧相拥，像姐妹般互相倾诉。她们相拥的那一刻，我和伊莲娜·伊辛巴耶娃女士的助理相视而笑，我们仿佛看到了俄罗斯、乌克兰、波兰之间和平的希望之光，并因自己是促成者而倍感欣喜。冬奥系列歌曲中的一句歌词是“每份爱都是从小到大”。这个冬天，一份份小爱由一片片雪花撑起，并汇聚成克服分歧的暖流。而它们的源点，在中国。

然而冬奥会志愿服务是荣耀与艰辛并存的，就像光与影的两面。光与影的边界，就是我们死守的边疆。外交无小事，有“功成不必在我”之责任感与铁心向党之热忱的我们深谙：再苦再累也要把温暖的微笑、高水准的服务呈现给外国友人。因为每一个微笑，背后都承载着国家形象向阳而生的一分一毫，承载着中国的地位与分量，承载着潜在的投资与合作的可能性……为此，我可以在延庆酒店办公间桌上趴睡、忍受嘈杂难眠的六小时之夜，而绝不接受酒店大堂经理让我穿着蓝色志愿服躺在凌晨两三点就有外国人来来往往的大堂沙发上。为此，我和其他奥林匹克大家庭助理志愿者一起，全天陪伴精力充沛的客户，力求做到行程顺畅、所到之处准备充分、努力营造良好的体验感。

北京冬奥会还承载着我们的民族伟大复兴之梦。百年前振聋发聩的“奥运三问”犹在耳边，今天在北京再度点燃的奥运圣火近在眼前。

不得不承认的是，北京 2022 年冬奥会的科技考验与经济考验比北京 2008 年奥运会更甚许多：从开山凿路造出“雪游龙”，到被世界级滑冰选手盛赞且不舍的“最好冰面”；从支撑起高山滑雪 140 千米时速的“雪山柳叶刀”，到新冠肺炎疫情背景下被巴赫主席赞叹的“安全且精彩”……举办一场几乎只有发达国家才掌握入场券的冬奥会，谈何容易。我们有幸参与实现这个奇迹。

北京大学奥林匹克大家庭助理志愿者与驻地学工老师的合影

我始终坚信的是：党的人民立场和中国梦是这个越来越充满不确定性的世界中唯一的确定性，是这个百年未有之大变局时代的最强主心骨。有信仰方有定力、方有方向、方有攻克万难的勇气与跋山涉水的决心。在这个角度上，党的精神之于我们和支撑着运动员们不断突破极限的奥林匹克精神一样，是迷雾中永不熄灭的光亮。

冬奥是人生体验：“足不出户”的行政组长

孙雨馨

国际关系学院 2019 级本科生

奥林匹克大家庭酒店 奥林匹克大家庭助理

数据表格是我的工作主业，接打电话、收发微信是我的工作常态，五洲皇冠酒店的办公区是我的工作区。我很荣幸，在一场又一场面试、培训后成为一名奥林匹克大家庭助理岗位中的行政组长，带领国家和地区奥委会 13 组的 24 位奥林匹克大家庭助理志愿者共同为客户提供交通、赛事、日程安排等一系列服务保障。

我的母亲是北京 2008 年夏季奥运会的志愿者，看着妈妈服务于 2008 年北京奥运会的交通领域，我便萌生了成为一名奥运会志愿者的梦想。我一直以来很喜欢中国花样滑冰双人滑运动员隋文静和韩聪，在经历了平昌的遗憾后，我特别希望能在北京的家门口，看到他们弥补遗憾，实现梦想。此外，从院系社会实践与志愿者工作部的学工，再到大大小小的志愿服务，我始终热衷志愿服务，冬奥会志愿者也成为我志愿服务工作的最高目标。在提交报名后，通过一轮轮面试、语言成绩审核，我成功进入现在的岗位。

跨越“双奥”的母女合影（左为孙雨馨）

奥林匹克大家庭助理的岗位性质要求我们在全面掌握各类赛事日程、三个赛区场馆运行状况、交通通勤状况等基础知识之外，还对我们的语言水平、政治素养、沟通交流能力提出了更高的要求。担任组长职位后，更考验我的应急事务处理能力。在上岗前，我们比其他岗位志愿者更早展开工作流程培训、场馆踏勘、数据表格培训及多轮语言课程，充分锻炼我们的技能。

闭环生活、直面新冠肺炎疫情是对我们志愿者的第一个挑战。老师们和大家说得最多的一句话是保护好自己，保护好每一个人，我们要做到零感染。在闭环里的每一天我们需要佩戴 N95 口罩，又闷又勒。大约上岗一周左右，我的耳朵就因为长时间佩戴口罩而被压伤。但在冬奥志愿工作的最前线，面对疫情高风险级别的客户，我们必须努力遵守防疫的每一条细则，定时更换口罩、不随意摘戴、及时消毒，才能身体力行地保护好自己和组员，确保志愿者们的健康和工作的正常运转。

1 月 23 日进入闭环，1 月 24 日即刻上岗，而后是对客户漫长的等待。随着国际奥委会的委员客户们到来，其他组别的奥林匹克大家庭助理志愿者陆续上岗。作为组长，我一方面叮嘱着组员工作中的各种细节，一方面安慰着组员无法上岗的急迫、焦急的心情。而冬奥会的开幕，客户数量也到达高峰。我们每天从早晨八点坚守到深夜十一点才从工作区离开，回到驻地后仍然要通过电话、微信帮助奥林匹克大家庭助理志愿者处理第二天行程的交通细节，填写各类表格，轮班休息的时候也需要时刻保持电话畅通，利用工作经验帮助组员解决问题。有时还在睡梦中，一个电话打来就得清醒过来帮助大家解决问题。

除此之外，闭环将我们和外界隔离开来，驻地与工作地点两点一线、专车接送，我的岗位要求不能像其他与客户对接的奥林匹克大家庭助理志愿者一样前往各个赛区、场馆。我们时常调侃，自己的注册卡拥有全冬奥会最高通行权限，却被"禁锢"在了小小的办公区。我们是把自己隐藏起来的群体，但因为有我们，才能帮助每名奥林匹克大家庭助理志愿者更好地开展工作。

冬奥就是一种人生体验。的确没错，闭环生活、行政组长的工作亲临闭幕式现场，以及不同高校的志愿者们的认识交往，从工作伙伴变成无话不谈的好友，无一不是人生最宝贵的经验。行政工作不像外勤任务那样能去到各个场馆，见到各种各样的客户，去体验交换"pin"的乐趣，去感受三个赛区不同的风光。行政工作让人每天埋头与交通系统打交道，接打了千百个电话，跑了千百次经理老师的办公室。从最开始对于新冠肺炎疫情的巨大恐慌，到认真学习了防疫的种种方法并严格落实，保护自己也努力保护组员；从最开始的焦头烂额、没有条理，到在组员和另一位组长的共同努力下形成了 13 组最棒的互助，让"足不出户"的组长能迅速从大家的经验中学习，来帮助更多的组员解决问题。

接到这个岗位的时候，我给自己定下的目标是：希望我的组员都能感受到奥林匹克大家庭助理志愿者的工作乐趣，也希望每个组员都平平安安，顺利出闭环。为着这个目标，我努力在激活率仅有50%的组内调整排班，求助其他组的组长还有老师们协调工作，保证组员们能够充分体验志愿者的工作。因为我始终秉信，只有组员工作得有意义，我作为组长才实现了自己的工作价值。

有因为交通问题无法尽快解决难题时的无措，有因为岗位“僧多粥少”又希望能尽力帮助组员减轻失落时的焦虑，还有每一天守在OF2的办公区里，时刻为临时的通知和求助而准备着的忙碌。

虽然工作压力比较大，充满了忙碌、混乱、不确定性等各种复杂因素，充满了疫情的风险，也充满了心理上的压力，但我仍然感觉到作为一名光荣的志愿者参与到这场盛会中的荣誉感。当看到开幕式上我们组所对接客户的代表团一一走过、看到熟悉的客户身影、听到巴赫主席那一句“感谢所有志愿者”，当在闭幕式场馆外看到烟火绚烂绽放，我始终觉得，这一切工作是有意义的。每个人有每个人的岗位，每个人都在岗位上做到能做的最好。笑过、哭过、努力过，也许不会被很多人关注，也许不活跃在镜头前，但收获了来自室友、组员和家人最坚实的支持，我做到了对得起自己的每一分付出和努力，给我的冬奥之旅画上了一个圆满的句号！

20 岁的远行——我的冬奥小记

张芷涵

中国语言文学系 2019 级本科生

奥林匹克大家庭酒店 奥林匹克大家庭助理

18 岁时，我正好读了余华的短篇小说《十八岁出门远行》。主人公走在公路上，问人哪有旅店，对方说："你走过去看吧。"于是"走过去看看"成为我的人生格言。我认为走过去，参与了，意义就产生了。

20 岁的我就这样走进了冬奥会，冬奥会也走进了我的心。

我的岗位是奥林匹克大家庭助理的行政岗。奥林匹克大家庭助理有陪同岗和行政岗两类，但是培训时主要学习的是陪同岗的职责和任务。所以最开始得知我是行政岗时，我有些惊讶。

但转念一想，自己本细心且好静，行政岗位很适合我。这两类工作一个我更擅长，一个更有趣味和挑战性，但都是冬奥会中不可或缺的。

我工作的地点在国家会议中心，主要工作一是防疫，二是日报。在新冠肺炎疫情形势依然严峻的情况下，冬奥会志愿者和工作人员每天都要进行核酸检测。我需要通知各高校的驻地老师提醒志愿者们做核酸，并汇总志愿者们做核酸的情况，协助分发防疫物资。另外，还要总结上报次日行程及当日奥林匹克大家庭助理项目组的运行情况，包括出外勤和内勤的奥林匹克大家庭助理志愿者人数、新激活的志愿者和车辆的数量、待解决的问题等。

除了防疫和日报的工作外，行政组还有负责颁奖仪式对接、志愿者餐饮通勤、宣传等工作的同学。由于工作的特殊性，我们的外号叫"大表姐"。文件夹里排得整整齐齐的是奥林匹克大家庭助理每日运行表、次日行程表、客户评价反馈、大家庭服务组日报、礼宾接待表、通勤交通表、考勤表……我们每天不是催表、填表，就是在催表、填表的路上。不过，正是汇总的一个个表格，帮助了项目组及时总结和优化一线奥林匹克大家庭助理志愿者的工作流程。

行政组只有一次出外勤的机会，就是在冬奥会开幕式当天担任车长，带着一车的客户前往"鸟巢"观看开幕式，并在开幕式结束后引领他们回到酒店。志愿者们在"鸟巢"入口处排成两列，夹道欢迎观众。

作为车长，我不能欣赏完整的演出，需要提前 40 分钟到停车场等待客户。回程中，我提醒乘客注意带好随身物品和注意脚下安全，和每一位客户道晚安。其中有位客户还送给我一枚奥林匹克团结基金会的徽章，我将会永远珍藏。

身为拥有进入所有场馆权限的一类志愿者，我们却只能在国家会议中心待着。不过，这也意味着我们不会错过国家会议中心的精彩活动，比如国际奥委会主席巴赫先生的来访，小萨马兰奇先生在情人节那天的惊喜到来；又比如“奥林匹克大家庭助理文体公司”每日下午的做操活动、元宵节的游戏争霸赛等。

记得在国家会议中心某个安检点一直有位慈祥的大爷，他看见任何人总是会笑眯眯地一挥大手，说句“Hello!”。受他影响，我也总爱和见到的人问好，和大家的每一次问好都让我心里充满力量。无论是项目组的工作老师、外方工作人员、安保人员，还是保洁阿姨、食堂大叔，都是国家会议中心的大后方，更是项目组、冬奥会的大后方。

行政岗和项目组老师打交道很多。我直接对接的老师是奥林匹克大家庭助理项目组经理李娟娟，我们都叫她“娟娟老师”。她有着一头栗色的短发，圆圆的脸让人感到很亲切。她总是甜甜地叫我“芷涵”，夸我每次的任务都能做得很有条理。有天娟娟老师找我帮她录个视频，因为她的儿子和同学为她做了一个暖心小视频，于是娟娟老师也想录个视频发给孩子们。她看着摄像头，眉眼含笑，将自己目前的工作情况和北京冬奥会的运行情况娓娓道来，最后以要做好自己的本职工作结尾：“妈妈好好工作，你们好好学习。”这句话我的妈妈也常告诉我，一时间我的眼眶也湿润了。

北京2022年冬奥会行政组防疫日报小队的合影

“从某种程度上来讲，你们是离项目运行最近，但也是离所谓的奥林匹克大家庭助理‘最远’的人。但是，436 个人的团队是无法在面对着如此多内外部挑战的情况下靠 9 个人运行下去的，你们的存在和付出撑起了半边天！”奥林匹克大家庭助理项目组经理杨丽老师这样对我们说。

行政工作也是保障奥林匹克大家庭助理项目顺利运行的一大重要工作，如果说奥林匹克大家庭助理陪同岗的任务主要是陪同客户的话，那么奥林匹克大家庭助理行政岗的任务就是让他们得以更好地陪同客户。组内有同学感叹：“这次志愿参加了好像又没参加，但别人的故事的确带给了我真切的感动。”我们可能没有精彩的故事，但我们有所有奥林匹克大家庭助理的故事。Excel 为纸，鼠标为笔，凝练为修辞，专注为情感，我们将大家的故事汇总起来，再向上层层传递。

工作结束那天，我又翻开了《十八岁出门远行》，文中谈道：“公路高低起伏，那高处总在诱惑我，诱惑我没命奔上去看旅店，可每次都只看到另一个高处，中间是一个叫人沮丧的弧度。尽管这样我还是一次一次地往高处奔，次次都是没命地奔。眼下我又往高处奔去。”

如今我 20 岁，开启了人生的第三个十年。我想不管是多少岁，都应该接受高处的“诱惑”，走过去看看。

现场见证三枚金牌诞生的一名幸运奥林匹克大家庭助理

金艺玲
法学院 2019 级本科生
奥林匹克大家庭酒店 奥林匹克大家庭助理

1 月 31 日是我第一天坐巴士离开驻地，距离 23 日进入闭环已经过了一周。我看了一路窗外的风景，惊奇地发现原来“鸟巢”“冰立方”就在国家会议中心旁边，主媒体中心更是步行就能走到。下车后，一脸兴奋的我跟着前面的同学过安检，进 C1 门，坐扶梯，进到了 309A 会议室，也就是奥林匹克大家庭助理志愿者的办公区。

这是我第一天上岗，严格意义上说，是来参加下午的新年联欢活动。为了了解一下未来的工作环境，上午我和同组的伙伴一起熟悉了国家会议中心。我们穿过弯弯绕绕的长廊，去到了奥林匹克大家庭酒店。走进奥林匹克大家庭酒店仿佛打开了新世界的大门，站在楼梯口，下面的景象尽入眼帘，一切都很井然有序，连空气都弥漫着一股清香的味道。

经过了国家会议中心美好的上岗体验后，我焦急地等待着客户的消息。只有被客户“激活”，我才能作为一名奥林匹克大家庭助理志愿者上岗，为客户提供服务。2 月 5 日上午我自愿去安保处值班，想着即便我最终没有被客户激活，无法作为一名奥林匹克大家庭助理志愿者为客户提供服务，我也要为冬奥奉献出自己的一份力量。没想到，这让我意外获得了做张虹委员副奥林匹克大家庭助理志愿者的机会。当天晚上，我又收到了被客户“激活”的消息，真是双喜临门的一天！

2 月 7 日，我陪同张虹委员来到短道速滑的比赛场馆。当天晚上的短道速滑男子 1000 米比赛一波三折，基本每组比赛都有判罚，不到最后审核结束，谁都无法肯定成绩是否有效。最后的 A 组决赛，中国队的三名选手成功入围。到了第五圈，武大靖已经滑出了领先优势，当我以为比赛结果基本没有悬念的时候，没想到裁判因为冰面原因召回了比赛。武大靖因为体力不支，没了第一次比赛时的优势，最后由匈牙利的选手率先冲线。当我为这个结果而有些惋惜的时候，现场又宣布，经审核，由于匈牙利选手犯规，中国队的任子威获得了冠军。幸运的我在第一天上岗就见证了中国第二枚金牌的诞生，看着任子威身披国旗向观众示意，我内心的民族自豪感油然而生！

2 月 8 日我陪同客户前往首钢滑雪大跳台，有幸见证了谷爱凌最后创纪录的一跳。她漂亮的空中动作与完美的腾空高度，让我一阵感叹。听场馆志愿者说，在谷爱凌完成最后一跳前，跟自己的妈妈说为了这次奥运会，要尝试一个自己从来没有做过的动作。我对她敢于尝试、挑战自我的精神充满敬佩，也为自己能在现场见证中国队又一枚金牌的诞生而感到无比幸运。

2 月 10 日，我终于见到了自己的客户国际奥委会委员施米特·帕尔先生。怀着忐忑激动的心情，我在电梯口等到了客户。刚想把提前准备好的话说出口，没想到客户热情地和我碰拳打招呼。到了换岗的前一天晚上，客户问我："Can I see you again?I think your English is good."（我还能再见到你吗？我认为你的英语很好）。身体涌过一股被认可的暖流，我既开心又感动地回复到："Yes!See you in three days."（好的！我三天后再来为您服务）。

2 月 12 日是我服务冬奥以来最难忘的一天。我在速滑馆亲眼见证了高亭宇破奥运纪录夺冠。高亭宇是速度滑冰男子 500 米项目第一个出场的中国运动员。当看到他的身影出现在赛场时，我兴奋地拿起手机记录了下来。速度滑冰一共有两条赛道，一圈外道，一圈内道。前几组先在内道滑行的选手看似第一圈会和外道的选手拉开很大的距离，但是在第二圈很容易就会被追平，甚至反超。但是，原本在内道滑行的高亭宇却在第二圈将领先的距离越拉越大，最终冲刺过线。等到最后一组比完，高亭宇举起国旗看向观众席的时候，我向他竖起大拇指来表达内心的激动与祝福。更令我开心的是，张虹委员得到了颁奖的机会，所以，我又有幸去颁奖广场见证这个荣耀时刻！场内所有中国人都洋溢着喜悦之情。我参与了中国选手从比赛夺冠到颁奖的全过程，这也是我见证的第三枚中国金牌！

金艺玲（左）和张虹委员的合影

金艺玲送客户施米特·帕尔北京大学贺卡

2 月 15—17 日到了陪同施米特·帕尔先生出外勤的日子，我和另一名志愿者一同在为客户准备的贺卡上写了祝福语，送给客户作为礼物，并拍照留念。三天的时光转瞬即逝，临别之际老爷爷送了我匈牙利限量版徽章，并嘱咐我："Don't change it,Keep it!"（千万不要把这枚徽章换出去，要好好保存）。

天下没有不散的宴席，2 月 22 日送机的日子逐渐临近。我到达奥林匹克大家庭酒店，依依不舍地看着那熟悉的电梯口和一直都准时下来的老爷爷。

凌晨的车道格外空旷，时间过得既慢又快，终于到了 T3 航站楼的门口。在临别之际，我一时语塞，复杂的不舍不知该如何表达，最终憋出了一句："I'm proud to meet you and be your OFA."（能认识您并成为您的 OFA 是我的荣幸）。老爷爷说："We must contact by email."（我们一定要用邮件保持联系）。他坚定地拉了拉我的手，用吻手礼作为最后的告别。"每一次告别都要用心一点，因为你不知道这会不会是最后一次"，所以我每次都会等到老爷爷的身影消失在我的视线后再离开，也正是如此，老爷爷每次告别后再转身的时候，都能看到我笑着对他挥手。我想，到这里，我的志愿服务圆满地画上了句号。

感谢冬奥，感谢奥林匹克大家庭助理构成的集体，让我交到了很多朋友，明白了即使戴上口罩，温暖和笑意依然能从微笑的眼睛中流露出来。这是一次特别的人生经历，是值得我珍藏一生的美好回忆。

最美的相遇

杨宇熙
中国语言文学系 2020 级本科生
奥林匹克大家庭酒店 奥林匹克大家庭助理

冬奥会闭幕后的第二天，我在首都机场送别客户。再次确认行李无误，与客户击掌道别，我目送客户在机场工作人员的带领下走进航站楼，身影逐渐消失在我的视野之中。清冷的晚风翻飞起纷繁的意绪，绵长的牵挂与不舍在夜色中迢迢延展。

深夜的首都机场繁忙而从容，冬奥会结束后的几天中它将见证无数离别——生命与生命间的离别，又或是，生命别过一段光阴，向未来迈步前去。

我想这大约算得上世间最动人的相遇与离别，每一个人，来自天涯海角，有着彼此迥异的生活与经历，却因为一场共同的盛会，原本或许永远没有机会相交的生活轨迹如此紧密地交织错综，划出唯美的弧度。这段凝结着爱与温暖的时光化作绚烂笺注深深嵌入所有人的生命中，每当记忆拂去尘埃，给予其温柔抚触时，所有的爱与光亮重又开花结果。

而我们每个人，都在一定程度上以某种身份，置身于这场盛大的相遇之中——既是冬奥庞大运转系统中的细微一环，坚守着明确的使命与任务；而同时，每一个人又是鲜活而生动的，充满着爱与温暖、欢笑与泪水的生命个体。正是后者的存在，使得这场盛会不仅是一个井然有序运转的巨大机器，还是善意与友爱、关怀与温暖汇聚而成的万里星河。

就如我与客户的相遇，最初，我将我们之间的相遇精准审慎地框定于服务者与被服务者的狭小视阈之中，我目之所及，似乎只是条条分列的详细日程，只是怎样在准确的时间点将客户送达目的地，只是如何分毫不差地履行我的职责。

而此后的点点滴滴，都逐渐在我心中精确却僵硬的条条框框中注入鲜活的关怀与温情：我在服务过程中不慎摔伤后客户每天的关切询问；或是错过饭点时客户从奥林匹克大家庭休息室带给我的饼干、水果；又或是客户在收到我赠予的博雅塔纸雕后笑意盈盈的祝福。我渐渐意识到，这更应该是一场生命与生命间的相遇，是友善与爱的相遇，而绝不仅仅是一串串行程的无尽罗列。

当生命开始真诚面对生命本身，所有的隔膜与疏离倏然消弭，横亘于生命之间的冰冷屏障涣然消融，仿佛春风轻拂，所有沉睡的生动与明媚悄然复苏。

杨宇熙（左一）与客户国际奥委会委员谢尔盖·布勃卡先生合影

临别前杨宇熙写给客户的明信片

送客户去机场的路上，我将凝结了留恋与不舍的明信片和自编的中国结赠予客户，客户借着昏暗的灯光读完了信，告诉我他觉得这封信是如此真诚与动人，他很开心，能够遇见我们。

而每一个志愿者与庞大集体的相遇，也同样动人而唯美。我们每一个人，置身于坚强有力的人群之中，集体的强大力量汇聚成暖流倾注指间，在集体团结协作之中有序运转的复杂系统为我们指引大致的方向，而个体的声音，从未被湮没，群体的力量也不会抹杀个体的智慧与能动性，个体生命得以在集体与规则绘就的偌大轮廓之中，描摹填充富于独特个性的绚烂色彩，尽己所能发光发热。

集体之中的每一个生命个体，或许素昧平生，不问名姓，但共同奔赴的目标已经足以让我们携手相拥。笑意虽隐藏在口罩之下，澄澈的双眸足以表露彼此的关怀与温暖。或是出外勤深夜晚归时组长的一句“我等你平安回到酒店再下班”；或是迷失方向时志愿者们不厌其烦、细致入微地指示引领，又或是交接任务时笃定有力的“交给我吧，你放心”……每一个坚守岗位的身影，都像是寂寂暗夜中擎起的光亮，虽然渺小，却充满力量。而与这些光亮的每一次相遇，都让我感到无比温暖与安心。当光与光相遇，无数个筑梦蓝的身影，融汇成一片澄澈天宇，与莹莹冰雪辉映，灼然耀眼。

十多天的时光倏然即逝，但我确信，这无数以爱与温暖描摹而成的相遇，会凝成我的青春中最绚烂的注脚。

和妈妈一起服务冬奥

邓逸雯
心理与认知科学学院 2018 级本科生
奥林匹克大家庭酒店 奥林匹克大家庭助理

我是北京大学“冰新一代”志愿者邓逸雯，在北京冬奥会期间，我和我的妈妈都参与了冬奥服务工作：我成为一名奥林匹克大家庭助理志愿者，我的妈妈则作为北京大学第三医院（北医三院）的心内科主治医师，担任延庆冬（残）奥村医疗诊所的副医疗官。

去年 10 月，我兴奋地得知自己将成为一名奥林匹克大家庭助理志愿者。从那时开始，我和其他的志愿者陆续在多次培训课上学习了志愿者工作手册，不断提高自身的语言表达水平和外交礼仪素养，还通过实地踏勘熟悉了各个场馆的指引流线。妈妈参与的冬奥准备工作则开始得比我们更早、任务更繁杂。2018 年，妈妈欣然接受了冬（残）奥村副医疗官的任命，负责延庆冬（残）奥村诊所的运营和管理。在那之后，冬奥服务的话题就开始出现在我们家的谈话之中。

当时延庆冬（残）奥村正在建设阶段，妈妈利用她作为医生的专业知识和经验，多次参与了冬（残）奥村医疗诊所的设计，如水管怎么走、呼吸科诊室之间患者就医流线怎么安排、房间长宽高怎样符合安装 CT 和核磁仪器的标准等多项细节，和设计者进行了深入的研讨。在工作之外的时间，她还常常需要去首钢参加组织工作会议，不止一次到延庆的施工现场进行实地考察。

今年 1 月，我和同学们在为冬奥服务做最后的准备，复习巩固工作知识，收拾进入闭环生活的物资。那时，妈妈和她的同事们已经开始了闭环内的生活。从去年 11 月开始，妈妈就把工作和生活的重心转移到延庆。作为副医疗官，她需要监督协调冬（残）奥村诊所的准备事务，包括把桌椅等办公用品，以及方舱 CT、核磁、机器试剂和药品等安放到位，设置好工作站的局域网，使诊所可以达到正规的三级医院的运行水平。那段时间里，为了通勤方便，她常常周一上午开车去延庆，周五晚上才回来，其间就住在办公室内的行军床上。尽管工作十分繁重，但在和我聊天时，妈妈总是乐观而积极，告诉我很多工作中的趣事。

很快，北京 2022 年冬奥会开幕了，我和妈妈在各自的岗位上忙碌着。我作为奥林匹克大家庭助理志愿者，任务是陪同多国国家奥委会的主席或秘书长，并为他们安排行程，预约交通工具和场馆座席，在必要的时候为他们做翻译。这份工作具有一定的挑战性，需要我们随时准备应对紧急情况。有几次解决问题的经历让我印象深刻：比如在“雪如意”场馆外，我通过和交通志愿者、司机师傅的反复协调，使客户可以在更近的地方上车，避免了在寒冷的夜里步行将近一公里距离去停车场；比如冬奥会最后一天，闭幕式要求观众在中午十二点前测完核酸，当我在十一点半确认这一点时，我和客户已经坐车离开了常规测核酸的酒店，最终我在奥林匹克俱乐部顺利地解决了核酸问题。

此外，我还收获了很多宝贵的情谊。我的客户是波兰奥委会主席，他是一位非常慈祥和蔼的老爷爷，十分理解和体谅我们的工作。在离别时，我们交换了礼物，并且真诚地邀请对方来彼此的国家做客。我还认识了很多可爱的志愿者朋友：总在各个场馆偶遇、一同等待客户的其他奥林匹克大家庭助理志原者；在场馆帮我们准备工作餐的场馆礼宾志愿者们；在我等客户时“收留”了我一个下午的清河高铁站志愿者。这其中有些人也许只见过一面，有些人也许只在微信上交流过。在闭环内，由于共同的生活和工作环境，所有志愿者总能非常快地熟络起来。当工作路线短暂地相交时，素不相识的志愿者们热切地交谈，在几分钟内就成为非常好的朋友，之后我们匆匆地告别，继续各自的工作，在远去的车上恋恋不舍地挥手，盼望着有机会再见。这些冬奥服务的瞬间，都让我永远难忘。

空闲时，我常和妈妈电话交流彼此的工作和生活。副医疗官的工作十分繁忙，妈妈需要负责排班、管理医疗物资、监督医疗质量、检查每一份病例以确保无误。因为要负责应对冬（残）奥村出现阳性病例的情况，她常常需要通宵值班，只能白天抽空睡觉休息。但在电话里，她从来没向我抱怨过，只是把这看成是对自己工作能力的一次锻炼和挑战，这令我在担心之余心生敬意。有一次，一名清洁员在停车场晕倒了，妈妈和其他医疗人员急忙赶过去，妈妈凭借她日常健身养成的体质，矫健地翻过了一道一米多高的矮墙，第一个到达了现场，稳定了患者的情况。听闻这件事后，我格外为妈妈感到骄傲，一方面因为她在处理一件不属于她的职责范围内的紧急事件时表现出的镇定与冷静，充分展现了北医三院资深医师的职业素养，另一方面因为妈妈虽然年过半百，但因为健康的生活作息和规律的运动，甚至比年轻人的反应更快，冲在所有人前面。

现在，我的冬奥志愿服务已经结束，妈妈还在闭环内为冬残奥会继续发光发热。这个冬天和妈妈一起参加冬奥服务的经历注定将成为我青春记忆里的美好一笔，给予我更多成长的力量。我衷心祝愿妈妈，以及其他奋战在一线的志愿者和医护工作人员，顺利完成冬残奥的所有工作。我期待着闭环外全家团聚的那一天。

邓逸雯在高山滑雪赛场做陪同工作

波兰客户和奥林匹克大家庭助理志愿者的合影（第二排右一）

来自全世界的善意

陆凝

心理与认知科学学院 2018 级本科生

奥林匹克大家庭酒店 奥林匹克大家庭助理

当我接到冬奥会志愿者录取邮件的那一刻，我就期待着服务冬奥会这个世界级的国际赛事。几个月来，我一直在想象着我工作时候的场景，我一直设想自己是“冲在前线的战士”，甚至就在正式上岗前，我在驻地酒店中仍然惴惴不安，焦虑地刷着“前线”返回来的任何信息。我真的没想到，我能够在其中感受到来自全世界的善意。

我的客户

作为奥林匹克大家庭助理志愿者，我的主要工作是陪同客户、满足客户的出行需求。而我们的客户，都是国际奥委会中的主席或高官。对我而言，也是第一次长时间、近距离地接触这些举足轻重的人物，我生怕有什么地方没有做好，在正式与客户接触之前，一直处于非常紧张焦虑的状态。

故事就从我的客户说起吧。我的客户是国际奥委会的首席运营官，也是奥林匹克广播服务公司的首席运营官。我们第一次的接触是在开幕式的那天下午。我在酒店大堂和她的助理一起等她。在此之前，我一直在想象她长什么样子，会不会很难对付，因为在网络上并不能找到任何有关她的信息。但当我第一次见到她时，她温暖的笑容一下子把我这些紧张的情绪溶解了。

“We must be friends!”，这是我们第一次见面她就对我说的。“This is my OFA. He is like my mom, cares about my food, drink, and places I go...”（这是我的奥林匹克大家庭助理。他就像我妈妈，关心我的食物、饮料和我去的地方）。这是她每次向她的朋友介绍我时说的。

她会记得我所说的每一句话。有一次我跟她聊天的时候说到为什么我会来冬奥会做志愿者，我说有一个小私心，就是能见到巴赫主席。她当时并没有继续下去这个话题，但某一天，她在出发前告诉我：“This is your lucky day! I will have lunch with the president, so you will meet him!”（今天是你的幸运日！我要和主席一起吃午饭，所以你要见见他）。她虽然工作非常忙，但也在关怀着我。第一次去首都体育馆观看比赛是开幕式后的第一场短道速滑比赛，我们进入场馆来到看台门口，她挥手示意让我上去跟她一起看。她并不知道冬奥组委的规定是 OFA 并不能陪同客户一起看比赛，在我示意她我并不能上去后，她非常焦急。在从场馆出来后，她出来对我说的第一句话是："You're the only reason I came here. If I knew you couldn't watch,I wouldn't come."（你是我来这里的唯一原因。如果我知道你不能看，我就不会来了）。她尽力让我体验到她力所能及的事物，让我在冬奥会期间不留遗憾。她希望我能够亲自感受到奥林匹克运动的美好，也希望我能够在服务期间体验到不止于服务的善意。她是我的客户，更是我的朋友。

陆凝（左）与客户在主媒体中心的奥林匹克广播服务公司办公室的合影

陆凝（第二排左二）与小伙伴和驻地老师在酒店的合影

一枚特殊的徽章

奥运会有一项传统，就是互换徽章表示友好。我的工作也让我接触到了很多互换徽章的机会，因此我也是"满载而归"，但是其中有一枚徽章非常特殊，它的故事也让我到现在仍旧感慨万分。那天下午，我将客户送回酒店，正准备从酒店大堂回到工作地时，发现不远处有点状况。我走近看了看，发现是一个外国人非常焦虑地摆弄着他的手表。于是我友好地上前询问我能不能帮到他，他告诉我是他的手表不走了，但不知道哪里能修。恰好，我知道在附近的一个场馆有表店，于是我告知了他这一信息并安抚了他的情绪。他作为感谢赠送了我一枚徽章。

这个故事听起来很平常，但为什么我说它特殊呢？因为这枚徽章是俄罗斯奥委会代表队的吉祥物——"不倒熊"，而送给我这枚徽章的人来自乌克兰。我问他从哪里得到的这枚徽章，他告诉我是和俄罗斯的运动员交换的。就在我们结束服务没几天，俄罗斯和乌克兰的局势急转直下。但这枚徽章，仍旧保留着他们对彼此的善意。

最幸运的一天

在冬奥服务期间，我也认识了一群小伙伴。其中最要好的要数我的“哥哥”韩沛恩和“姐姐”屈文鑫。我们是在大年初一表演节目的时候认识的，但一见如故，整个服务期间我们都在一起度过。而这个故事，就与他们有关。

我的生日是2月20日，恰巧是冬奥会闭幕式的日子，而那一天，是我在冬奥服务期间最幸运的一天。

在2月19日，也就是我生日的前一天，我忙得不可开交。那天正好轮到我们学校去冬奥特许商店采购，而我也在其中帮忙完成这个艰巨的任务。从记录商品，到征集需求，再到采购和发放，我和小伙伴们从下午一点开始忙到了晚上十一点多。那个时候的我已经困得睁不开眼睛了，但我想还有不到一个小时就到我的生日了，我想跟朋友们一起度过零点再回去。所以，我就一直在酒店的公共区坐着和他们聊天。这时候的我还没有意识到任何的异样。到了零点那一刻，韩沛恩坐在我的身边向我道了声“生日快乐”，随后温柔地问我：“你想不想到志愿者之家看看?”我当时累极了，就由着他带着我走进了志愿者之家。“祝你生日快乐……”生日快乐歌在漆黑一片的志愿者之家响起。突然，灯光亮起，我的小伙伴们都眼前。一声声“生日快乐”涌入我的耳朵，冲击着我的大脑。很快，我意识到发生了什么，但我仍然愣在了原地，眼泪不住地流了下来。一张张真诚的面孔，一句句真挚的祝福，全世界的善意在此刻都拥在了我的身上。

移动的图书角

在这次冬奥会上，我也贡献了我的善意。正是这份沉甸甸的善意，让我有了“移动的图书角”的美誉。

时间回到进入闭环之前，我在整理东西的时候思考应该带些什么进入闭环。我的习惯是无论去哪里，都会带上几本书。但这次的情况很特殊，我要外出接近两个月，所以我最开始的想法就是多带些书，可是在挑选的时候选择困难症就犯了，后来想不如就直接把所有书都打包带过来，这样也可以借给别的同学一起看。就这样，我带了近百本书进入了闭环。

进入驻地第二天，我的“图书角”开张了。之后有不少同学向我借过书，我也借此开办了隔离期间的读书会活动。我想，分享是世界上最深沉的善意，我也希望能把所有的美好分享给世界。

在冬奥会上发生的故事寥寥几句是说不完的，但所有的故事都表现着奥林匹克日的主题——为一个和平的世界，团结起来。这个冬天，我作为志愿者，在向世界送出我的善意的同时，也收到了来自世界的善意。爱与和平，从来都是双向奔赴。

为了更美好的世界："一起向未来"

张庭颢
国际关系学院 2019 级本科生
奥林匹克大家庭酒店 奥林匹克大家庭助理

今天是志愿服务的最后一天，也是我认真履行职责的一天。我帮助客户们在北京预定了 T3 的车辆，帮助他们在北京冬（残）奥村买到了期待已久的"冰墩墩"，实现了"人手一墩"，他们说："You're amazing!"。他们还回赠了我代表队的衬衫、帽子等纪念品。

张庭颢（左三）与斯洛文尼亚代表团秘书长、新闻官、团长在张家口冬（残）奥村的合影

每天工作看到的风景

代表团团长托马斯·巴拉达与我最为亲密。他原来是自由搏击和跆拳道运动员，在冬奥会期间非常照顾我。一次我陪同客户在张家口颁奖广场观看颁奖典礼，在这场比赛中，中国运动员徐梦桃获得了金牌，斯洛文尼亚运动员在跳台滑雪男子团体赛获得了银牌。客户原本在看到完斯洛文尼亚运动员收获奖牌后就预备离开，但当广场上响起中国国歌的那一刻，他看见我停住了脚步，于是主动表示再等等，即便他眉毛上已经结满冰晶。过了几天他跟我说："I like you very much, because you support your country."（我很喜欢你，因为你支持你的国家）。他是我接待的第一位客户，也是陪伴时间最长的一位。

我和代表团的秘书长也有很多共同的话题。因为专业的原因，我选修了俄语。当我用俄语说出一个和斯洛文尼亚语发音一模一样的词时，他们就很高兴地说："Bravo!"。我和领事说数字，我用俄语，他用斯洛文尼亚语，从一数到十，发现大家的读法都一样，我们就高兴地击掌。

我跟秘书长布拉兹·佩尔科说，我十岁的时候就知道斯洛文尼亚这个国家了，因为我看了南非世界杯，在这场比赛上斯洛文尼亚有出色的表现。他们问我老家是哪里的，我说是云南，在中国西南部。我向他们解释，我住的地方靠近泰国和越南，他们才大概明白具体的地理位置。

当然，整个冬奥会期间的服务过程也并非一帆风顺。第一天的工作磕磕绊绊，斯洛文尼亚奥委会主席波格丹·加布罗韦茨要去大跳台看比赛，但司机师傅找不到路，随行的外方人员很急，对我说："John（我的英文名），you should know!"（约翰，你应该知道的）。这让我很难堪，也很自责没有提前为今天的服务做好功课。接下来的几个小时，我都在紧张和焦虑中度过。得知第二天客户要去云顶滑雪公园，我便和司机师傅一起提前去踏勘了场地的入口。在顺利将外方人员接到休息室时，他们对我说："John, this is good!"（约翰，这太好了）。我终于如释重负。随着对工作越来越熟悉，一切也变得越来越得心应手。波格丹·加布罗韦茨主席离开北京的前一天对我说："We like John. John is our friend."（我们喜欢约翰。约翰是我们的朋友）。

离别前一天，托马斯·巴拉达跟我说："My dear friend, I'll miss you."（亲爱的朋友，我会想你的）。虽隔着口罩，但我看见了他眼里的不舍。客户每一次的评价与鼓励，都激励着我不断改进自己的工作，也给我信心，相信自己能够胜任这份工作，能够胜任未来形形色色的工作。这样的工作经历，也让我真切地体会到不同文化、不同国家的人们之间的友谊是可以那么的美好。

无论信仰如何，只要捧着一颗真诚、尊重的心来，就能带回美好的友谊。希望世界上不同国家的人们能够共同携起手来，在地球村"一起向未来"。

奥林匹克大家庭助理组长的冬奥二三事

吴怡杰
人口研究所 2020 级硕士研究生
奥林匹克大家庭酒店 奥林匹克大家庭助理

冬奥服务期已结束数日，但我仍沉浸在服务期的一种不真实感当中，像是一直在做一场梦，久久不愿醒来。从 2022 年 1 月 23 日至 2 月 23 日，整整一个月的时间，在闭环内经历了终生难忘的故事，体验了酸甜苦辣多种滋味，一切都将成为人生宝贵的财富。

初雪当天吴怡杰在国家会议中心工作的照片

吴怡杰（右一）与国际奥委会委员安妮塔·德弗朗茨女士在场馆合影

距离奥林匹克大家庭助理工作最近又最远的人

作为奥林匹克大家庭助理组长，我们被冬奥组委老师称为“距离奥林匹克大家庭助理工作最近也最远的人”。在前期的面试选拔和集体培训中，我们接受着同样标准的考核和要求，也被告知可能存在的三种不同的岗位安排。在选择岗位时，我犹豫再三，一方面想要出外勤去不同的比赛地点和外宾深入交流，另一方面又考虑到自己更擅长统筹协调工作，最终将奥林匹克大家庭助理组长作为第一志愿提交，被冬奥组委安排为国际奥委会第八组组长。

起初在分到第八组看到组员名单后，身边的朋友可能会调侃说组内都是其他兄弟高校和社会来源的志愿者，担心我会有“孤军奋战”的感觉。但实际上在真正进入奥林匹克大家庭助理的集体后，我们几乎立刻成为一个紧密合作的整体，来自不同学校、专业背景的同学们通力合作，为了共同的目标而努力。在赛时运行中，我们组内由于临时调整，部分同学面临被调离原岗位的情况，大家的服务热情和积极性也受到一些打击。在这种情况下，我和另外一位组长王晨曦积极为大家争取更多的内外勤工作机会，调整排班情况，确保每位同学都有机会出勤上岗。同时，我们也会做好沟通解释工作，安抚大家的情绪，鼓励大家积极参与内勤工作或其他活动。

组长的工作，一方面需要掌握冬奥组委最新通知、比赛最新情况、组员及客户最新动向等全面信息以统筹协调，另一方面需要每天面对着相似的表格和工作环境做大量重复但必要的工作，这都是对我的能力和心态的双重考验。客户在京期间，由于组内客户的重要性、组成复杂性和行程多变性，经常会有不可控的突发状况，需要迅速作出判断和决定，更需要充分沟通好信息以避免误解。在工作过程中，我秉持着“既来之则安之”的心态，做好志愿者工作中的一颗螺丝钉，把自己的能力与经验发挥运用到极致，保障奥林匹克大家庭助理工作的顺利运转，也体会到了无与伦比的价值感。

我与客户的二三事

虽作为组长，我没有特定服务的客户，但机缘巧合下我也有幸现场参与了国际奥委会主席巴赫先生、副主席小萨马兰奇先生与奥林匹克大家庭助理志愿者的交谈。巴赫先生讲：“感谢你们对北京2022年冬奥会成功举办的巨大贡献，你们是非常重要的一环，也是万里挑一的志愿者，是连接中国与世界的桥梁，你们应该为自己自豪，希望冬奥的志愿服务经历也能成为你们人生难忘的回忆。”而小萨马兰奇先生与冬奥组委老师在数年前因奥运缔结的友谊也让我们感动，更让我体会到“奥林匹克将世界联结”的意义。

在组内同学的客户离别之际，我也和大家以小组的名义为他们送上故宫联名的贺卡，并请同学精心创作了插图。国际奥委会副主席妮可·赫沃兹、委员安妮塔·德弗朗茨、世界反兴奋剂机构主席维托尔德·班卡、副主席杨扬等都对我们表示了感谢。在送别妮可·赫沃兹女士时，她真诚地对我们说：“你们很好地代表了自己的国家，你们是最好的志愿者，北京冬奥的志愿服务工作是令人惊讶的。”当在现场听到客户的赞扬时，我有一种努力得到回报、付出体现价值的满足感，这也是对我们工作的最大认可。我们与客户的关系已经超越了工作，缔结了珍贵的友谊。

冬奥是一个系统工程

冬奥会的成功举办，离不开各行各业劳动者的辛苦付出。事实上，在闭环内不止有冬奥会志愿者和工作人员，还有医务工作者、驻地酒店服务人员、驻地教师、保安、武警、厨师、保洁人员、司机等，我们都像一个个小小的齿轮，合力推进冬奥工作的运转。每当我在夜间结束工作乘坐班车时，总会碰到从国家会议中心刚刚结束工作的食堂大叔和阿姨，我们也经常会打招呼、唠几句家常，就像和家中长辈聊天一样，心里暖暖的。

在闭环内，除日常的工作外，还有几件特殊的小事让我难忘。过年期间，五校老师同学合力举办了春节游园会，设置不同的趣味游戏和任务，让我初次体验了剪纸的乐趣，度过了一个极其热闹温暖的新年。在开幕式前，我身体突发不适，有低烧情况出现，需要紧急进行 48 小时隔离，我的心情也有些焦虑恐慌。但在驻地、国家会议中心医生的联合诊疗和老师的耐心联络下，我有惊无险地恢复了身体健康，也顺利重返了工作岗位。此外，作为今年准毕业生的我，需要参加的一些工作面试与服务和隔离时间冲突，在学校就业部门、驻地及面试单位的共同协调努力下，实施了一套线上面试的方案，让我没有因冬奥服务而错失机会。对所有这一切，我都心存感激。

难忘的奥林匹克

如果说冬奥服务期间让我印象最为深刻的场景，那一定是开闭幕式。除组长的日常工作外，我还被冬奥组委老师选为开闭幕式的车长，参与彩排演练，在仪式当天开展服务。在开幕式彩排中，我在现场全程观看了节目，震撼于科技创造的视听效果，也感动于节目的立意。彩排过程中，雪花飘落，烟火腾空而起，我在“鸟巢”中仰望着漫天的雪花与烟火，好像身处盛大的美梦中，那一幕深深印刻在我的脑海里。由于开幕式前我突发的身体状况，在临出发时我被告知需在工作地点隔离，遗憾错过了开幕式现场的盛况。但我想，每一个在工作岗位上身披蓝衣的志愿者都和我彼此心心相印，车长任务的圆满成功就是我们共同的胜利。

闭幕式当天，我顺利完成了车长任务，在车上接待了来自不同国家的 18 位委员。他们尊重我的工作，并饶有兴趣地问我关于中国白酒的问题，谈论着在北京冬奥会的一些难忘的场景和比赛。在闭幕式现场，我看到来自不同国家的几千名运动员在“鸟巢”欢笑、拉着手绕圈跳舞，在那一瞬间我又一次体会到了奥林匹克精神的含义，是体育让世界紧紧团结在一起。在新冠肺炎疫情依旧肆虐的当下，在国际局势风起云涌的当下，世界人民需要这场盛会，“one world，one family”也成为我们共同的、珍贵的、美好的心愿。

如果说冬奥给我带来了什么，我想当前能体会到的是拓宽了我对世界、对体育、对志愿服务、对人性的认知。但我想当我日后反复回忆思考这段经历时，它一定还会带给我更深远的影响和帮助。最后，很荣幸能够成为一片“燃烧的雪花”，作为北京大学的“冰新一代”，我想我们不辱使命。

讲好中国故事，传递微火之光

臧书凝
城市与环境学院 2018 级本科生
奥林匹克大家庭 奥林匹克大家庭助理

2 月 22 日凌晨三点，我目送客户萨米拉·阿什加利（Samira Asghari）女士走进安检门，看她握着我为她准备的礼物——年画和纸雕，向我挥手道别。与客户相处的 18 天倏忽而过，读着她留下的信："The greatest part was meeting you! I see bright future in you and your life."（遇见你是最棒的经历！我相信你和你的生活中有光明的未来）。我意识到这几天虽短，却已足够在我们彼此心中留下深刻而美好的冬奥回忆。

我是臧书凝，在本次冬奥会中担任奥林匹克大家庭助理，客户是国际奥委会委员萨米拉·阿什加利女士。作为一名奥林匹克大家庭助理，我的角色是客户的陪同者，是客户身边的"对讲机"和"翻译器"。不仅如此，我还是一个"讲故事"的人——对于首次到访北京、甚至首次到访中国的外国友人，奥林匹克大家庭助理对于中国、北京冬奥的描述和介绍，串成了一个精彩而难忘的"中国故事"。

我的冬奥故事开始于 2 月 5 日，大年初五。一个电话让在酒店待命的我为之雀跃，也开始紧张。电话那边一个活泼的声音向我打招呼："Hi! This is Samira. Nice to meet you!"（你好！我是萨米拉，很高兴认识你）。这也标志着我的服务工作要正式开始了。虽然上岗前认真完成了奥林匹克大家庭助理的各项培训，也一遍遍熟悉了交通线路、聆听了上岗同学的经验分享，但口语实战经验的缺乏让我着实忐忑不安。

2 月 6 日，我第一次见到了萨米拉·阿什加利女士。更确切、更亲切地说，比我只大六岁的她应该是萨米拉小姐姐。接下来的几天中，我发现她不仅是一个爱玩且行动力极强的场馆、比赛"打卡"人，还是一个对中国充满好奇的"新事物体验大使"。而我十分荣幸地成为一名讲述者，向她介绍我熟悉而热爱的祖国。

臧书凝在北辰洲际酒店进行外勤前的准备工作

臧书凝（左一）与客户在“冰丝带”观看比赛并见证高亭宇夺冠

上岗第一天，客户主动提出注册微信号，并兴致勃勃地把“冰墩墩”“雪容融”的“sticker”（表情包）添加进自己的列表中，我把表情包上的汉语解释给她听，“挺你”的意思是“Come on!I' ll back you up.”，还有“牛”的意思是“Great and cool.”。冬奥旅途开始的第一天中，客户在车上向我学会了标准的汉语“你好”，在场馆里向我学会了“谢谢”和“再见”，从此出入“冰立方”“冰丝带”等十几个场馆的人流中，多了一位喜欢用汉语与志愿者们打招呼的外国友人，也常常得到志愿者们惊奇的夸赞。

虎年初雪的日子，我与客户一大早就出发前往张家口观看比赛，她第一次体验了中国的高铁，对高铁的速度快和没有噪声赞不绝口。接下来的几天中，我与客户前往延庆赛区参与颁奖时，体验了让她十分惊艳的缆车。途中，客户总不忘录些小视频，视频中让我介绍高铁、缆车和路过的场馆，她则对中国的基础设施发出由衷的感叹，并感谢中国为世界各国提供了设施共享的宝贵机会。

比赛闲暇时，客户在北京冬（残）奥村体验了中医理疗，从此仿佛发现了新大陆一般。在针灸推拿缓解了她的偏头痛后，她对推动气血的原理感到些许迷惑；在拿到医师赠予的刮痧板和“耳穴压丸贴”后，她也想了解这些“宝藏”背后的人体秘密。受母亲的影响，我对针灸略有了解。我尝试用英文解释针灸、刮痧及耳贴与经络的关系，让她对中医的奥秘知晓一二。客户是国际奥委会委员的同时也是一名现役运动员，繁忙的工作和高运动量带来了精神压力和身体疲劳，而针灸推拿让她的睡眠得到改善，身体不适得到缓解。她对医生高度赞扬：“Maybe one day you could come to our country. The world needs more people like you!”（或许有一天你可以来到我们国家。世界需要更多像您一样的医生）。离开中国时，她把一本介绍草药的书赠予我，再次表达了对中国医生由衷的感谢。能让外国友人体验到中医的魅力，认识到中医作为中华传统文化、世界非物质文化遗产的神奇和宝贵，向世界传达中国人的健康理念，讲好中国文化的故事，我感到格外高兴。

对于北京2022年冬奥会，客户感叹道："China has the 2022 winter Olympics and it has a huge infrastructure. The games are for Chinese people as well as other international countries. Athletes from different countries get trained together, so they exchange experience, culture and everything."（中国举办了2022年冬奥会，拥有一个庞大的基础设施体系。奥运会是为中国人民以及世界各国举办的。来自不同国家的运动员们在一起训练，也得以交流分享他们的经验和文化等）。对于中国包容开放、海纳百川的胸怀，她十分赞叹和钦佩，并认为这对于中国与世界各国在体育、文化等各领域的交流具有重要意义。

对于志愿者们，她表达了真诚的感谢，曾对我说："We go everywhere together, we enjoy together and we laugh together. We are actually best friends." "The best thing is that Beijing has the 2022 Olympics. The greatest part was meeting you!"（我们一起去各个地方，一起享受一切，一起欢笑。我们实际上是最好的朋友。最好的事情是北京举办了2022年奥运会，最棒的是遇见了你）。

作为一名奥林匹克大家庭助理志愿者，似乎自己的一天就是在接客户—在场馆等待—送客户—每日汇报中度过的，能做的也只有一些小事。但能够给客户带来更美好的冬奥体验，我感到十分荣幸和愉快，也从客户的评价中看到了自己岗位的重要性，如同主火炬上的那一团不起眼却很明亮的微火。在奥林匹克大家庭助理岗位上，我有了宝贵的机会向远道而来的外国友人们讲述中国故事，展现祖国的强盛与发展，更展现祖国的温暖和包容。

我为自己的祖国感到骄傲，透过客户对中国美食的称赞、对中医理疗的热爱、对中国高铁的赞叹，我更感受到强大的祖国正以更积极主动的姿态走向世界，中国的优秀文化、强大实力也越来越被国际友人知晓。

在冬奥中，我们都是一团微火，我十分高兴能够以奥林匹克大家庭助理志愿者的身份，带着"冰新一代"的热情与精神，讲好中国故事，传递微火之光。微火虽微，永恒绵长，生生不息。

见证每一次华丽飞跃，在“雪飞天”与世界温暖相拥

黄金成

软件与微电子学院 2020 级硕士研究生

首钢滑雪大跳台 记者工作间助理

砖色的冷却塔、锈红色的高炉、斑驳的铁轨，冬日里的京西，一座飘逸灵动的“雪飞天”环抱于其间，俯瞰着苇草丛生的群名湖。曾经的首钢工厂，如今的冬奥滑雪大跳台，已从厚重的年代感中换羽新生，在冰雪之间迎来一次次承载着拼搏与激情的飞跃。

我是在这方梦想翱翔的天地，同来自全世界的媒体记者、运动员，以及全国观众一道，渡过了一个“炽热”的冬天。

从热带到雪国，少年夙愿一朝梦圆

我出生和成长在祖国最南端的海南岛，热带的骄阳赐予了我探索大千世界的无尽热情。2008 年，千年文明古国第一次在自己的土地上拥抱了来自希腊赫拉神庙的奥林匹克圣火；《北京欢迎你》的动人乐曲声响彻街头巷尾，年幼的我心里初次升腾起了对世界大同的无尽期许。

七年后的仲夏傍晚，当国际奥委会主席巴赫将信封打开，宣布北京和张家口联合举办 2022 年冬奥会之时，激动之情再次充溢了我的胸膛。下一个七年之约，已在彼刻埋入我的心间。

兜兜转转，一路求学，我从梧桐烟雨里的上海来到胜地燕园攻读硕士研究生。似是冥冥之中的缘分注定，入学伊始便迎来了冬奥会志愿者的报名选拔，七年之约依然铭刻在心，报名时的我没有一丝一毫犹豫。本科期间在外语和新闻两个学科的历练与积淀，亦帮助着我顺利通过考核选拔，以媒体运行领域志愿者的身份成为光荣的冬奥“冰新一代”。

不忘初心，方得始终。在志愿者出征仪式的授旗环节上，我代表着首钢滑雪大跳台志愿者团队，站在邱德拔体育馆的舞台上奋力挥舞着旗帜；在寄往未来的明信片中，我书写下对自己的还愿与勉励：要让来自南方海岛的这份热力激情绽放在冰雪之上。

黄金成（右一）代表首钢滑雪大跳台志愿者团队授旗

黄金成在媒体接待台工作

从朝霞到星辰，昼夜守望历史诞生

我的岗位是场地媒体中心记者工作间助理。不同于零距离采访运动员动人风采的媒体记者，志愿者们的职责是服务新闻媒体，保障赛事报道工作平稳有序运转。在媒体运行领域同我并肩前行的还有几十名来自各个学校、不同年级，甚至不同国家、不同肤色的志愿者。

2 月 8 日，大跳台迎来了自由式滑雪女子大跳台项目的决赛日，谷爱凌将代表中国为最高荣誉而战。她身上空前的新闻话题度，必将吸引大批的媒体记者前来报道，场地媒体运行团队迎来了成立以来的第一场大考。

凌晨五点，闹钟响起，我揉着惺忪的睡眼摇醒了舍友，简单洗漱进餐、穿上厚厚的防寒服、戴好 N95 口罩和隔离面屏，我和志愿者们排着纵队，在破晓前一片漆黑的环境下，迈入各自的岗位。志愿团队例会、打印各类文稿物料、核验各项设备工作状态、温习专业知识的英文表述，准备工作紧张却又井然有序地进行着。

早晨八点，场地运营的准备工作已经收尾，媒体记者们陆续搭乘班车来到场地。出于防疫考量，采访区域容量有限，我在媒体接待台负责登记记者信息，协助发放采访区的通行证。

各国记者数量众多，一时间超出了我们的预期。我根据现场情况随机应变，以最快的速度召集身边的同事，迅速拉起伸缩隔离带，耐心地为焦急的记者们引导秩序、答疑解惑。领取通行证的记者们很快排起了有序的队伍，我和同事们用一声声含着笑意的“Have a nice day（祝你好运）!”鼓励着他们，自己的心里也充满着获得感和成就感。

早晨十一点，最终轮次的成绩单从传真机中送出，当务之急是足量复印、递送，供记者取阅参考，然后便要最快速度准备新闻发布会。瞥见成绩单榜首的那一刻，我内心的喜悦和激动难以抑制，眼角不由地湿润了。深吸一口气，我旋即再次投入紧张的工作中。

发布会现场，活泼灵动的金牌得主谷爱凌金句频频，向全世界讲述着最真切的中国故事，展现着当代青年的生动风采。几米开外，我感受着冠军的强大气场，一颗激动的心备受鼓舞。

夜里七点，最后一位记者完成了写作离开媒体中心，志愿者一天的工作方才告一段落，此时星辰早已挂满夜空。尽管不能亲手写下最扣人心弦的报道，我们的工作却确保着运动员精彩的高光时刻能够传遍世界各地，每个人都因此心怀骄傲与自豪。正如来自哥伦比亚的华裔志愿者小岑所言，我们甘愿成为最牢靠的一颗螺丝钉。

从辛酸到甘甜，赛场见证破茧成蝶

奥运赛场见证着竞技体育最残酷和令人唏嘘的一面，但也正因如此，突破和胜利的荣耀才更显其足金本色。

男子单板滑雪铜牌得主加拿大名将马克·麦克莫里斯虽然未能折桂，但这块奖牌依然是对职业生涯三度身负重伤的他最好的慰藉；初出茅庐的中国女子单板滑雪小将荣格未获奖牌，但却凭借着无畏的挑战，从赛前的世界第几十名奋勇突破至决赛第五，彰显着无限黑马潜力；首登奥运赛场的苏翊鸣更是一鸣惊人，只用前两跳便牢牢锁定了金牌。

大跳台上每一次竭尽全力的飞跃，都是属于运动员自己的破茧成蝶，也让我收获了别样的力量。在这份崇高竞技精神的鼓舞下，身为志愿者的我们，切身感受着无比的震撼与自身的成长蜕变。

这个春节，注定不一般。虽然未能陪伴在家人身边，但我可以自豪地站在冬奥会志愿者队伍中，实现了多年以来的心愿——在冰雪间绽放最饱满的热情。这个春节，我们一起身体力行响应了那句振奋人心的口号——“冰新一代，一起向未来”。我们是一片片“燃烧的雪花”，在“雪飞天”，与世界温暖相拥。

让梦想之舟在“冰之帆”启航

郭雯雯
新闻与传播学院 2018 级本科生
国家体育馆 混合区助理

我的冬奥故事发生在国家体育馆。这里是冬奥会男子冰球项目的主场馆，而我在比赛中担任混合区助理一职。混合区设在比赛场地区和更衣室之间，是运动员赛后的必经之路，运动员必须通过混合区接受记者采访后才能返回更衣室休息。这使得小小的混合区承担起了冬奥会中尤为重要的宣传任务。

我在赛时的主要工作包括在接待台审核记者的注册卡类别和通行权限、引导运动员到相应的采访区域、为采访录音并及时打断与体育无关的采访问题等。作为一名新传人，这次志愿体验让我对体育新闻报道有了最直接的了解，也让我对未来职业生活充满了期待。

混合区助理是媒体领域志愿者中对英语水平、交际能力和应变能力要求最高的岗位，因为难题和意外几乎每天都在上演。一方面，冰球赛后下场的人数在 50 人左右，他们步履匆匆，还常常佩戴头盔和口罩遮盖面容，让人很难锁定受访对象。为此，我们在比赛正式开始前对每一支冰球队阵容都做了详细的调查，熟悉了各队队长、明星球员和教练的长相与身形，保证了采访中的正确引导。另一方面，冰球是冬奥会中最为激烈的一项运动，运动员们都以“火爆”的性格著称。不光在冰球场上，场下也难免会出现摩擦和肢体碰撞。如果没有很好地引导运动员到达采访区域，可能会造成两队运动员的二次冲突。因此，我们在运动员下冰前便将记者划分为两部分，最大程度上避免运动员在采访中相互接触。失利的队伍常因输球情绪不佳而直接拒绝采访，这需要我们与新闻官配合，对运动员进行情绪疏导，从而完成赛后采访工作。从最初的手足无措到从容应对，我逐渐掌握了混合区工作的窍门，为未来的媒体工作打下了坚实的基础。

郭雯雯在采访冠军芬兰队队员的现场

郭雯雯与斯洛伐克运动员、新闻官合影（下图左二）

我在混合区接触到的人主要包括三类，分别是记者、运动员及各国随从新闻官。在一个月的相处中，我和他们逐渐成为朋友，也愈发感恩奥运会这一体育盛会。

于静是本届冬残奥会残奥冰球项目的唯一女运动员。冰球项目常常被称作“男人的比赛”，因为比赛中有很多肢体冲撞，对速度和力量提出了很高的要求。于静作为一名女队员站在场上已经可以称为奇迹。这位姐姐在球场上驰骋，而场下也是一位非常有担当、有个性的人。三八妇女节当天，中国以6∶0的大比分战胜了意大利队，于静也第一次登上了冬残奥会的赛场。在当天的采访中，当记者提及与女性有关的议题时，她也非常大方地提出了女性在冰球场上同样精彩，并激励更多女孩子来加入冰球项目。在赛后我们向于静表达了内心的敬佩，而她更是主动提出要赠送我们她的签名明信片，非常感动。中国队夺得铜牌后，于静讲到希望她可以为全体女性残障人士树立起榜样，让中国女性的力量站上更高的世界舞台。谈及颁奖典礼是否会化妆，她的一句“中国女性的美还需要化妆来展现吗”，让现场全体记者都赞叹不已。于静让我们看到了女性在残奥会冰球赛场上的力量，也让我们看到女性在任何领域都可以拥有无限可能。这对于我而言也是一种鼓励，让我相信在未来的学术、工作道路上也能够如她一般优秀。

来自斯洛伐克的新闻官是一位非常善良和蔼的年轻人。斯洛伐克队在本届冬奥会中第一次获得冰球项目奖牌，创造了国家历史。从小组赛到总决赛，我们也一路见证着斯洛伐克队的突破和进步，为他们的精彩表现喝彩连连。新闻官在得知我们对队内一位运动员的钦佩之情后，主动提出帮我们合影，还特意返回更衣室取了斯洛伐克队的徽章赠予每一位志愿者。铜牌赛胜利后，我们又在混合区相遇，一个抬眉一个眨眼，我们默契碰拳庆祝。那一刻，胜利的喜悦之情跨越国界无声传递。混合区运行结束后，我再次向他表达感谢，而他也对我们在混合区的辅助称赞不已。虽然再见的机会渺茫，但他敬业的态度和温柔的待人方式都会成为我在未来工作与生活中努力发扬的闪光点。

在混合区采访的文字记者都拥有丰富的采访经验，他们可以迅速捕捉比赛高光时刻，并用简单的问题获得尽可能多的有效信息。起初我还不敢开口和他们交流，但他们的热情逐渐感染了我，让我们在合作中彼此熟识。奥林匹克信息服务（OIS）团队的记者大叔有30年国家冰球联盟（NHL）的采访经验、美国联合通讯社的记者与俄罗斯奥委会队教练是20年的好友、路透社的记者是一位健谈的加拿大冰球爱好者、国际冰球联合会（IIHF）的记者是一位腼腆绅士的瑞士人，而今日俄罗斯的“啤酒肚记者”几乎从未错过任何一场冰球比赛的采访……冬奥会让不同国籍、不同背景的人集合在了小小的混合区，有趣的灵魂开始持续碰撞。有时比赛会持续到凌晨，他们却依旧保持着饱满的热情在混合区等待运动员的到来，甚至经常错过晚班的媒体班车。作为一名新闻与传播学院的学生，我深深感受到了媒体人对职业的热爱与责任。他们是我在未来行业中前行的标杆，是我奋进的目标。

316场训练、49场比赛、6面冉冉上升的国旗、43天的陪伴。冬残奥会落下帷幕的那一瞬间，周围的一切都变得那么不真实。金牌赛结束后，我们踏上冰面尽情滑行，让笑声溢满球场，也让最美好的回忆留在了国家体育馆的每一处角落。

来自国际冰球联合会的媒体主管同样陪伴我们走过了完整的赛程，他向每位媒体领域志愿者赠送了一枚冬（残）奥会比赛用球——这是为了冬（残）奥会而定制的1000颗限量冰球。将沉甸甸的黑色冰球捧在手心，上面精致的五环标志和不规则的划痕讲述着不同的比赛故事，也讲述着每一位志愿者的冬奥故事。

而我的记者梦想，也在这座场馆中启航。

“最”

赵泽华
化学与分子工程学院 2020 级本科生
兴奋剂检测中心 兴奋剂检测志愿者

当闭幕式的欢声笑语从电视机里消失时，北京冬奥会兴奋剂检测中心的志愿者在夜色中踏上了冬奥会最后一班的征程。我叫赵泽华，来自北京大学化学与分子工程学院，是兴奋剂检测志愿者中的一员，负责血样接收和生物护照检测工作。

作为世界反兴奋剂机构认证的唯一中国实验室，北京冬奥会兴奋剂检测中心承担了北京冬奥会和冬残奥会所有运动员的尿检和血检工作，是仅有的 24 小时不间断运行的场馆。在冬奥会期间，我们顺利完成了所有样品的检测，成功通过了世界反兴奋剂机构的五例双盲样品考试，检出四例阳性。

由于兴奋剂检测在运动会中的特殊地位，检测中心执行最严格的保密措施，堪称冬奥会“最神秘”的场馆。我们则是其中“最专业”“最严谨”“最早”也“最晚”的最特别志愿者。

“最专业”

早在高中，我就对化学产生了浓厚的兴趣，还在中国化学奥林匹克决赛中获得金牌。升入北京大学化学与分子工程学院后，我选修了分析化学荣誉课程和仪器分析实验，从理论和实验的角度全面地了解了分析化学，还担任了本科生专业课“定量分析化学”的课程助教。

兴奋剂检测即利用分析化学方法测定样品中特定物质的含量，是一项专业性极强的工作。当兴奋剂检测中心招募专业志愿者时，我毫不犹豫地报名了检测员的工作。在面试中，凭借对兴奋剂检测的了解和丰富的专业知识储备，我和北京大学其他 60 位来自化学、生物和医学专业的同学获得了兴奋剂检测中心志愿者的入场券。

理论与现实之间总有微妙的差距。当知识从书本走向实际应用时，磨合自然不可或缺。经过几个月的线上学习后，我来到实验室，在上百个小时里一遍遍地学习工作规程、观摩实验操作，最终亲手完成整个流程、通过考核、获得“签字权”——这意味着我可以作为一名工作人员进行操作和测试，也要为自己的每一步实验签字负责。这是一份责任，更是一份被认可的荣誉。

赵泽华进入闭环上岗

样品室值夜班志愿者的合影

“最严谨”

兴奋剂检测结果关乎运动员的运动生涯。而对于实验室，如果在冬奥会期间报告一例假阳性，北京实验室将被世界反兴奋剂机构关停，北京冬奥会的兴奋剂检测工作将转移至东京实验室。因此，保证每一个细节的准确无误至关重要。

然而，兴奋剂检测流程复杂，有一定的概率会出错。我所在的实验室是样品室，负责所有样品的接收、分发和保存工作。在接收血样时，我们需要确认样品无异常情况，确保安全链完整。有一例样品的接收使我印象深刻：第一遍检视时，没有人发现这例样品有任何问题；在点击完成收样的按钮前，我们出于习惯进行了二次检查，却突然发现了 B 瓶的异常情况。如果没有精益求精的二次检查，这例异常样品将流入实验室，后果不堪设想。想到这，我不禁惊出了一身冷汗。

此前，我觉得自己的工作只是稍有烦琐却平平无奇。但当我在风平浪静中经历了惊心动魄的时刻后，对岗位职责的重要性和严肃性才有了崭新的认识，对兴奋剂检测工作也更加敬畏。

出错的概率永远存在，而我们的工作就是依靠严谨和专业，与这危险的概率“战斗”。

“最早”也“最晚”

在冬奥会期间，我的上岗时间是深夜十二点到次日早上八点。当朝阳唤醒沉睡的城市时，在夜幕送来甜美的梦后，我都身着白大褂，在实验室里静静地专注于手中的样品。由于赛内样品采集多在下午和晚上进行，凌晨便成为样品到达的高峰期。在冬奥会的 3000 多份样品中，我经手了其中的 1500 多份。

上岗前，我以为志愿工作的理想状态是白天睡觉、晚上工作。而在第一天上岗时，现实的情况却大相径庭：白天不困、晚上不清醒。洗把脸、喝口凉水、走来走去……在各种各样的刺激下，我成功睁着眼度过了第一晚。为了适应颠倒的作息，我的手机开启了双时钟模式，一边是北京时间，另一边则是太平洋时间。八小时的时差与工作作息完美匹配，也把我与精彩的比赛和喧闹的白天剥离，让我成为冬奥会的“守夜人”。

在北京冬奥会兴奋剂检测中心，没有聚光灯照亮的竞技舞台，没有观众的欢呼与喝彩，甚至没有机会留下一张工作的照片，却有我们和所有运动员对“拿干净金牌”的共同承诺。没有新闻，对我们来说就是最好的新闻。

北京 2022 年冬奥会的主题是“纯洁的冰雪，激情的约会”。虽然在实验室中，激情的约会与我们无缘，但是最纯洁的冰雪将由我、由兴奋剂检测中心的志愿者们共同守护。

做守护纯洁冰雪的幕后“利剑”

张希文
化学与分子工程学院 2018 级本科生
兴奋剂检测中心 兴奋剂检测志愿者

晚上十点，夜深人静，我从驻地出发开始了新一天的志愿服务工作；上午十点，车水马龙，我怀着顺利完成实验工作的成就感进入梦乡。作为一名兴奋剂检测志愿者，我们做到了兴奋剂检测“零失误”，新冠肺炎“零感染”这一目标。24 个夜班的点点滴滴让我感触颇多，2000 多个样品的万无一失让我终生难忘。

张希文工作照（摄于除夕）

兴奋剂检测夜班志愿者和实验室老师们的合影（第三排右三）

责任重大，毫不畏惧

反兴奋剂工作是整个冬奥会最重要、最敏感、最具挑战性的工作之一，它直接关乎运动员的成绩、名誉与职业生涯，关乎体育竞赛的公平公正。习近平总书记也格外关注反兴奋剂工作，他指出：“坚决推进反兴奋剂斗争，强化拿道德的金牌、风格的金牌、干净的金牌意识，坚决做到兴奋剂问题‘零出现’‘零容忍’。”

检测环节是反兴奋剂工作的重中之重，任何一点看起来微乎其微的不规范都会导致检测结果的不正确，哪怕一例失误都会使得之前的一切努力付之东流，其后果是不堪设想的。特别地，检测实验室还要受到世界反兴奋剂机构和世界同行的严格监督与考核。这个担子，真的很沉。

面对着沉甸甸的担子，北大志愿者们站了出来。参加中华人民共和国成立 70 周年庆祝大会志愿服务的经历，让我更加意识到这项工作必须做到滴水不漏、万无一失。培训阶段，我不放过任何一次学习与练习的机会，尽力把所有的要点做到烂熟于心；上岗之后，我“枕戈待旦”时刻牢记各项操作标准，积极总结复盘，力求后续的工作更高效、更有序。我所在的岗位是检测中心样品室，样品室的职责是接收、分发、保存全部兴奋剂检查样品，是整个检测工作的“前哨站”。我和其他样品室志愿者一起，敏锐观察、仔细核对、反复比较，确保送到实验室的所有样品符合接收要求、完好无损。遇到异常情况时，我们冷静应对、及时反馈，问题都得以妥善解决。

为了更好地了解赛事的情况，我每天都会为样品室制作冬奥会赛事信息，清晰地列出了比赛项目、比赛地点、结束时间，让大家对样品传送的动态信息有了更好的判断。

条件艰苦，迎难而上

根据国际奥委会的要求，所有的常规样品一般都需要在 24 小时内报送结果，这项要求使得兴奋剂检测实验室需要 24 小时一刻不停地运转。作为一名志愿者骨干，我主动选择了最艰苦的夜班。昼夜颠倒的生活很苦，但一想到我们是志愿者中的“特种兵”，肩负着守护纯洁赛场的重要任务，我就会有一种无论如何也要扛下来、保质保量完成任务的动力。

上岗之后，夜班的任务量也是三个班次中最重的，检查计划一共约 3000 个样品，夜班志愿者经手了一半还多，最多的一个通宵我们分发了 150 多个样品。尽管工作非常辛苦，但是我尽可能地用理想信念、身边的榜样、生活中的温暖激励自己。

当读到习近平总书记给苏翊鸣的回信时，我庆幸出生在这个伟大的时代、伟大的祖国，在这里有足够的平台与机会供我们施展才华，作为一名有志于加入中国共产党的积极分子，我一定不辜负党和国家对我的信任。

每每看到赛场上中国运动员摘金夺银、突破自我，新秀们初次参赛便站上世界之巅，老将们克服伤痛咬牙坚持终于圆梦，奥运健儿们勇攀高峰的姿态，我的内心更是备受鼓舞。

当春节万家团圆共度良宵时，我与所有奋战在兴奋剂检测前线的老师、同学们一起合唱《难忘今宵》，虽然无法回家过年，但实验室已经成为我们温暖的“家”。

条件再艰苦，我也一定要迎难而上！

身居幕后，精益求精

由于兴奋剂检测工作是在幕后为冬奥会的公平公正提供坚实护盾，并且有很多内容需要严格遵守保密纪律，因此我可能没有机会像其他岗位的志愿者一样向世界直接展示中国青年的风貌，或是作为一张“中国名片”被广泛地报道传扬。有些时候，看到其他志愿者兄弟姐妹能够与世界各国的运动员打成一片、看到他们有机会向贵宾们讲解中国的大好河山、看到他们手中琳琅满目的徽章，我的内心充满着羡慕之情。但是，当听说中国运动员全部履行了“拿干净金牌”的承诺时，当看到我们的实验准确查出异常结果维护了赛场纯洁时，我明白我们的付出是有意义的，我们的贡献也是独一无二的。

虽然身居幕后，我们依然积极参与着这场盛会。习近平总书记指出：“作为志愿者，无论是在台前还是幕后，无论是迎来送往还是默默值守，都可以在这场青春盛会中展现自己的风采。”总书记的谆谆教诲让我在志愿者岗位上更加精益求精！

兴奋剂检测实验室的门口写着这样一段话：“严格按照有关国际条例和国际标准，以对兴奋剂‘零容忍’的严肃态度，把兴奋剂检测工作做得更完善。确保奥运赛场的纯洁、干净，为参赛运动员提供公平公正的竞赛环境。”每当我走进实验室时，这段话都会激励着我不怕眼前的困难、不惧沉重的责任，它带给我的信念激励着我用火一样的热情奉献，做一柄守护纯洁冰雪的幕后利剑！

“两个奥运，同样精彩”，我将全力以赴、不忘初心，继续投入到冬残奥会的工作中，为北京冬奥会、冬残奥会画上一个圆满的句号！

以青春之我，筑梦青春之国

代航
药学院 2020 级本科生
兴奋剂检测中心 质量管理员

白驹过隙，日月如梭。北京冬奥会不觉间已经宣告落幕，我的志愿服务也只剩下最后一天的时间。场馆里的国内外专家、老师和志愿者伙伴们都在进行着最后的道别。从 1 月 24 日志愿服务至今已有一个月的时间，今日回望，恍如大梦一场，梦醒时分，每个人都要各奔前程、各赴美好。

回顾一个月的兴奋剂检测志愿服务工作，我为自己能够参与这场世界和国家的盛事感到激动和自豪，也为自己的努力和付出能够切实地为他人带来帮助感到幸福和荣幸。

北京冬奥会兴奋剂检测中心是一个独立的特殊闭环，与其他赛事场馆没有直接的沟通和联系。我们的工作是高保密和高专业的，时刻接受着世界反兴奋剂机构和各国外籍专家的监督，不容有失。作为质量组的一名成员，我会帮助老师们汇总收集各组的实验数据和结果。我们组除了平时监督各组工作、进行日常的追踪记录，还会为兴奋剂检测阳性的样品出具数据包，作为佐证阳性检测结果的最终报告。在冬奥会赛时，检测结果需要在 24 小时内反馈给国际兴奋剂检测机构。同时，质量组的三班分别只有一名志愿者，这意味着每一时段的全组职责由每个人独立承担，我们也必须用更加严谨、细致的工作态度完成每一项工作，守好每一班岗。

因为每天要和很多部门联络和沟通，我几乎跑遍实验区和办公区，也因此看到了每个岗位上的老师和志愿者同学们一丝不苟、认真投入的工作状态，这些给予我莫大的力量和鼓励。实验室的老师们每天要高强度工作 13 个小时，同时我们是唯一一类需要三班轮换、全天保证在岗的志愿者：早班的同学每天不到六点就要起床，出发得比日出更早；而夜班的同学工作到凌晨才会下班，陪伴他们的是实验仪器的轰鸣和长夜中的点点星光。闭环内的所有人“躬身入局，挺膺负责”，坚定地朝着一个共同的目标努力、奋斗，将青春奉献给世界盛事。

作为赛事服务志愿者，我们却远离赛场，没有机会观看比赛，与热闹的盛典无缘。三班的伙伴们见不到彼此，每天共同陪伴我们的是朝霞绚烂、落日辉煌和星河长明。这份独特的经历让我逐渐体味到幕后工作的意义。不只是兴奋剂检测工作如此，驻地的几位辅导员老师事无巨细、体贴入微，为我们的物质和精神生活提供高质量保障，以及餐饮和安保工作人员高效、温暖的服务。

兴奋剂检测中心质量组成员的合影（左三）

北京大学昌平校区驻地冬奥会志愿者移出仪式上代航代表志愿者发表感想

每一项精彩非凡的工作都是由一砖一瓦、一步一脚印的踏实努力成就的。我们每个人不必光芒万丈，但这熹微暖光已足够照亮前行的路，点点星火终能汇成温暖世界的火焰。

与2008年奥运会开幕式的阔谈五千年、展现传统历史文化底蕴有所不同，在北京2022年冬奥会上，中国以平等的大国姿态联结世界、邀约世界，秉持“绿色、共享、开放、廉洁”的办奥理念，充分展示了中华儿女的浪漫情怀，敞开我们博大的胸怀，表达了中国人民“我们”的世界观，表现我们构建人类命运共同体、追求世界人民大团结的决心。在冬奥会期间，在高效有力的防疫要求下，世界人民仿佛又回到了曾经没被新冠肺炎疫情裹挟的时候，大家尽情地拥抱、欢呼，在华夏土地上畅享和平与真情。我看到在党坚强的领导下、在举国一心的共同努力下，我们在世界舞台上所展现出的强大自信心、大国责任心和雄实力量。

在志愿服务期间，我提升了个人专业技能和沟通表达能力，加深了家国认同感及对于志愿服务的认识和理解，与志同道合的志愿者伙伴们一道，为践行中国承诺、促进奥运公平、维护冰雪圣洁贡献自己的青春力量，以小我成就大我，以青春之我，筑梦青春之国。

一个月的志愿服务经历就像一场梦，梦里我和志愿者伙伴们共同守护奥林匹克的纯洁，现在到了梦醒时分，希望我们以后能继续守护内心世界的圣洁和对于志愿精神的信仰，无所谓台前幕后，只要有我们的地方就会发光。我将深深铭记这段意义非凡的旅程，珍惜在这里结识的宝贵情谊，收拾行囊再出发，担起新时代青年职责，发挥引领作用，共赴精彩未来。

共赴一场雪与火的盛会

韦世龙
药学院 2019 级本科生
兴奋剂检测中心 兴奋剂检测志愿者

红日初升，其道大光。

正月二十，卯时，临近下班，站在场馆门的落地窗前，看着东方升起的红日，将金色的鎏光铺洒到挂着白缎的树梢，好像太阳给予守望者的绶带。这天，反兴奋剂中心夜班 20 位志愿者结束了将近一个月的工作，即将踏上归途。

点燃青春的火焰

兴奋剂检测中心总共 61 名志愿者，均是来自北京大学的学生，大家来自各个院系、不同年级，却因为同一个梦想相聚到一起，为了维护一场纯洁的奥运盛会而努力。

在工作逾一个月的时间里，我们朝夕相处，守望相助。刚来到驻地那天，所有人自觉驻守在各个楼梯口，手递手向上传递行李，不到一小时就把所有物资搬上了房间所在的六楼。除夕夜，初次在外乡跨年的志愿者和老师们齐聚场馆食堂，用大屏幕观看春晚，2021 年的最后十秒，大家齐声倒计时，新年的钟声敲响，看着大屏幕上李谷一老师登台，所有人又合唱起《难忘今宵》。2 月中旬，学校和驻地为所有在 2 月份过生日的志愿者筹办生日会，制作精美的生日蛋糕，让“奥运寿星”们在欢声笑语中度过了一个难忘的生日夜。

一个月的时间说长不长、说短不短，却足以将驻地和场馆里的所有人从萍水相逢的陌生人变为情同手足的伙伴，而连接彼此的那一抹鲜亮的红色，是积极向上的北大青年，是迎风飘扬的五星红旗，更是如火一般炽热鲜明的热情，是青春最明亮耀眼的底色。

守护纯洁的冰雪

反兴奋剂工作不仅关系到一个运动员的职业生涯，还关系到整个赛事的公平，关系到一个国家的名誉。为了保证工作效率与质量，志愿者们被分成三班倒，24 小时不停歇地坚守在场馆中。处理样品时，我们保证两个人在场，一人处理一人监督，做一步查一步，尽可能防止人为造成的差错，也正因为如此，志愿者在老师们的带领下创造了 17 天无差错的纪录。我们与实验室的老师和外籍专家不断沟通，学习样品处理技术，掌握药物检测原理，从实验室“小白”一步步成长为能独立完成取样和后续部分实验前处理的实验室助手，也能够在老师操作时从旁协助。

一位样品室的老师曾经这样形容志愿者：“这些孩子一看就懂，一学就通，有他们在，实验室的工作都轻松了不少。”这无疑是对志愿者最好的鼓舞。纵然反兴奋剂的工作远在幕后，但 61 名北大志愿者也在用自己的方式，为每一位台前拼搏的运动员保驾护航。当我们从新闻上得知某运动员兴奋剂阳性的新闻时，也真正感受到这份工作的分量，那是一种无上的光荣，是一种神圣的使命。我们早出晚归，面朝黑夜，背负星河，只为守护那一颗如钻石般闪耀的雪花。

雪与火的赞歌

参与这样一场全球的奥运盛会，我们也得以认识许多来自世界各地的外国友人。我们与来自西班牙的姐姐畅谈影视作品、交流家乡美景；与来自韩国、日本的大叔交换奥运会的纪念勋章。一位娶了中国香港妻子的德国专家，在除夕夜用粤语对我们说：“恭喜发财。”这一个个美妙的瞬间，让我们深刻感受到，象征“更快、更高、更强——更团结”的奥运五环就像一条彩色的纽带，将全世界人民连接在一起，齐聚于东方的伟大国家。这一刻，洋溢在所有志愿者心中的无不是中华文化源远流长和中华民族日益崛起的喜悦与自豪。我们也意识到，每一个岗位的志愿者都是伟大祖国的小小名片，向地球村展示中国的强大与美好。

“广大青年要心系祖国，志存高远，脚踏实地，在奋斗中创造精彩人生，为祖国和人民贡献青春和力量。”短短一个月的工作，让志愿者们感受到拼搏的分量，感受到“功成不必在我，功成必定有我”的壮志豪情。小小的雪花，小小的我们，用热情与努力汇聚成大大的中国，大大的世界。在这一场雪与火的盛会中，正是这一朵朵“燃烧的雪花”，点缀了传承百年的奥运圣火，升华了冉冉升起的五星红旗，谱写出冬奥之雪与青春之火的伟大赞歌。“冰墩墩”的任务已经完成，“雪容融”正向世界招手，我们也将背上行囊，脚踏实地，且歌且行奔赴下一场残奥之约，用奋斗创造奥运之精彩。

部分志愿者和外籍专家的合影

部分志愿者给外籍专家的寄语

青春慨然以赴，少年挺身而出

肖玉玲
药学院 2019 级本科生
兴奋剂检测中心 兴奋剂检测志愿者

这个故事有点长，要从 14 年前说起。

14 年前的 8 月 8 日，北京“鸟巢”烟花绚烂、鼓炮齐鸣。而在贵州的一个小县城里，一个八岁的小女孩正坐在电视机前，当启幕的那一刻来临时，所见所感的惊艳与震撼迅速蔓延开来，自豪感迎上心头。也就从那时起，一颗志愿之心的种子在心里开始萌芽。

2019 年，这个机会终于来了。当在志愿者招募系统上填写完信息的那一刻，我的心中只剩期待与憧憬。之后学院老师发过两次兴奋剂检测志愿者的相关申请，但很遗憾，都因为一些客观原因错过了。当时觉得，可能这次冬奥之旅注定无法实现了。惊喜的是，在 2021 年 10 月 20 日，冬奥会第三批志愿者招募工作开始了。随后，我如愿通过面试及网上培训成为一名兴奋剂检测志愿者，那时我知道这个选择的背后，既是光荣的任务也是沉甸甸的责任。

当考完期末考试，其他同学开始休息、调整作息的时候，参与兴奋剂检测的志愿者们已经踏上了每天乘坐班车去场馆培训的路。对于药学专业的同学来说，那段时间白天去培训，晚上回来可能还得去实验室做科研。虽然辛苦，但我相信身披天霁蓝，内心有光，便无所畏惧。

积攒力量，雪花竞相开放

顺利通过培训考核后，通过短暂的休整，我们正式进入了闭环管理，从那以后，正式开始了每天的志愿工作。我们是一个 24 小时无间断的领域，也就是说我们 61 个人得分为三个班次，分别是 8：00—17：00、16：00—1：00、00：00—9：00，每一天都是如此。对于志愿者来说，每天只用工作 9 小时，但是对于实验室老师来说，24 小时只有两个班次，每一位老师每天都得工作 13 小时（1 个小时用来交接）。尽管辛苦，但很值得。

我选择的是 16：00—1：00 这个班次，每天 14：30 开始做核酸，14：50 出发去场馆。到场馆基本就是 16：00 左右，然后和上一班次的同学进行交接，之后就进入工作状态了。我的工作场地是样品室，是样品从外面进入兴奋剂检测中心之后到达的第一个地方，这也就决定了我们的工作时间是不定的，很多次都是刚到饭点（17：30）样品就来了，因为样品到了我们就得马上进行收样，正常情况下并不能将样品进行暂时保存，更不能等吃完饭再来收样，所以样品室的老师与同学的晚餐，总会因为这种情况被影响。晚上没有样品的时候，大家基本上就会在23：30去吃晚饭，如果有样品，也是先把样品处理完再去吃饭，然后和下一班次同学交接。基本上每天都在00：30左右集合，然后坐上回驻地的车，每天晚上，兴奋剂检测中心的保安大叔都会目送我们离开。等我们到驻地的时候已经是1：30左右了，但是不论多晚，都有驻地老师和保安大叔在门口等着我们，那盏回家的灯一直亮着。

晨起晨落，不负韶华时光

我们的工作是比较特殊的，所以对我们进行的是闭环管理，每天能去的地方只有驻地楼下那一小块活动区域与场馆那所大楼，其他时间不是在上班车上，就是在下班车上。闭环的生活虽然不那么自由，但也可以很有趣。除了每天的一日三餐之外，驻地和场馆还给我们提供了很多方便食品及各种各样的小零食，食堂也有多样的饮料与水果。除了吃的喝的，驻地还给我们提供了健身房，里面有各种体育器材，所以在工作之余还可以去锻炼。除了这些，各中队的老师也会组织各种各样的活动，如拍照、写信、猜灯谜等。我们还会在下雪的时候，约上一群人出去打雪仗、堆雪人。

冬奥会的这段时间，印象最深刻的应该还是在场馆的时候了。因为一般情况下在有样品的时候，我们需要长时间在实验室进行操作，但当做完一批样品下一批样品还没来的时候，样品室的七名同学就会到实验室门口的休息

虎年春节在兴奋剂检测中心拍摄“全家福”

区一起玩游戏。由于防疫要求，同学们不能坐得太近，大家也在那段时间发现了很多手机小程序，如画画接龙、阿瓦隆、UNO。时间充足的时候，大家也会一起玩剧本杀等等。除了这个，因为闭环内喝不到奶茶，大家还会集思广益，探索多种奶茶制作方法。有几个晚上回宿舍已经是 1：30 了，原本以为和往常一样，回去匆匆洗漱然后就睡觉，但是当我们走到宿舍楼下的时候，才发现食堂的叔叔阿姨给我们准备了热牛奶和姜丝可乐，这些事温暖了我们太多个想家的夜晚。

在奥运之火缓缓熄灭后，为期 17 天的北京 2022 年冬奥会也随之落下帷幕。在这告别之际我们收到了郑重老师的一封信。信中没有华丽的辞藻，没有语句的烦琐修饰，只有平实的语言加上热忱的心。就像信中说的一样，这次冬奥会，我们没能站在聚光灯下，没有见到喜欢的运动员，没有机会观看比赛，但是我们依旧出彩。照耀我们的光在心中，也在路上。

一往无前，峥嵘岁月长青

但追着日落，赶着星光的日子还没有结束。冬奥会结束之后，我们迎来了冬残奥会。

由于学业上的各种安排，有少数同学不得不先行离开，我们余下 40 多名同学决定继续服务冬残奥会。因为冬残奥会期间学校已经开始上课，所以我们在完成志愿工作的同时，也需要进行线上上课。虽然有一定压力，但是幸好学校方面针对这一问题提出了很多保障措施，让我们在服务期间也能跟上学习进度。工作内容和冬奥会期间相比没有太大变动，工作安排从三班倒转换成了两个班次，工作量减少了许多。和冬奥会期间有较大的不同的地方是休息时间的安排。在冬奥会期间，如果我们没有样品需要处理，就会聚在一起玩游戏、聊天。但是冬残奥会的时候，我们的休息时间基本都是抱着电子设备上网课。在这些时候，实验室老师也会很照顾我们，如果某位同学有比较紧急的课程，老师会选择让同学认真听课，自己去处理样品。当工作结束回到驻地之后，我们基本上也都在补工作时落下的课程。对于冬残奥会，虽然有了更多的压力，但是我们依旧圆满完成了自己的工作。

随着万千雪花洒向天际的那一刻，我与北京 2022 年冬奥会和冬残奥会的故事暂时告一段落了。我们讲好了属于北大人的奥运故事，发扬了北大精神，展现了当代中国青年的风采。在接下来的日子，我将继续做一片“燃烧的雪花”，继续履行青春之约！

我看过了 42 次日落

张文莉

药学院 2020 级本科生

兴奋剂检测中心 兴奋剂检测志愿者

每天早上上班时，我第一句话总是问交班的同学“有活儿吗”，傍晚下班时总会和下一班同学说“明天见”；离开那天我们站了冬奥最后一班岗，走的时候我对老师们说“都收拾好了”，老师们对我说“以后有机会回来玩啊”。

我是一名北京冬奥会兴奋剂检测志愿者，我的工作时间是每天上午八点到下午五点。每天我需要从位于北京六环的志愿者驻地，乘车前往位于四环的兴奋剂检测中心，中间将近一个小时的路程，使这 42 天的日落余晖，都只能通过大巴车车窗的折射洒进我眼底。

我看过 42 次日落——从培训到上岗，服务于兴奋剂检测中心的我们是北京冬奥会志愿服务时间最长的志愿者群体，我们参与三班倒的轮班制，支撑着冬奥会唯一一个需要 24 小时运行的场馆的正常工作。我和同伴们或晨光熹微时出发、天色昏暗时返回，或坚守在黑夜、按“美国时间”生活，甚至在除夕零点、开闭幕式都在实验室处理样品，不可谓不辛苦。

兴奋剂检测中心是位于国家奥林匹克体育中心东南角落的一栋红色小楼，距“鸟巢”仅一街之遥。但由于疫情闭环管理，我们每天两点一线，只有下班时才能隔着车窗往那座恢宏的标志性建筑投去匆匆一瞥。同时，出于保密工作的需要，我们不能在实验室里拍照、不能透露工作的具体内容、与运动员和媒体完全分离，因此我们缺席了几乎每一次大大小小的宣传机会。

不能亲眼见证开闭幕式，不能在现场为自己支持的运动员加油，即便过年期间也每天上岗……这些都与我年少时曾对冬奥会志愿者生活的设想相去甚远。饶是在正式上岗前我已经做好了在幕后坚守的心理准备，心里也会有难以自抑的失落。但在 2 月 20 日的闭幕式上，看到来自各个领域的志愿者代表站上领奖台，接受来自运动员代表的感谢和祝福，获得全“鸟巢”的掌声和欢呼时，我又释然了。我想到了培训期间检测中心的老师们的话，“兴奋剂检测是所有赛事里不可或缺的一环”；想到了两班倒的老师们和工程师们比我们更劳累、工作强度更大；看到了工作证上的志愿者专属雪花徽章；想到了当初报名冬奥志愿服务的初心——仅仅是想完成初中时的愿望，在初二那年看到北京申奥成功就迫切想要来到北京参与志愿服务的愿望。

我确实做了一份很了不起的工作，为这场世界盛会奉献了自己的力量、留下了一段很难忘的回忆，也实现了我曾经的愿望。与此相比，鲜花和掌声原本就不是我所追求，也没有什么可遗憾。

只有亲自参与进来，才会感受到这一场盛会的背后是由许多人渗透到细枝末节的辛苦和没有那么光鲜亮丽的日常所支撑起来的，才能真正体会到志愿者精神中无私奉献、不求回报的重量。

“守护冰雪运动的纯洁”是我们反兴奋剂领域志愿者从头到尾贯穿的信念。前期培训时我还没有太多体会，只在老师让我们一次次重复移液枪操作时感受到这份工作所要求的严谨。一次检测中心迎来了第一个要求复查样品的运动员团队，看到负责复查的老师从收到消息时就开始紧张，我顿时也开始焦虑起来，尽管我只需要在一旁监督。我真正感受到这一个个只有编号的样品是与某一个运动员的职业生涯密切相关的，我们的工作结果是被全世界关注着的，是对于这次盛会成败至关重要的。自那天以后，每次戴上手套开始做实验时，我的内心便多了许多肃然和庄重，肩上担负着的沉甸甸的责任使我丝毫不敢懈怠。

上班路途中瞥见的“鸟巢”

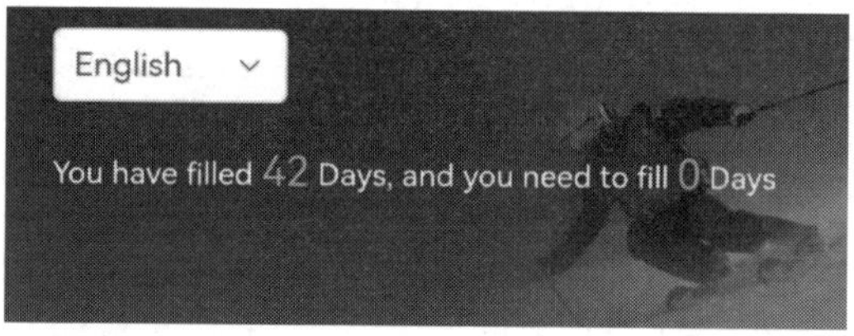

志愿者工作打卡的截图：纪念工作顺利完成

冬奥会的兴奋剂检测有 24 小时的时效要求，这条要求除了使场馆必须 24 小时运行以外，也使我们每天都像在没有硝烟的战场上一样枕戈以待。志愿工作的日常是紧张严肃的，但与老师和同学们的情谊是温暖宝贵的。检测中心的老师大多都是北京大学化学与分子工程学院或药学院的毕业生，甚至与我们中的个别人师出同门，因此面对我们这群学弟、学妹时总是多了几分关爱。从培训期间一有空就给我们科普兴奋剂检测的历史和专业知识、有问题时请教老师总会得到耐心细致的专业解答，到大年初一特地带给我们的糖果和砂糖橘，简单的年货却包含了给我们这些第一次不在家过年的后辈的新年祝福。一起奋战的同学也给了彼此间最宝贵的信任，有明确的分工、细致地互相纠错，也有每天交班时利用短短的半小时时间开开玩笑。

2 月 21 日是兴奋剂检测中心为冬奥会服务的最后一天，我也成了站最后一班岗的冬奥会兴奋剂检测志愿者。在交班之际，老师和同学们聚集在一楼休息区大厅，背对着冬奥布景板留下最后的合影。合影中的许多人在今天过后就会离开，也有更多的人将继续奋战在这栋小楼，为冬残奥会服务。离别的气氛并没有想象中低沉，大家三三两两地聚集在一起说笑、玩闹、道别，忘记了实验室的条条框框，小楼里久违地回荡着欢声笑语。“感谢你们这些天的付出，以后有机会回来玩啊!”老师笑着拍了拍我的肩膀说道。

最后一天下班时看到了这42天以来第一个悬在正空的太阳，明媚的阳光透过车窗洒在我胸口的雪花徽章上，反射出细碎的光点。我趴在车窗，在大巴路过“鸟巢”时对着已经熄灭顶灯的它说了句“再会”。

一身天霁蓝，一颗火热心

姚明菊

药学院 2018 级本科生

兴奋剂检测中心 兴奋剂检测志愿者

2022 年的虎年春节是一个独一无二的新年，也是我心底一段温暖而美好回忆。

姚明菊在驻地拍的虎年福照

实验室老师和小组同学的合影

我们是一支年轻而温暖的队伍

我身边的伙伴，大多是大二、大三的同学，像我这种大四的人，称得上“老学姐”一枚。而志愿者的志愿者——驻地的保安、食堂工作人员、实验室的安检人员等，也都跟我们年龄相仿，驻地的老师也只比我们大几岁。一群年轻的、火热的心齐聚在这里，共同筑就我们独特的“冬奥时刻”。我们保证检测工作的顺利进行，他们保障我们的衣食住行。老师总是给我们带来惊喜，为我们送来零食与好看的剪纸窗花，在留言墙上和我们进行友好的互动，满足我们一些力所能及的小要求。记得“燕山雪花大如席”的那天，我们从兴奋剂检测中心回来已近凌晨两点，下车后迎面而来的是老师和保安小哥哥们热情的挥手，并叮嘱我们把衣服穿好，注意保暖，食堂小姐姐则守在宿舍楼下，为进来的我们亲手递上一杯热气腾腾的牛奶和姜丝可乐。雪后天很冷，但心里却是暖洋洋的。

千里共除夕，歌声话佳节

除夕的晚上，我们一如既往地整装出发，来到实验室。各式的糕点、香喷喷的瓜子、糖果迎接着我们，实验室的食堂师傅还精心为我们准备了丰盛的年夜饭。我们的肚子吃得饱饱的，心里也暖暖的，晚上工作也更有了力气。因为实验室是一天分三班，24 小时都有人值班，所以我们的伙食也变成了一天四餐。晚上十一点半是吃夜宵的时间，我们晚班和夜班的小伙伴也相聚在了食堂。墙上电视正播放着春晚，我们开心地吃着饭。当零点倒计时的声音响起时，大家都情不自禁地化身为春晚主持人，一起倒计时起来："10，9，8……"当《难忘今宵》的旋律奏起时，大家又高高挥起了手，跟着唱起来，"不论天涯与海角，神州万里同怀抱共祝愿，祖国好……"这何尝不是我们最朴素的心声呢？我的眼里隐隐有泪意——一分思念，两分祝福，三分归属，四分自豪。

观看赛事直播，与冬奥共脉搏

在实验室做实验的间隙，我们的一大乐趣就是翻看每天的赛事表，翘首以盼直播的到来。短道速滑、单人滑、双人滑等，我们小组都凑在一起观看。揪紧自己的小心脏，暗暗祈祷，看到赛况紧张处总会格外担心。等待成绩出来的时候，我们一遍遍地刷新着平台的数据，焦急又期待。看到祖国运动员一举夺牌，我们忍不住喝一声"好"，然后使劲儿鼓起掌来，一旁经过的老师看过来也笑道："怎么啦？夺牌啦？"在互相讨论的环节中，我也对一些犯规规则、抛跳、四周跳等有了更多的了解，更明白运动员成功背后巨大的付出和努力。

熬夜战一线，居高压而不乱

虽然我已在学校的实验室里进行过科研训练，但兴奋剂检测中心的老师还是给我留下了深刻的印象。志愿者是三班轮班，每班值班 9 个小时，而他们则是两班轮班，每班值班 13 个小时，比我们更加辛苦。在这种高强度和高压力的挑战下，老师们也仍然保持着一丝不苟的态度带领我们做好每一次的样品处理工作。我们处理样品的每一个步骤，都要在老师还有同组同学的监督下完成，之后要立即去样品处理单上签字，然后进行下一步。在这种层层透明和步步监督的管理体系下，我们圆满地完成了任务。

反兴奋剂不停，愿体育运动更纯洁

我们用自己的双手去捍卫冬奥赛事的纯洁，用无数次的检查核对去排除实验过程中可能的失误。对于兴奋剂检测的结果，我们的心态也有了很大的变化。在冬奥会期间，我们共检测出了四例阳性结果。每一例阳性结果的检出，都让我们意识到反兴奋剂工作还有需要加强和完善的地方。因此，我深切赞同世界反兴奋剂机构副主席杨扬的看法：从源头端开展反兴奋剂工作，积极对运动员及其辅助人员进行反兴奋剂教育，让他们了解到干净运动的重要性，切断他们使用反兴奋剂的念头，同时在生活中注意保持警惕，避免误食或被陷害的可能性。曾任世界反兴奋剂机构主席的庞德先生说过："如果我们不控制体育运动中的兴奋剂问题，那么体育将面临成为一个仅仅局限于高极限、暴力和毫无意义的角斗场的危险。"因此，希望未来可以不断完善反兴奋剂管理体系，让药物回归治病救人的正道，还体育运动一片干净的土地。

冬奥会已落下帷幕，但在我心头留下的记忆却是历久弥新。

从2008到2022：我的“双奥”记忆

于雪纯
法学院2019级本科生
兴奋剂检测中心 通用志愿者

2008年，我有幸成为50名“咚咚宝贝双语啦啦队”中的一员，亲身参与北京奥运会。那年暑假，50名小学生每天齐聚精诚小学的教室，进行多国语言奥运会加油口号的训练。比赛期间，从北京射击场飞碟靶场的射击比赛到工人体育馆的拳击比赛，再到“鸟巢”的田径比赛，我们分别用不同国家的语言喊出“运动员加油”的口号，为来自不同国家的运动员呐喊助威。

这是我关于奥运会最早的记忆，在我十岁的盛夏到初秋，奥运会伴随着汗水与泪水，点燃了那年北京城里竞技体育的激情。而14年后的今天，如同做梦一般，我何其有幸，能再次回到奥运的舞台上，以一名志愿者的身份，继续参与北京冬奥会的工作。

2021年4月，我以反兴奋剂领域陪护员的身份参与了“冰立方”“相约北京”冬季体育系列测试活动冰壶和轮椅冰壶比赛的志愿服务，并参与闭环管理。陪护员的工作是纯洁冬奥的重要保障之一，而我的主要工作职责则是协助兴奋剂检察官，将运动员由赛场引导至兴奋剂检查站，并完成运动员的采样工作。

兴奋剂检测中心志愿者正式上岗

进入正式赛，从2022年1月27日开始，我作为反兴奋剂领域的通用志愿者，在北京兴奋剂检测实验室承担前台引导的工作。前台的工作主要是负责场馆所有工作人员、志愿者的权限录入，并为场馆来往的人员提供及时的帮助。但前台的工作也不仅仅限于前台，从外籍专家的信息统计、机票预订、餐饮协调，到物资签领、接待访客，我和其他两位志愿者在场馆运营经理的带领下，为实验室的运转和检测工作的运行保驾护航。大到迎接世界反兴奋剂机构观察员的到来，小到找一盒搭配咖啡的牛奶，我们的工作细碎却又不可或缺。

"B瓶确证"，是我在整场奥运赛事中，做过的最严肃的接待工作。在奥运会的兴奋剂检测工作中，运动员接受检测时，往往会取A、B两瓶样本。其中，A瓶为主要检测的尿样，而B瓶则为备用瓶，用于储存和复检。所谓"B瓶确证"，则是指当A瓶兴奋剂检测结果呈阳性时，运动员提出申诉的特殊情况。如果B瓶检测结果仍为阳性，则运动员会被判定为涉药，后续则会面临一定的处罚，甚至有可能断送运动生涯。由此，"B瓶确证"的重要性可见一斑，因为它不仅仅是兴奋剂检测结果的再次验证程序，还是运动员可能采取的最后救济手段。

2月11日一早，"B瓶确证"的接待工作正式开始。为保护运动员隐私，实验室前台和实验室入口处已经用挡板全部围合起来。8：45前后，运动员在本国官员的陪同下，来到实验室前台，办理登记工作。从登记、办理访客卡，到引导运动员和外国官员进入实验区，整个过程严肃且不容一丝疏漏。实验室的老师和志愿者也早已严阵以待，在运动员和外国官员的见证下共同完成B瓶的开瓶。

"B瓶确证"的工作得以让我窥见兴奋剂检测工作的一隅，却已让我对兴奋剂检测的工作有了更为深刻而直观的认识，在这个特殊的领域做志愿者，工作的严谨是重中之重。作为冬奥会的幕后人，我们要在远离赛场的实验室中，用日复一日的重复工作，守护着竞技体育的干净与纯洁。

2月26日，兴奋剂检测中心的冬残奥会工作正式开始，而前台引导也迎来了工作的小高潮。在其他场馆还处于转换期的时候，兴奋剂检测中心的志愿者已经开始了正式的服务工作。而作为前台引导，我们不仅需要处理冬奥会外籍专家的后续问题，如核酸签证费用的报销，还需要协助冬残奥会的三位外籍专家顺利入境。"两个奥运同样精彩"，我们付诸冬残奥会的努力并不比冬奥会少，反而更注重总结前期经验、倾注更多心血，为冬残奥健儿在运动场上的拼搏更添一份支持。

当然，从2008年到2022年，我的志愿脚步也从未停止。2020年9月，在国家会议中心，我作为中国国际服务贸易交易会国际联络组的志愿者，为迎接四海来宾贡献力量；2021年7月，我参与了中国共产党成立100周年庆祝活动，在天安门广场上为党的百岁华诞致以青春礼赞；2021 年 10 月，我曾作为第二届联合国全球可持续交通大会会议服务组的骨干志愿者，在国家会议中心向世界展现交通领域的中国智慧。

感恩一路上的所有机遇，让我能够跟随祖国发展的足迹不断进步，在见证祖国走向辉煌的征程中不断成长。14 年前，十岁的我在现场见证了古老的东方大国在世界面前揭开神秘面纱；而 14 年后，当中国强大到可以向世界发出“一起向未来”的真诚邀请时，我仍然可以作为其中的一员，为祖国欢呼。我看见中华民族浴火重生，我看见华夏繁荣更胜往昔，古老的中国终于在此刻站在了世界舞台的中心。

从建党百年到冬奥，从夯实初心到砥砺初心

唐宇巍
生命科学学院 2019 级本科生
兴奋剂检测中心 兴奋剂检测志愿者

初心，建党百年

如果问什么事对我以往的人生影响最大，那一定是参加中国共产党成立100 周年大会的志愿服务。建党百年庆典是我第一次有幸参与的重大活动，到现在也依然记得二次彩排我搬着一把小马扎坐在天安门广场西边，第一次现场听到礼炮轰响时那种从脚尖到头顶的震撼。大会当天，我更是从凌晨盼到日出，大会进行时在中国移动的装备车后面左顾右盼，希望找到一个角度能看到习近平总书记的身影。战机从头顶正上方翱翔而过，无数的彩色气球与和平鸽在眼前腾空而起，那一刻，千万波涛在我心中翻涌，“请党放心，强国有我”的铮铮誓言在脑海中不断回响，时代的宏大与家国的厚重一下子冲击着渺小的我，只觉得被一种无形的力量所裹挟。等我再回过神来，我想，我也不再是原来的我了。

这次的志愿服务经历，是我第一次切身参与国家大事，真正感受到与时代同呼吸、共命运。从前任何一堂政治课、任何一场讲座、任何一次理论学习，都没有给我带来这样的震撼，让我经历这样的思想转变。我真实地体会到，每个人与时代紧紧相连，再宏大的故事也离不开一笔一画的书写，“小我”绝不是可以被四舍五入忽略的那一部分，每一份力量的积累才促成进位的实现。这一次活动，牢牢奠定了我的初心，以细流入大海的初心。

砥砺，北京冬奥会

秉着这样的初心，我参与了许多志愿活动，今年更是非常荣幸能参与冬奥会，以兴奋剂检测志愿者的身份服务于兴奋剂检测中心，为保障冬奥的纯洁贡献自己的力量，践行自己的初心。

为了及时保障赛场的纯净，冬奥会期间，几乎所有检测项目都需要 24 小时之内报告结果，这就要求兴奋剂检测中心 24 小时连轴转。我和其余 19 位

同伴，变成了晚出早归的“守夜人”，晚上十点半从驻地前往场馆上岗服务，次日早上九点返程，摸黑前行的大巴车总打着微弱的灯光，成了暗夜里一盏踽踽独行的灯。

倒时差的经历也让人难以忘记，下午凭着褪黑素挣来五六个小时的睡眠，夜里一罐咖啡下肚再开始每天的检测任务。夜班的样品数量是最多的，北京赛区的部分样品和延庆赛区的样品会在凌晨送到检测中心，张家口赛区的样品也总是乘着火车在天快亮的时候到达，不过，我和同组的搭档从未出过错。

夜班的生活颠倒，但也带来很多惊喜。每天可以看到日出和清晨的阳光，八点一刻的日光透过场馆的落地玻璃窗，给正要下班的自己很多温暖。样品少的时候和场馆的老师们一起吃一顿泡面，聊天聊地。灵感来时，和小伙伴一晚改编了兴奋剂检测志愿者版歌曲，“纯洁冬奥需要你”的口号直击我们的内心。这一点一滴，是属于我们的感动和快乐。

唐宇巍（最前方）和同学们一起堆“冰墩墩”雪人

夜班生化组老师和志愿者的合影：造型“BIO”（左一）

实验室里，我所在的组是生化组，我们组不需要检测所有的样品，但检测项目与方法繁杂，组里总共负责十几个项目的检测，我和搭档主要负责促黄体生成素及人绒毛膜促性腺激素检测的初筛工作，还会协助老师进行其他三个项目的检测。还记得一次夜里几个项目同步进行，这边做上了质量控制样，那边需要准备试管，然后这边又走上样品，没想到下一波样品又来了得准备接收，如此来来往往，硬是从零点一直忙到了快八点，差点没赶上早饭。离开场馆时，我和搭档都很开心，那天我们总共做了 70 多个样品，心中的充实感与成就感油然而生，我真实地体会到，渺小的我也有自己的定位，在这场盛会中做着自己的奉献。

冬奥会与冬残奥会总共一个多月的服务，或许冬奥色彩不如其他志愿岗位那么浓厚，但我也收获了一群伙伴、良师和战友。我们在“鸟巢”的背面，24 小时守护着前方赛场的纯洁。这个冬天的经历告诉我，志愿服务是不求回报的爱与奉献，这份爱或许是无声的，但“小我”与“大我”紧紧相连，在那无限远处，也会有更多“小我”，发着属于自己的荧荧微光，照亮“大我”。

结语

兴奋剂检测中心没有鲜花、掌声与镜头，但也正是把自己藏起来的我们，让落在赛场的每一片雪花都能纯净。“功成不必在我，功成必定有我”，冬奥与残奥，有无数的人儿都怀着这样的信念化身为一片雪花，构筑这个冬季独特的美丽，每一个以细流入大海的我们，在岗位默默耕耘的我们，都是英雄。“请党放心，强国有我”，永远不会只是一句口号，永远会是我们青年一代许下的并且终生践行的誓言。从建党百年到冬奥，从夯实初心到砥砺初心，未来我也会继续以这样的姿态，昂首前行！

热情温暖寒冬，共护纯洁冰雪

朱玉洁

基础医学院 2018 级本科生

兴奋剂检测中心 兴奋剂检测志愿者

真情接力，跨越错位时空

由于绝大多数检测项目需要 24 小时内出报告，冬奥会期间检测中心 24 小时运转，志愿者实行三班倒的工作安排。同学们被分为人数相近的白班（8：00—17：00）、晚班（16：00—次日 1：00）、夜班（0：00—9：00）三个班次，从 1 月 26 日（上岗前一天）开始强行调整生物钟，过起了不同时区的生活。

随着大家逐渐进入工作状态，找到自己的生活节奏，驻地出现了错位时空的有趣现象。我们虽然住在同一层，甚至同一间宿舍，却彼此间有着几个小时的时差。我们每天沿着闭环内相同的路线往返于场馆和驻地，分别看到的却是绚烂的朝霞、迷人的黄昏和深沉的夜色。

然而，错位的时空并不能阻隔人与人之间的真情，反而更加凸显了人与人之间宝贵的体谅与关怀。由于任何时刻都有至少三分之一的人在场馆上班、至少三分之一的人在驻地睡觉，大家在走廊上都自觉放轻脚步、压低说话声音，以免打扰到其他同学休息。晚班的我和白班的室友由于工作排班不同只能见到熟睡中的彼此，成为朝夕相处却鲜有谋面的“最熟悉的陌生人”，但我们总是尽量不打扰对方休息，以接力的方式维护着宿舍小小空间内的整洁和温馨。

在场馆，我们同样接力完成着检测任务。24 小时不停歇上岗，确保了样品无论何时抵达，都能被第一时间处理并及时发出检测报告。每天交班的 1 小时是不同班次的老师、同学间难得的见面时间，既讨论实验进度和工作问题，也讲述对方不在时驻地发生的趣事。即便到了冬残奥会改为早晚两班时，我们也总是为彼此着想，计划着如何安排样品批次才能让另一个班次在上班时间内看完检测报告。

错位时空阻碍了我们的相聚，接力却延长了整个团队的“待机时间”。驻地楼梯间的壁画和装饰、春节视频的制作等诸多工作也是由不同班次的同学和老师接力完成的。每天凌晨顶着漫天星光返回驻地时，我们常能惊喜地发现宿舍楼公共空间的小小改变，就像不同班次同学间赠予对方的礼物。接力传递温暖，真情跨越时空，让昌平的冬天不再寒冷。

特别的春节，和“战友们”一起度过

这个春节，我们远离家乡，进驻闭环，在昌平驻地和老师、同学们共同度过了一个特别的“冬奥年”。早在正式上岗前，老师就告诉我们，我们开始工作后就不看农历、不管过节与否，内心只有“冬奥日历”。从 1 月 27 日开始迎接第一批赛前样品的检测，直到冬奥会最后一项比赛结束，老师和同学们 24 小时轮番在岗，在工作中度过了新春佳节。除夕当晚和大年初一凌晨都有样品抵达，我所在的晚班和夜班同学们在工作中迎接了壬寅虎年的到来。新年的钟声敲响之际，晚班和夜班的志愿者与实验室老师们在场馆的深夜食堂中齐声倒计时迎接新年，在《难忘今宵》的合唱中互致祝福，随后像往常一样交接班，开始新一年的工作。

在日复一日两点一线的上岗和一批批样品的处理工作中，脑海中农历和星期的概念早已模糊，心中似乎只有每日样品的编号和比赛的赛程安排。但对于我们这些第一次离家过年的同学而言，闭环内的这个春节依然有着独特的年味。驻地的辅导员、工作人员、实验室老师和志愿者为着共同的冬奥梦想和奉献精神留守京城、进驻闭环，像家人一样互相关怀。倒时差时同学们互相分享睡眠妙招，暗中筹划为寿星送上生日惊喜，临近春节走廊悄然出现的“福”字，深夜返回驻地时站在门口等我们“回家”的老师和安保小哥，时时关心、生怕我们累着的实验室老师，除夕当天学校、院系领导老师的亲切视频慰问，亲朋好友的云端祝福和支持……

准备上班的晚班志愿者（左一）与下班归来准备休息的夜班志愿者合影

元宵节集体生日会

尽管远离家乡、身处闭环，但在学校、家庭的坚强后盾和“战友们”的陪伴下，这个春节非但不孤单，反而拥有了别样的纪念意义。纯洁冰雪白、喜庆中国红与热情志愿蓝交相辉映，共同绘就了“冬奥年”“志愿年”的美丽画卷。

为国争光，不止在赛场

本次冬奥会中，许多“00后”运动员崭露头角，在赛场中为祖国赢得荣誉，用自己的汗水和激情阐释奥运精神，展现了新时代青年的风采。作为他们的同龄人，我们志愿者在钦佩的同时也在以自己的方式为这场冬奥盛会奉献中国青年的力量。

春节时，我们几个同学改编出品了兴奋剂检测志愿者版歌曲《Anti-Doping》，其中高潮部分的歌词便是“纯洁冬奥需要你”。在自制视频中激情演唱之余，我也在工作中逐渐体味到这句话的分量。运动员在比赛中不断挑战自身极限、探索无限可能，用跨越国界和种族的体育精神带给全人类以团结前行的力量。而公平、公正的竞争精神是这一切竞技活动的基石，反兴奋剂亦是其中的重要部分。我们认真细致地进行样品检测工作，内心并不希望有运动员兴奋剂检测阳性，而是想通过这一公开、严格的监督体系助力开展高效率、高质量的反兴奋剂工作，使运动员及相关人员“不敢用、不能用、不想用”兴奋剂，进而维护运动员身心健康，维护体育的纯洁。

“纯洁的冰雪，激情的约会”，这离不开所有运动员、各个岗位工作人员和志愿者及无数后勤保障人员的共同努力。作为晚班志愿者，我和同伴们常常因工作错过春晚、开闭幕式和各项赛事直播。当烟火在“鸟巢”上空绚烂绽放时，我在相距1.4千米的实验室听得十分真切，但和彼时正在做实验的老师同学一样，尽管内心十分激动和期待，我们依然有条不紊地继续着自己的操作。

下班后我迫不及待观看了开幕式的回放，被各冬奥代表团“小雪花”凝聚成人类“大雪花”的浪漫故事深深感动。这个比喻也让我联想到，在这个举世瞩目的晚上，从运动员到志愿者，不论台前还是幕后，各个领域的冬奥人都正在为这场盛会的全面开幕做着紧锣密鼓的准备，每个人都在尽自己的微薄之力为冬奥盛会的成功举办、中华民族的复兴而发光发热，正是这千千万万的小火苗，汇聚成了光彩夺目的奥运圣火。相信在全体中华儿女的共同努力下，我们一定能为世界呈现一次“简约、安全、精彩”的奥运盛会，向世界展现国家的综合实力和中华民族的风采。

我的五彩冬奥记忆

赵家明

基础医学院 2019 级本科生

兴奋剂检测中心 兴奋剂检测志愿者

我的冬奥之旅已接近尾声，回望这段冬奥志愿服务的经历，我希望用五环的颜色来铭记这段五彩的时光，留住我五彩斑斓的冬奥记忆。

蓝——冬奥之蓝，志愿之蓝

我的家乡在“千里冰封，万里雪飘”的黑龙江。作为黑龙江人对冰雪总有着某种执念，我希望通过这场冬奥盛会，向更多人展示冰雪的魅力，做家乡冰雪名片的代言人，这便是我报名冬奥会志愿者最朴实的初心。同时，我希望在我的青春年华里，可以留下一段珍贵而特殊的冬奥志愿回忆。尽管为此会牺牲其他的安排，但我相信若干年后想起这次选择，我会无怨无悔。

赵家明在昌平驻地的雪天里堆起“冰墩墩”雪人

兴奋剂检测实验室老师和志愿者的合影（左三）

黑——黑夜中盏盏不灭的灯

我是一名兴奋剂检测志愿者，任务是在实验室内对来自三个赛区的样品进行兴奋剂检测。由于实验室需要在接收样品后的 24 小时内给出报告，这要求我们志愿者的排班也是早班、晚班、夜班三班倒，且全程无休。作为一名预备党员和学生骨干，我认识到党员和骨干的身份绝不只是一个称号，还意味着一份责任。于是在征集排班意愿时，我主动选择成为一名星空下的“守夜人”，报名了零点到早上九点的夜班。

第一天上夜班岗时，恰逢我的农历生日。车上的小伙伴还自发组织为我唱起了生日歌，当时感动的心情我至今仍记得。当晚，我在朋友圈写道：“保持热爱，奔赴山海；星月为伍，有召即来。”

夜班的生活是一种挑战，但也是一次新奇的体验。

最初上岗的几天，我的睡眠质量很差，可能两个小时醒一次，醒一次需要半个小时才能入睡，而且提不起食欲，做实验也要靠喝咖啡强打精神。最后，褪黑素、眼罩、耳塞齐上阵，我才适应了夜班作息。此外，夜班的样品量是三个班次中最多的，这更需要我们夜班人打起百分百的精神，确保每一步检验操作的准确无误。

但同时，夜班的新奇体验也蛮有趣的。今年的春节，我第一次做到了全程“守岁”。我可以每天都在树洞上毫不费力地争夺“守夜冠军”；我可以每天看到太阳缓缓升起；我可以每天在中午睡觉时给朋友们发“午安”，在深夜时发“晚上好”，不出国就体验到时差感。

红——心中的那抹红

参与这场冬奥盛会，让我深刻感受到我与国家民族的命运同频共振。“不参加一次奥运会志愿服务，你永远不知道你有多爱国。”这一次，我代表的是自己的祖国。作为志愿者，我们需要面向全世界展现中国青年人的风采。

习近平总书记在2022年新年贺词中强调：“我们将竭诚为世界奉献一届奥运盛会。世界期待中国，中国做好了准备。”听到这句话后，我顿觉豪情在心，也深感使命在肩。在北大冬奥会志愿者出征仪式上，我作为一名医学生、一名兴奋剂检测志愿者，有幸接受了央视记者的采访。在采访中，我感慨在新冠肺炎疫情暴发之初，北大医学的前辈们奋不顾身逆行前往疫区一线，而如今，我也终于可以学着前辈们的模样，在党和国家需要的时刻挺身而出，为冬奥奉献自己的青春力量。我承担的兴奋剂检测任务，不仅关乎运动员之间的公平竞技，更关乎我国冬奥盛会的纯洁无瑕。我用严谨认真的态度、求真务实的行动，守护着冬奥的纯洁，回应党和国家的期待。

“你为何而来？”“因为国家需要我。”

黄——你们是冬日里金黄的暖阳

“只有当你的团队感动了你，你才会去感动其他人，感动世界。”这场冬奥之旅，最令我动容的便是你们，我的小伙伴们，我的老师们。

与我共同创作录制，唱响兴奋剂检测版《卡路里》的，是你们；在大雪纷飞时，一起堆起冒牌“冰墩墩”雪人的，是你们；在我的生日时，为我准备生日会，送上生日惊喜的，是你们；每天陪我在健身房用心“划水”和“佛系”锻炼的，是你们；每天上车、下车时，早早等候在驻地门口向我问好的，是你们；每天为我们做核酸，做好饭菜，做好保障，关心我们吃没吃饱、吃没吃好的，是你们。

感谢你们，如同冬日里金黄的暖阳，让我感受到了如同家人般的温暖，让这段冬奥之旅充满了温情与温度。我永远也不会忘记这段冬奥之旅，更不会忘记与我并行的大家。

绿——冬梦孕育着绿芽

冬奥盛会即将结束，但这场冬奥之旅带给我的影响远不会结束。

这次的冬奥志愿服务经历，让我结交了一群来自不同院系的朋友，亦是“战友”，在一个个不眠的昼夜，我们为了共同的目标奋斗着。这份情谊会是我一生宝贵的财富，期待着日后与你们再相聚。这次的冬奥志愿服务经历，使我更加明白了志愿服务的精神和意义。志愿服务，是奉献、友爱、互助、进步，是用心灵温暖心灵，让彼此都从中收获和成长。冬奥会的志愿服务，在我的心中种下了一株萌动的绿芽，将在日后的志愿活动中茁壮成长。这次的冬奥志愿服务经历，更加深化了个人与国家的紧密联系感。天下兴亡，匹夫有责。本次冬奥会，我们已圆满完成国家交付的任务，同时，也蓄势待发，做好继续接替重任的准备。我们接过上一代人手中的接力棒，努力跑好属于我们新一代青年的新征程。中国期待青年，青年做好了准备！这一棒，我们接好了！

向阳而生——我的冬奥故事

王祎洁
生命科学学院 2019 级本科生
兴奋剂检测中心 兴奋剂检测志愿者

晚上十点半，寒风萧瑟，灯光点点。我和其他十几位夜班小伙伴集合登上大巴车，准备前往 30 余公里外的冬奥会兴奋剂检测中心上岗。因为要在限定的时间内准确上报结果，检测实验室在冬奥会期间需要 24 小时运转。我们 61 人的志愿者队伍被分成三班，而我选择了最具挑战性的夜班，零点到早上九点上岗。就在此时，赛后的一批批样品也正在从三个赛区运送到实验室的路途中。喧嚣的城市逐渐睡去，而我们的工作才刚刚开始。

我的冬奥故事要从 2021 年 4 月讲起。那时我以志愿者的身份来到“冰立方”，参与到“相约北京”冬季体育系列测试活动冰壶和轮椅冰壶比赛的工作中。在人员管理领域，我负责场馆人员的管理和监督等工作。那时，我对于冬奥会还充满未知，在“冰立方”里也经常迷路，但大家凭借高效的工作，领域之间、人员之间在短短两周的测试时间里迅速磨合、不断探索，为正赛筹备积累丰富的经验，做足充分的准备，也积攒了无限的期待。那时的我并没有意识到，我的冬奥故事续篇会更加精彩难忘。

王祎洁冬奥主题照

一起堆“冰墩墩”雪人（第一排）

兴奋剂检测工作最重要的就是准确、快速。这不仅关系到一个运动员的职业生涯和命运，而且是直接保障了赛事的公正、公平，在“更快、更高、更强——更团结”的奥林匹克格言背后，纯洁奥运是最基本的底线，这要求我们在工作的时候更要细致认真。而我所在的生化组的检测样品种类更复杂，更加需要工作的专注度。但夜班的开始并不顺利，白天难以入睡，夜晚强打精神支撑，在凌晨最困的时候，赛时的一大批样品送达。好在后来我们逐渐适应，调整好了时差。场馆为我们准备了深夜餐，保证我们有充沛的体力；驻地为我们协调核酸等活动的时间，保障白天的睡眠；夜班的小伙伴们也一起相互帮助、共同克服困难。我们所在的独立闭环远离赛场，这时常让我们感到失落，记得开幕式那天，大家都守在电视机前观看美轮美奂、惊艳世界的表演，在“鸟巢”服务的志愿者晒出的现场照片更是让我们羡慕不已，而正在岗位上工作的我们只能在检测中心的小楼里遥望远处“鸟巢”的烟火。但想到我们的职责是为了守护赛场的公平，为了守护每一片纯洁的雪花，辛苦付出也都有了更深的意义。清晨，路上来往的车逐渐多了起来，慢慢地，太阳一点点露出头来，一抹朝霞划破寂静的夜晚，温暖的阳光逐渐笼罩。

我的生日距离春节很近，参加冬奥会是第一次没在家过年，也是第一次离开家过生日。在生日的前夜，我乘车来到场馆、交班、吃饭，一切都和往常一样。零点，我静静地坐在饭桌前，发送了生日朋友圈后，心中空落落的，真是有点想家了。突然身边几位同学一声声的“生日快乐”，让我惊喜万分，等回到休息区，同组同学还为我准备了惊喜，并一起为我唱了生日快乐歌，送给我“手套气球”，还为我准备了雪饼当作蛋糕，并用除夕当晚的瓜子当作蜡烛夹在上面。就这样，我拿着这个特殊的生日蛋糕许下了生日愿望，心里默念希望样品检测一切顺利。作为寿星，我掰开蛋糕分给大家，分享这份幸福。回到驻地，中队老师和同学也为我送来生日礼物和祝福，后来驻地还为我们举办了集体生日会，终于吃到了心心念念的生日蛋糕。虽然因为闭环条件，蛋糕上没有奶油，但我已经感到满满的幸福。

我们一起堆雪人，组夜宵局，改编歌曲，看春晚合唱《难忘今宵》，生活上相互关心；工作中我们也默契配合，遇到问题一起查文献，群策群力。虽然我们来自不同院系、不同年级，也仅仅共处几十天，但所有人都因为冬奥兴奋剂检测这个共同的目标默默付出、凝聚在一起。就在这些时刻，我想我已经融入了这个冬奥“小家”，这些充满爱与温暖的瞬间也汇聚成了我独特的冬奥记忆。除了我们，在不同场馆、不同岗位还有一个个“小家”，有各自不同的工作和任务，但1.9万名赛会志愿者组合起来的温暖“大家”，汇聚成了这个冬天最明亮的雪花。而作为这片片雪花中的一朵，我也在冬奥志愿奉献的过程中收获了更多的成长。

作为2000年出生的“世纪宝宝”，我伴随祖国发展，并一同成长。2009年我参与国庆60周年庆祝活动，祖国的强盛带给我强烈的震撼，“时刻准备着”是那时作为少先队员的我的心声；2019 年，在庆祝中华人民共和国成立 70 周年活动上，作为一名北大学子，当听到“团结起来，振兴中华”的口号在天安门广场一遍遍响起时，我感到一股股青春力量不断翻涌，满腔热血蓄势待发；2021 年中国共产党成立 100 周年庆祝大会中，我作为广场合唱成员，现场聆听习近平总书记讲话，立下了“请党放心，强国有我”的铿锵誓言，“我们献身这壮丽的事业，无限幸福无上荣光”唱出了我心中的无限澎湃。此次冬奥会，作为兴奋剂检测中心的一名志愿者，我进驻闭环，克服学业、科研上的压力，利用自己所学的知识参与冬奥、服务冬奥，为盛会的顺利举办奉献自己的力量，也为这个不寻常的冬天增添一份温暖。

伴随着和煦的春光，我们结束了一晚的工作返回到驻地。傍晚，新一天的工作又将开始。作为一名新时代的青年，我从见证者，到参与者，再到奉献者，经历了多重身份的转换。在这个过程中，我深刻地认识到国家强盛、民族复兴必然需要无数个“小我”在党和国家需要的时刻挺身而出，或许在台前，但有更多的人在幕后默默无闻地奉献。正值青春年少的我们，正如一抹朝阳，要接好时代的接力棒，继续为祖国和人民贡献青春和力量。

冬奥的故事还在继续，成长的脚步也不停歇，我们一同奉献，“一起向未来”。

冰雪世界中的电波

占可盈

信息科学技术学院 2020 级本科生

国家游泳中心 场馆通信中心助理

我是北京大学信息科学技术学院 2020 级本科生，占可盈。我曾服务于 2021 年 4 月和 10 月两次冬奥测试赛，今年，我也很荣幸能再次入选志愿者队伍，作为一名北大学子亲身参与北京冬奥会、冬残奥会。

在这几次比赛中，我服务的岗位都是场馆通信中心（VCC）助理，负责数字集群、公网对讲中信息的传达、监听、记录等。在运行指挥室的工位上，我和同岗位的志愿者们戴着耳机，手持对讲机，全天在岗，随时静候着来自各个业务领域的信号。通信中心助理的工作，可以比喻为神经元，搭建起了运行指挥室和场馆内各领域的沟通桥梁，同时协助领域之间的分工合作。这让我们能够切身感受整个场馆的运行状况，倾听冬奥赛事平稳行进的脚步声，让自己的心跳与“冰立方”同频共振，这是一个很难得的机会。

在场馆度过的时光十分有趣，挑其中一点来说，场馆的老师们准备了毽子、跳绳、呼啦圈、俯卧撑支架等健身器具——我们休息时间的多巴胺来源之一。众人一起踢毽子，有时也有其他领域的同学来“掺一脚”。大家在场馆里拍照时挑战直角蹲，我的姿势不大标准，不过撑到了 90 秒还蛮有成就感！

志愿服务的时光，就这样平淡却点缀着欢声笑语。而最难忘的事情，大概是我很有幸能作为志愿者，在现场保障北京冬奥会开幕式活动。在仪式开始之前，现场的电子屏幕播放了一段短片，内容不过是熟悉的几个大城市里车水马龙、灯火辉煌的景象。可是那一刻，我想到祖国现在能够如此繁荣富强，如此自信地向世界展现自己的辉煌面貌，实在是令人动容。我们已经不需要北京 2008 年夏奥会开幕式“人海战术”类型的气势恢宏的节目来展现自己，简约创新，且富有艺术性、现代感和青春活力的表演足以向全世界彰显当代中国。后来，我在社交媒体上看见一张升旗士兵脸颊上挂着泪珠的照片，大概这就是当时在场中国人的心情的真实写照。

开幕式的表演精彩纷呈，在点燃火炬前，小朋友们的歌舞节目令人印象深刻。录像里，从滑雪摔倒的懵懂儿童，到训练场上刻苦的少年，这是我国冰雪运动潜力无限的未来。北京冬奥会对我国冰雪运动发展的助推力量是巨大的，不仅在于让苏翊鸣这样的冠军选手明确了自己的方向，还在于让有益身心健康的、丰富的冰雪运动走入寻常百姓家。

我们22中队的志愿者们也常在闲暇时一起看比赛，为冰壶队的开门红喝彩，见证谷爱凌、苏翊鸣等运动健儿的夺金时刻。当然也不得不提年节期间，中国女足在半决赛、决赛顽强战斗，攻克日、韩强队的两场硬仗。至于备受瞩目的花样滑冰比赛，我很喜欢俄罗斯女单的亚历山德拉·维亚切斯拉沃夫娜·特鲁索娃。她是世界上第一个完成四周跳的女单选手，这次女单自由滑更是挑战了媲美男单顶级选手的难度，五个四周跳，那种力量感充沛的表演极富有感染力。虽然结果不尽如人意，年仅17岁的她也在赛后难掩泪水，但她无疑是花滑女单历史的开拓者。借用网友的一句评论："大家记不住花滑女单有多少个冠军，但五个四周跳只有她一个。"

这次志愿服务过程中，后勤保障团队的老师和同学为我们志愿者提供了无微不至的照顾。1月11日起，北大本部校区举行了各种有趣的活动，也在出发前为我们提供了丰富多样的物资福利。令人印象深刻的是中队和院系分别组织的两次集体庆生，一扫寒假无法回家的遗憾。场馆管理领域的老师们也为我们准备了生日礼物，是一只"丑萌"的熊猫玩偶。还记得1月22日刚刚到达昌平校区的驻地，宿舍楼和食堂明亮整洁、设施齐全，驻地的老师、医护人员、警察、保安等为我们营造了温馨的氛围。来时每个人收养了一盆植株，我的是一株多肉，它在2月初抽出了枝条，小花含苞待放。

占可盈在北京2022年冬奥会开幕式现场

占可盈与熊猫玩偶

3月春悄然来到，我们脱下了冬天的羽绒制服，"冰立方"也进入了转换期，收整一番准备迎接冬残奥会的轮椅冰壶比赛。"两个奥运，同样精彩"，我在这次冬残奥会志愿服务的过程中深有感悟。残疾人运动员们以爱拼敢赢的精神，在体育场上锻炼力量、磨砺技巧，向着"更快、更高、更强"冲击，为国家赢得荣耀。在"冰立方"，我国轮椅冰壶队一路过关斩将，成功实现在家门口升国旗、唱国歌的夙愿。决赛期间我正好轮休，有幸见证了颁奖仪式。

时光飞逝，冬奥会、冬残奥会已画上了圆满的句号。从去年 4 月、10 月到今年 2 月、3 月，我看着奥林匹克公园的计时牌从倒数 300 日、倒数 100 日、冬奥开幕到冬残奥闭幕，一路见证着“冰立方”在赛事承办上更上一层楼。我更荣幸能够参与如此盛大的国际体育盛会，为国家奉献自己的一份力量。

大梦冬奥

徐晨
前沿交叉学科研究院 2019 级直博生
国家游泳中心 场馆通信中心助理

北京 2022 年冬奥会和冬残奥会志愿服务的日子仿佛是场梦，冬残奥会结束后我们还有 20 天的隔离，用于从这场梦里缓缓醒来，把经历的每件大事、小事，每分每秒的感动和情绪化成回忆。“鸟巢”上空的磅礴烟火和绚丽灯光，指挥室里的灯火通明和此起彼伏的对讲，冬残奥会中国轮椅冰壶队一路披荆夺冠时志愿者们一起激情的欢呼，冉冉升起的五星红旗和响彻场馆的《歌唱祖国》，构成了我对冬奥会、冬残奥会的独特记忆。

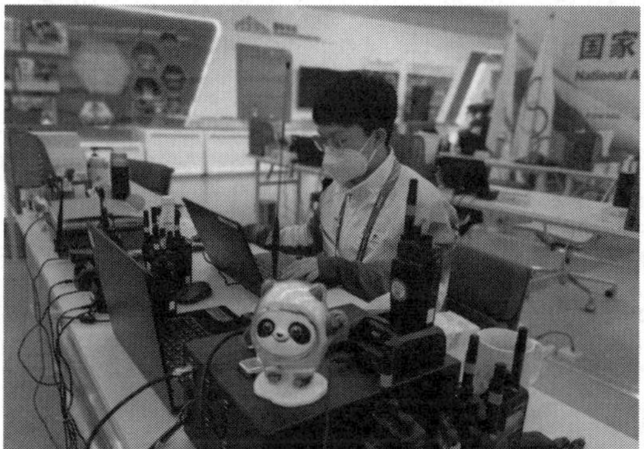

徐晨在“冰立方”运行指挥室进行志愿服务

徐晨在现场见证冬残奥会
中国轮椅冰壶队夺冠

一直以来，志愿活动都是我非常喜欢的事情。在冬奥会和冬残奥会的志愿服务中，我工作的地点是“冰立方”的运行指挥室，主要工作内容是监听、记录场馆内各领域之间的集群通话，完成不同领域之间集群通话的转接，完成和北京 2022 年冬奥会和冬残奥会运行指挥部的对接汇报及场馆内重要通知的广播。在这里工作能够了解整个场馆的工作体系、各个领域的联系网络和调度机制，是一个很好的学习机会。我们的岗位经常要等到场馆内其他所有领域工作人员下班后才能够离开，经常会有每天晚班工作到深夜十二点，凌晨一点回到驻地，第二天早上五点半集结上岗的工作状态。晨起而出，日落时归，虽然疲惫，但是我的内心总是升起一股荣耀与自豪感。同时，身边的老师们也和我们一起并肩战斗，没有人会喊累，每个人都在为冬奥会和冬残奥会的顺利运行拧紧自己的那颗螺丝。

真心感谢团队里带领我们的两位老师，工作时认真负责，工作之外把我们当作弟弟妹妹一样照顾。无论是一个个水果、一碗碗面，还是一次次欢声笑语，我都发自内心地感到开心，永远会记得并心存感激。也真心感谢团队里的每一位同学，志愿服务生活里的很多快乐都是可爱的你们带来的，希望即使奥运会结束，我们也将后会有期。

志愿服务的梦醒时，迎接我的是烦琐的科研任务和沉重的毕业压力，但我想，经历了这两个月的洗礼，我收获了更多的幸福感，也会有更充足的勇气迎接未来的挑战。

在世界新冠肺炎疫情形势严峻的大环境下，中国为世界呈现了一届“简约、安全、精彩”的奥运盛会，相比于北京 2008 年夏季奥运恢宏磅礴的亮剑时刻，北京 2022 年冬奥会和冬残奥会展现给世界截然不同的信号，以一种长远包容的态度，举办了一届真正属于中国人的低调而内敛的奥运会。无论是开幕式上简洁却体现了可持续发展意义的圣火，还是各个项目中出现的对归化运动员的宣传和支持，无不体现着中国的底气和包容多元文化的心态。

一场国际盛事开启又落幕，于祖国是璀璨历史里的华丽乐章，于北大是与国家的再一次同呼吸、共命运，于全体志愿者是微笑和汗水背后展现的中国模样，于我自己则是幸逢盛世的美好回忆！我将带着这份宝贵的精神财富，带着更饱满的热情和更坚定的意志，以自强不息、顽强拼搏的奥运精神作为指引，将个人梦想汇入宏大中国梦，以昂扬向上的精神、科学严谨的态度、务实高效的作风为建设祖国作出贡献！

冬奥日记

唐浩然

信息科学技术学院 2018 级本科生

国家游泳中心 场馆通信中心助理

这里没有太多华丽的辞藻，没有宏伟壮阔的描摹，亦没有少年那高远的志向，有的只是我对冬奥会期间发生的点点滴滴的记录。可能这篇文章就如同我平日里的工作一般平凡无奇，但它们都将是我永生难忘的回忆。

先说说我平日里都做些什么。我所服务的志愿领域是场馆通信中心助理，日常的工作主要是负责协助“冰立方”各个业务领域之间的通信。如果发生了异常情况，我们需要及时上报并做好记录。对于我来说，日常活动范围几乎就只有在场馆一层运行指挥室的房间里面，有时会羡慕身上挂着满满徽章的志愿者们，也幻想过能收获和运动员们的合影。工作中的乐趣便是每天保证场馆在有条不紊地运行，看着门前走过来自不同国家的记者朋友们，然后跟他们挥挥手。我想，每一段关于冬奥的经历都应该是独特且珍贵的，在工作最疲惫的时候我也曾怀疑过自己，可在冬奥会闭幕之后，心中留下的就只剩下了不舍。

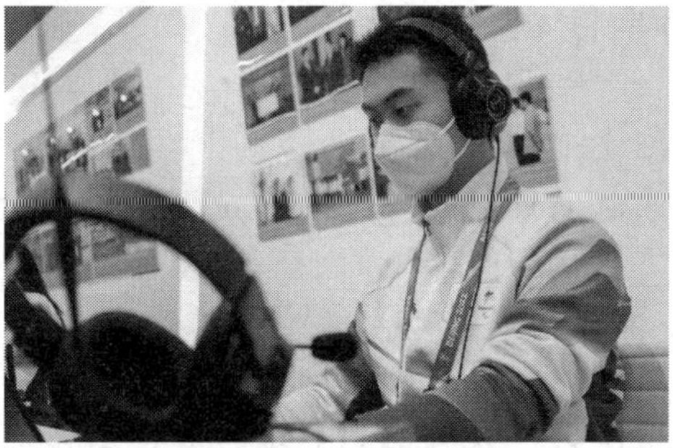

冬奥会期间唐浩然在场馆的工作照

4 月份测试赛唐浩然在五棵松场馆担任护旗手

过街天桥上的两通电话

说起我跟冬奥的缘分，最早是在五棵松的测试赛上我担任了护旗手的工作，在这之后又经过了层层面试有幸能够成为冬奥会的一名志愿者。印象里最深的是有一天下午正走在实验室回到学校必经的过街天桥上，接到了团委范老师的电话，在风声和车流声中我依稀听清了是询问我是否参加这次冬奥会。当时只有几个小时的时间去决定，我给父母打了电话，我说："爸，妈，今年可能不能回家过年了。"母亲说："有些事情人的一生中只有一次，将会是你这一辈子都忘不掉的经历，我和你爸都会在电视机前支持你的，去吧孩子。"可能就是这句话打消了我心中最后的一丝犹豫，从这之后便只剩下了义无反顾。

过年的饺子里有花生

这是我第一次没在家中过年，能看出身边的志愿者也大都和我一样，但这次除夕也是我最难忘的。不仅是与家人分别的难忘，更多的是融入了另一个大家庭。从早上开始我们便和老师们一起布置，从贴对联到写"福"字，自己也不自觉地融入了年味里面。过年少不了的还有饺子，从洗干净每一种食材到饺子出锅，都是我们一起完成的。匆促的年没有硬币，便用花生作为替代品。就像花生可以替代硬币，我们身边的伙伴在此刻也替代了家人的位置，可能在那一刻，我们本就是彼此的家人了。运气不错的是那个最特殊的饺子最后被我吃到了，也将我的幸运分享给正在阅读的你们，期待新的一年有好事"花生"。

全世界最棒的生日 Party

可能饺子里的好运一直延续了下去，在两次闭幕式的现场，在"鸟巢"万千挥动的国旗中有一个便是我的。虽然那天真的很冷，但在寒风中我也和身边的人一样，都有着火热的内心。从入场开始就被中国的简约式浪漫所震撼，在那一刻所有人都从紧张的赛事氛围中释放，开始尽情享受着冬奥会、冬残奥会的圆满成功。也正巧其中的一天是我的生日，旧的一岁可以跟冬奥会一同落幕，还有身边的朋友们一起为我庆祝，甚至感觉对生日的庆祝也融入了全世界的欢呼声中，那绝对是我最棒的生日。那天晚上我激动得难以入睡，只觉得冬奥的雪花一直萦绕在我心间。

写在最后，也写给在我身边的你们。从始至终，我都觉得自己不是孤身一人，有强大的祖国可以依靠，有电视机前的家人，有在闭环外等着我的朋友，有朝夕相处的志愿者，有场馆里带着我成长的哥哥姐姐，还有在驻地默默支撑着我的老师。写下这些的时候，我已经圆满地完成了冬奥会、冬残奥会的志愿服务。但在未来的日子里我想我们还会再相见，我也有足够的信心和你们“一起向未来”。在志愿服务期间，最让我感到自豪的可能就是可以对门前走过的外国朋友自信地挥一挥手，说上一句“欢迎来到‘冰立方’，欢迎来到中国!”

守护“冰立方”永不消逝的电波

刘雨萱
外国语学院 2018 级本科生
国家游泳中心 场馆通信中心助理

在“冰立方”场馆运行指挥室，我们是像基站一样的幕后工作者，从冬奥会到冬残奥会，一台电脑、一台数字集群固定台、一副耳机和几台集群手台，我们用这些设备收听、记录场馆各个角落的大小事，保障着“冰立方”对内对外、对上对下的信息畅通。

“宇宙不爆炸，场馆通信中心不放假”是我们全程坚守岗位、不漏听漏报一条信息的承诺，“保密局工作人员”的自称诠释了我们对工作纪律、保密规定的严守。工作中，我们沉着冷静、迅速反应，团结协作、有条不紊；工作外，我们共同创造美好回忆，是相互关爱的温馨集体。将热爱奉献在“冰立方”，我们是“场馆通信中心天团”，守护着它上空永不消逝的电波。

坚守幕后，关心“冰立方”中的大小事

“各业务领域请注意，现在开始早点名。”

“请各业务领域注意防疫要求，按要求做好消毒、戴口罩，保持社交距离。”

“比赛开始，请各业务领域知悉。”

“您好，请您转至场馆通信中心公共台进行通话。”

“场馆通信中心收到，完毕。”

作为“冰立方”场馆管理领域场馆通信中心闭环内的志愿者，我们每天都会通过数字集群对讲机向“冰立方”中各个领域的工作人员播报各种通知，此外，我们还会收听场馆中所有手台的通话，监听并记录集群电话使用规范情况，关注着场馆里各领域工作中发生的大大小小的事件。我们收集与发放的信息包括公共信息，比如体育业务领域会在运动员到馆、训练开始与结束、比赛开始与结束时向场馆通信中心报告，之后我们会将这一信息传达给其他通话组的业务领域，特别是交通、安保领域，提醒他们做好各方面的保障。

我们还会参与突发事件的处理，比如赛场上的设施故障；如果出现问题一个业务领域无法独立解决，需要联动其他业务领域时，我们也会对他们的

顺畅通话进行协助。此外，我们的工作还会涉及一些小事，有一次场馆中有工作人员上报捡到记者的钱包，就由我们协调安保部门与这位工作人员对接。从冬奥会赛前十天到比赛结束的转换期，再到冬残奥会，我们坚守在场馆运行指挥室，为场馆正常运转贡献着力量，保证了后续工作平稳有序地完成。虽然我们的工作场所不在比赛场地，但我们的工作对比赛的顺利进行和场馆各方面正常运转起着至关重要的作用。

在上岗前培训时，我们学习了如何操作场馆中通用的800 M数字集群固定台和手台，在集群通话中使用的话术，以及如何以规范的方式帮助各业务领域实现跨组通话。此外，我们还需要将各业务领域的英文简称、所在通话组牢记于心，这样才能在突发事件发生及不同业务领域之间需要建立联系时有条不紊、迅速反应、完成转组、完美解决问题。由于工作场所和工作内容的特殊性，我们需要遵守严格的行为规范、上网纪律和保密规定。保守秘密、严守纪律，这也是每一位场馆管理领域志愿者的工作任务。

除去收听通话组的工作，我们还有一位志愿者负责在运行指挥室门外对入场人员进行登记和手部消毒提醒，避免无关人员进入。在情人节那天，我和同领域的李祥、陈霄依等同学看到登记桌比较单调，标语也略显严肃，于是突发奇想，将橡胶手套吹鼓，做成“冰墩墩”和“雪容融”的样子，上面用英语写上欢迎的话语，小桌子一下子变得温馨可爱，吸引了很多路过的外国友人的目光，很多人提出想给它拍照的请求。虽然我们领域的工作并不直接为外籍人士提供服务，但我们很开心能够以这种方式展现对远道而来的客人的友好与善意。

志愿者的志愿者，做好后勤保障工作

我在场馆管理领域担任组长。由于上一年4月测试活动和10月测试赛期间都在场馆管理领域工作，对于集群操作积累了一些经验，深知第一次接触集群设备、涵盖所有业务领域的复杂的通话组表格、标准化的话术和“1.4 G集群终端”“800 M集群终端”这些专有名词时会感到多么困惑，我会帮助新来的小伙伴，用简单的方式讲解操作流程，解答他们的疑惑，帮助他们尽快适应工作。此外，我还负责场馆管理领域志愿者的后勤工作，日常上报防疫情况，安排好大家的交通和用餐问题，以及协助领域老师策划我们的团建活动，一起组织了新年联欢会、除夕包饺子、元宵节猜灯谜、集体生日会活动，为大家做好保障，促使“场馆通信中心天团”尽快凝聚成一个相互熟悉、团结友爱的集体。在工作中，我们经常需要团队配合、相互帮助；工作之外，一次次的团建活动增加了我们的集体认同感和归属感，使得同学和老师之间更加熟悉、关系更加亲密。

结缘冬奥，圆七年之梦

我的冬奥故事的起点可以追溯到温哥华2010年冬奥会，当我第一次看到王冰玉带领的中国冰壶女队在晶莹的冰面上投出一只只富有力量的冰壶，伴随着呐喊声将对方的壶击出大本营时，年仅十岁的我就爱上了这项智慧与激情交融碰撞的运动。参与本次冬奥会和冬残奥会志愿服务，是我的一个愿望，自2015年7月31日北京携手张家口申奥成功以来，这个愿望像一粒种子在我心中生根发芽，直到北京大学作为平台，给予我报名成为一名储备志愿者的机会并参加4月测试活动，它终于开花。从4月、10月到正赛，我陪伴着冬奥一路成长，从最初点名时的手忙脚乱到现在能够在主管老师不在时将工作安排得井井有条，担负起在工作和生活中照顾大家的责任，遇见更加自信、优秀的自己。

在志愿服务过程中，从普通冰壶迷到赛会筹办人员身份的转变，使我对冰雪赛事有了更立体的感知与收获。以前作为观众时，最为牵动我内心的是运动员的表现，而现在作为工作人员，我的关注重心转向了比赛是否正常进行、场馆运转是否顺利。在场馆管理领域的工作中，我深刻地意识到比赛不仅仅是转播摄像机拍摄到的一方画面，为赛事能够顺利举办而付出的人有很多，他们都在非常重要的岗位上，包括安保、物流、医疗、基础设施、技术等领域，这是一个很大的团队。在场下也有许多重要的角色，除去场馆中的工作人员，还有城市志愿者及在驻地大后方的保障老师在辛勤工作，每个人的努力都是这场“简约、安全、精彩”的盛会能够顺利呈现给全世界的原因。我想，这种甘居幕后，“功成不必在我，功成必定有我”的奉献精神也是奥运精神的一部分。

刘雨萱在运行指挥室工作

刘雨萱冬残奥主题照

我们作为“冰立方”的工作人员，也见证了赛场上的奥林匹克精神和人与人之间的合作、尊重与友谊。最令我印象深刻的是轮椅冰壶赛场上队员们由于行动不便，更需要相互配合、相互帮助，如投壶时帮队友将壶移动到合适的位置、固定住轮椅，对手之间也会相互鼓励，这种惺惺相惜的情感让人感动。无论是“千万雪花，竞相开放，万千你我，汇聚成一个家”还是“Imagine all the people，sharing all the world”，当平和安宁的旋律响起，我们总能回想起无数感人的瞬间，北京2022年冬奥会和冬残奥会让“天下一家”美好愿景的实现成为可能，也让我们对人类命运共同体的构建充满期待。

与七年筹备和盼望相较，北京2022年冬奥会和冬残奥会从开幕到闭幕只有短短几十天，仿佛转瞬即逝的一场梦。我非常荣幸能够参与到“冰立方”场馆管理领域的服务之中，从入环到出环，我在这里经历了化蛹成蝶的过程，这段经历是我人生的宝贵财富，希望所有共事的老师和同学事业、学业顺利，未来能够再相聚。

一壶新茶一冬雪

戴一双

环境科学与工程学院 2020 级直博生

国家游泳中心 场馆通信中心助理

燃情冰雪，志愿相约，做盛事中的一片雪花

志愿者出征的那一天，北京的天空飘起了小雪。在光线的变换中，雪花晶莹地绽放，每一片都美丽，每一片都不一样。回想起一开始报名冬奥会志愿者时，面对将近 80 天的闭环管理，我第一时间下定决心：一定不能错过这个机会。能以志愿者身份服务冬奥，正是新时代新青年与祖国同呼吸、共命运的最直接机会。

戴一双冬奥主题照

戴一双工作照

在“冰立方”正式上岗后，我立刻感受到工作团队由内而发的强大力量，举办一届“简约、安全、精彩”的奥运盛会的共同目标和内驱力将每个人团结在一起。尤其让我感动的是，作为大学生志愿者，场馆的老师们给予了我们对待孩子般的照顾和关爱，同时也将我们视为一同奋战在一线的战友。除夕当晚，忙碌了一天的老师们亲自安排了热腾腾的饺子宴，坚持“让孩子们先吃”；大年初一清晨，当看到志愿者已经到岗就绪，场馆主任也不吝赞美：“这就是我们未来扛起责任的下一代！”

冬奥会开幕式的当天，一朵雪花的故事贯穿始终，代表了每一个国家、

每一个人，片片雪花汇聚成人类共同的未来。在这个举世瞩目的夜晚，我有幸作为一名党员志愿者，坚守在“冰立方”的值班岗位上，在离“鸟巢”500米的距离，见证了雪花在夜空中的绽放。那一刻，我真切地感受到自己也如同一片雪花融入了这场盛事中。

情致广大，事尽精微，努力站好每一班岗

在冬奥会赛前上岗时，冬奥组委领导提醒各场馆的一句话令我印象深刻：“越是到了临近开赛的关键时期，决定成败的往往都是鸡毛蒜皮的小事。”北京2022年冬奥会是我国重要历史节点的重大标志性活动，我们何其有幸能够作为志愿者亲身见证并参与其中。冬奥盛会的宏大图景成为每位志愿者的内在驱动力，但落实到具体工作中，我们所做的往往都是“小事”，但也正是因为每位志愿者顺利完成的“螺丝钉”工作，支持了整个冬奥会的圆满成功。我们岗位日常的工作包括记录场馆集群通话的内容、发生的重要事件，传达场馆调度信息，回复各业务领域的工作诉求等，保障着“冰立方”内外、上下之间的信息畅通。以我所负责监听并记录的技术领域为例，尽管工作任务量较小，但却是播报重要紧急事件次数最多的集群之一，这要求我无论何时都不能放松警惕，随时准备快速响应，并及时上报给主管老师。

“冰立方”承办的是冰壶赛事，比赛场次最多、单场时间长，因而开赛最早、结束最晚。密集的赛事安排让志愿者们经常需要长时间工作，最长的一次晚上十二点下班，第二天早上六点就要继续上班，来回通勤还需要一个多小时的时间。但我总能回想起每次乘着晨光熹微进入办公室时，团队的老师都已经就位；志愿者们下班后，其他工作人员还要继续工作到凌晨直至场馆运行任务全部结束。“大道至简，贵在坚持”，团队的战斗力，也就在“站好每一班”中体现了。我所在的小组有幸在冬奥会冰壶第一场比赛和冬残奥会轮椅冰壶最后一场比赛上岗工作，从一开始紧张有序“打好第一仗”，到坚持不懈“站好最后一班岗”，我们秉持热情，一以贯之，成为场馆上空“永不消逝的电波”，真正做到了有始有终。

当比赛运行稳定后，一开始的新鲜感也会渐渐褪去，志愿者还要学习如何继续保持工作的热情。对场馆通信中心助理志愿者来说，虽然每天的工作程序基本一致，但绝不会有两天的内容完全相同，不断从新的事件中学习工作思路，这也是我在志愿者岗位上体会到的最大乐趣之一。何况，有时候还会有工作上的“意外之喜”。一般情况下，我们岗位都在室内工作，与外国友人很少碰面，也没有直接为其服务的机会。但一次因为临时有事，我在提前返回驻地乘车的途中，遇到了一位问路的外国友人。尽管事发突然，之前缺

乏相关的经验，有些紧张，但凭借着志愿者通用培训的知识，我迅速了解到这是一位韩国的媒体记者，希望进入场馆内部观赛，最后顺利地引导他进入了场馆。事后回想起来，这次意外的服务就像是一次对志愿者基本功的考验，如果没有经历志愿者通用培训，没有在岗位工作中积累对场馆的认知，这次偶遇很有可能就在遗憾中结束了。

沉淀收获，延续价值，让冬奥精神照进生活

全新的环境、封闭的管理、固定的餐食、规律的作息、之前并无交集的新朋友……这一切都让我感觉生活像打开了一个副本，既定的主线出现了岔路，一段特别的旅程就此开启。如果说之前的生活是一种“蜷缩保守”的状态，眼里关心的事只是有限的几件，当置身于这场盛大赛事，就像是将自己“摊开”，允许更多的事物进入内心。如果不是亲身经历了这场奥运盛事，或许我很难再有机会去如此直接地体悟奥林匹克精神的内涵。在场馆运行指挥室的电视机前，我们领略了运动员勇攀高峰、坚持不懈的精神，目睹了他们创造的奇迹与精彩，也见证了运动员之间不分国籍的友谊。在冬奥会闭幕式上，当运动员们入场告别时全场观众无差别地送上热烈喝彩，大屏幕定格在俄乌两国运动员相拥的画面，以及天空中升起“世界大同，天下一家”的烟花，那一刻闪烁的理想光辉让我备受感动。在中国轮椅冰壶队夺金的那一天，从场馆竞赛主任的哽咽中，我了解到这支王者之师卫冕夺冠背后的故事，在当年训练场地匮乏、只能借用他人场地的情况下，他们竟不吃不喝只为了少上厕所以节省宝贵的训练时间。在冬残奥会所有工作任务结束的那一晚，“冰立方”所有工作人员和志愿者共聚一堂，我看见志愿者们用简单却饱含热烈情感的英语和朝夕相处的外籍技术老师挥手告别、互赠信物，在新冠肺炎疫情阴影笼罩全球、世界局势动荡变化的今天，奥运会给予不同国家人民的这种因缘际会显得如此珍贵……我是如此感激，这一切令人感动的瞬间，没有这次奥运会便不会发生；如果我没有来到这里，我便没有机会将这些瞬间记录下来，成为值得回味一生的记忆。

从校园到“冰立方”，从冬奥到冬残奥，从寒冬到暖春，共计 52 天的冬奥志愿服务旅程行将结束，但它为我们带来的价值仍将在生活中延续。近两个月的志愿服务，就像是我们大学生将自身融入集体，将个人价值与服务社会相融合的一次很好的试炼，它使我们明白在工作中应当避免以自我为中心，而应更多地考虑个人行为对集体利益造成的影响。同时，从以往电视机前的观众变成幕后的工作人员，我们清晰地了解到冬奥会远不只在荧屏上展现的那些精彩瞬间，其成功背后是成千上万、默默无闻的工作人员日复一日、年

复一年的辛苦付出。对我们青年人来说，应当明白人生亦如此，只有踏踏实实走好每一步，才能实现属于自己的精彩一刻。

作为世界上首个既举办过夏奥会又举办过冬奥会的“双奥之城”，北京完美履行了为世界奉献一届“简约、安全、精彩”的奥运盛会的庄严承诺。青春如歌，恰逢盛事，我们有幸成为北京大学“冰新一代”志愿者，亲身经历和见证了这场奥运盛事。未来，我们当以“双奥”精神为新的指引，为建设祖国贡献自己的力量！

乘冬奥之风，踏青春之路

赵蔓

人口研究所 2020 级硕士研究生

国家游泳中心 交通服务助理

北京 2008 年奥运会时，坐在电视机前的我就在憧憬着，能成为一名奥运会志愿者该有多好啊！2020 年，还在大四的我在冬奥会官网上报了名，期待着在这一国际赛事中贡献自己的力量。时间一眨眼来到 2022 年，经过院系筛选、面试、培训等一系列的环节，我终于穿上志愿者的衣服，进入了闭环，如愿站在了冬奥会的现场，展示北京大学“冰新一代”的风采。

赵蔓冬奥主题照

赵蔓在北广场对运动员上下车进行指引

我是一名交通领域的志愿者。我的职责主要是在交通服务台为各位贵宾提供交通指引，根据不同贵宾的情况，为他们指引相应的专车、预约车、临时车、出租车、大巴车等，以便他们在闭环内也可以享受便利的交通服务。除此之外，身为组长，也要负责本领域志愿者的交通、排班、宣传、物资领取等工作，为志愿者的日常工作保驾护航。而身为北京大学冬奥教育宣传组的学生骨干，也会定期协助老师进行文字整理的相关工作。

印象最深的一次服务是，一位贵宾在乘坐 T3 车辆时，把手机落在了车上。到场馆发现手机遗落之后马上来交通服务台和我们联系，了解他的情况后，我们马上和领域经理、车辆调度进行对接，在最短的时间内联系到了司机。在此期间，我们也和贵宾及时沟通进展，疏解情绪。司机在进行上报、做好车辆消杀和物品专门消杀之后，又返回场馆将手机送还回来，并进行拍照记录。我们最后交给贵宾的，不仅仅是一台手机，也是完成闭环内合格消杀流程之后的安全物品。拿到手机之后，贵宾对于我们的工作给予了极大的肯定，并对我们表达了感谢，这也是我们传递的一份“中国名片”。

早上七点运动员进场时，我们在；晚上十一点比赛结束退场时，我们也在。我们始终在岗位上为“冰立方”的每一个人提供交通服务，从迎接他们下车的第一句“Welcome to National Aquatics Centre.”到他们离开场馆的最后一句“Goodbye，have a nice day.”，在每个往来人员需要服务的时候，我们都热情地为他们提供指引。我们的服务，开始于第一眼的发现，结束于每一次的目送，发现他们的需求和问题，真诚地为他们解答，赛后目送运动员离开场馆，目送贵宾乘车离开，目送媒体乘上大巴，他们远去的背影让我们安心，仿佛在告诉我们“我们正在顺利地前往下一个目的地”。

冬残奥会也是对我们工作的另一番考验，需要我们更细心地关注每一位运动员、每一位来宾，关注他们是否需要帮助，并提供自己力所能及的服务，既要传递善意，也不能过分热情。这更要求我们掌握好志愿服务的“度”，且做到有求必应。在场外，我们一起为每一位运动员加油，与冬残奥运动员一起见证荣光。

志合者，不以山海为远。冬奥会于我，最重要的意义是，这是我以学生身份参加的最后一次志愿服务，70 天的闭环时光里，收获的是运动健儿们奋勇拼搏、超越自我的精神，收获的是每一个“Thank you”背后的满足感，收获的是与伙伴们一起并肩作战的友谊。相聚奥运五环旗下，共赴“冬奥之约”“新春之会”，这场殊为不易的相聚，将为我的学生生涯画上最完美的句号。在此之后，我将以北大选调生的身份，奔赴祖国基层，将在冬奥会上收获到的来自天南地北的热情继续回馈和报答给祖国，继续传递“更团结”和“一起向未来”的冬奥精神，让青春在党和人民最需要的地方绽放绚丽之花。

北京 2008 年奥运会，“水立方”承担了跳水、游泳项目的赛事，我作为一名观众见证了它最耀眼的高光时刻。14 年过去了，我成为一名志愿者见证“冰立方”的再次惊艳亮相，这座奥运主要场馆从柔情似水到刚毅如冰，标志着北京夏奥与北京冬奥再次实现了完美的对接传承。奥运会的服务精神也在传承，很荣幸和负责过北京 2008 年奥运会的工作人员一起执行冬奥任务，倾听他们 2008 年奥运会的故事，学习他们的工作经验，传承奥运理念和精神，从夏到冬，大家一起再出发，“一起向未来!”

纯洁冬奥，与我同行

段浩诚
计算机学院 2021 级硕士研究生
国家游泳中心 兴奋剂检查陪护员

四年一届的冬季奥林匹克运动会，在不同的人眼中，有不一样的面孔。在电视机前的观众眼中，冬奥会是时而对抗激烈、时而优雅柔和的比赛；在奋战防疫一线的医务工作者和边检人员眼中，冬奥会意味着繁重的工作任务与夙兴夜寐的操劳；而对于来自世界各地的教练员与运动员而言，冬奥会则是奋力挥洒汗水、实现人生梦想的大舞台。作为一名反兴奋剂领域的志愿者，在我眼中，服务北京冬奥会和冬残奥会的每一天，都是人生中最美好的时光。

的确，要说 2022 年我最期盼的事情，莫过于北京冬奥会和冬残奥会的志愿者工作。在顺利通过了个人自荐、院系推荐、面试、线上线下培训和各种考试的重重考验之后，我很荣幸地成为一名兴奋剂检查陪护员。迎着朝阳，我与小伙伴们来到了"冰立方"。在真正走进"冰立方"的那一刻，我感受到的并不是想象中轻松愉悦的环境，更多的则是紧张备赛的氛围。初入场馆，兴奋剂检查站的老师就带领我来到工作岗位，简单地熟悉了工作流程之后，我便进入了赛时状态。

对于运动员，赛时状态意味着圆梦之路的开启；而对于我们这些志愿者，赛时状态则意味着各项工作的不断推进。望着天花板上鲜艳的"BEIJING 2008"字样，混杂着来自冰壶赛道的冷风，我感到了一丝忐忑。虽然在之前的培训和测试赛中，对于反兴奋剂陪护的技术流程我已经在理论和实践方面有了一定的掌握，然而更多的知识是课本中学不到的。之后的赛事日程里，我要与形形色色的人打交道，其中不仅有本校的同学，还有反兴奋剂团队的其他工作人员，甚至还有来自世界各地的外国人。我能做好自己的本职工作吗？我能做到与外国运动员顺利流畅地沟通吗？我能与其他伙伴一起为了冬奥会精诚合作吗？怀着忐忑的心情，我开始了冬奥会的反兴奋剂陪护工作。

反兴奋剂工作的意义自不待言。众所周知，作为赛事的重要一环，每一次兴奋剂检测都关乎整场比赛的公平性。要顺利地完成兴奋剂检测，从起始的通知与陪护，到最终的采样与检测，每一个环节都必须做到万无一失，否则，会给问题选手留下逃避检查的可乘之机。而作为兴奋剂检测最前端的陪护员，在具体的工作流程之外，与外国运动员、教练员和技术官员打交道，是我们工作中必不可少的内容。

段浩诚（右一）和同伴在反兴奋剂陪护的工作点位

兴奋剂检查陪护员在北广场的合影（右三）

坦率地说，这是我人生中第一次面对这么多的外国人，周围除了身着红色衣服的工作人员和蓝色衣服的志愿者，大多是来自各个国家的运动员和教练员。身处这种环境，最开始难免会有些紧张，我总是害怕自己说错或者漏说了应该说的内容，或者跟不上他们的语速。为了解决这个问题，我在场馆值班的过程中，总是主动和遇到的外国人打招呼，借此锻炼与外国人的交流能力并提升自己的自信心。最开始，只是简单地问候一句，逐渐地，我和外国人之间的沟通越来越顺畅，和运动员、教练员的交流也不仅仅是照本宣科般的问答。面对取胜的队员，我在陪护他们的过程中，会夸赞比赛的精彩；而面对沮丧的失利方，我也会给予恰当的安慰，祝福他们在之后的比赛中获胜。随着赛事的推进，赛事初期的忐忑与不安，已然被得心应手的自如所代替。

时间就这么一天天过去，北京冬奥会也顺利宣告落幕。虽然冬奥会已经结束，但是冬奥会带给我的影响，却永远留在了我心中。在整个赛事过程中，我印象最深的事情当属北京立春后的首场大雪。寒假的一场大雪，对于许多人而言是一件开心的事情。趁着闲暇时光，小伙伴们三三两两结伴在外面打雪仗、堆雪人，累了就回到家里，舒舒服服地吃一顿火锅。然而对于志愿者而言，我们只能想象一下这种美好的感觉。无论面对什么样的天气，我们都要早早起来，迎着漫天的飞雪，从位于昌平的驻地赶赴“冰立方”。为了尽快到达场馆，我们不敢丝毫停留，有的志愿者和工作人员甚至在工作之余，主动担负了扫雪的重任。在看到志愿者齐心协力扫除“冰立方”广场积雪的那一刻，我明白了，什么才是志愿服务的真谛，那就是，为了集体，奉献自己。

冬奥有我，最温馨是那抹红

李嘉馨
国际关系学院 2018 级本科生
国家游泳中心 礼宾助理/语言服务助理

大家好，我是李嘉馨，是北京大学国际关系学院的一名本科生，也是北京 2022 年冬奥会和冬残奥会礼宾和语言服务领域的一名志愿者。

北京 2022 年冬奥会于我来说，是一次圆梦。2008 的夏天，我跟家人在香港的家中一同观看北京奥运会，我们隔着电视一起看五星红旗冉冉升起、一起唱着“我和你，心连心”的旋律，感受那一刻的澎湃和喜悦，但遗憾的是，我们没能在现场参与这场国际盛事、国家大事。2008 年的遗憾化为了我的一个梦想，当中国申办 2022 年冬奥会成功的消息传来，正在读中学的我就同自己立下一个约定：一定要到北京读大学，一定要亲身参与到国家大事当中。2019 年，北京冬奥组委招募志愿者的消息公布之时，我便毫不犹豫地投出了简历，很幸运，我成为冬奥会志愿者的一分子，我的冬奥梦也将从这里启程。

我的岗位是礼宾和语言服务领域志愿者，主要负责国际奥委会成员、各国奥委会成员、运动员代表团等嘉宾的接待工作。作为最繁忙的比赛场馆，从开幕前到闭幕当天，我们在 19 天里共服务了 46 场比赛，我们领域的志愿者每天都会接待上百位来宾。因为不知道来宾们准确的到馆时间，所以从场馆开放的那一秒开始，我们就要做好十足的准备，用百分百的热情和微笑，去迎接每一位来宾。在新冠肺炎疫情防控的整体要求下，我们都要戴着口罩、面罩进行服务。虽然没有办法让大家看到我们的笑脸，但我们努力用热情的话语和笑起来的眼睛来表达对来宾的欢迎。虽然这个过程非常的辛苦，但是每当看到来宾们在签名本上留言时写下的一句句“Thank you”，听到他们用中文对我们说出“谢谢”，我们便备受鼓舞、更加感动，因为这是对我们每一个微笑最好的回馈。我想，志愿者就像是世界认识中国、了解中国的一面镜子，是联结中国与世界的最后一厘米。这一厘米或许微小、或许不起眼，但却是实实在在抵达人心的最后一步、是至关重要的一环。办好冬奥会是中国对世界的庄严承诺，那么，穿上这身志愿者的服装，我们也有责任、有义务去实践这份承诺、去担当这份责任。能够有幸成为这最后一厘米、担负这一重任，我与有荣焉。

作为志愿者的一员，我们要的不是“我比你更好”，而是“我们一起把冬奥会服务得更好”。2022 年 2 月 20 日，我有幸作为六名志愿者当中的一员，在闭幕式上接受冬奥组委的献花。当我看到志愿者短片中“Every gesture carries great power.”时，我的内心涌现出无数与领域小伙伴，与“冰立方”志愿者，与在冬奥赛场上 1.9 万名赛会志愿者并肩作战的点滴回忆。

为国际奥委会主席巴赫介绍“福”字挥春

李嘉馨作为志愿者代表之一在北京 2022 年冬奥会闭幕式上接受致谢

还记得除夕前，为了能够给来宾留下一份不一样的新春记忆，我们领域的 30 多名志愿者共同决定筹备一部新春祝福视频。经过一个小时的头脑风暴和一整天的“突击战”，我们完成了脚本设计、嘉宾邀请、视频拍摄、配音和剪辑，最终形成了一部由九种语言、四种中国方言组成的新春祝福视频。在视频制作的过程中，为了能够体现中国特色、符合大众审美，我们广泛搜集、反复对比了 30 多首曲目，敲定背景音乐，现场学习视频剪辑，对着每一帧的画面一遍又一遍地推敲。最后，这个由我们 30 多位“非专业”制片人制作出来的短片得到了冬奥组委和来宾们的一致认可，甚至成为官方网站、官方微博等媒体平台上为数不多由志愿者自主策划、制作的视频。在整个冬奥会的赛事服务中，我们常常有这样的工作与任务，它需要我们合力去完成，在这个过程中，我们只有互相搭把手、拧成一股绳，才能把事情做满、做好。同样，在每一次国家大事中，我们也只有将自己完全融入集体，才能创造出一个又一个的奇迹。

青年人应当参与国家大事，让自己的成长与祖国同频共振。回顾十几天的冬奥经历，我收获了凌晨五点钟的太阳，收获了来自宾客们的感谢，收获了并肩作战的志愿者的友谊，更收获了与祖国同频共振的感动与自豪。在志愿服务期间，我在志愿者驻地参与了《长津湖之水门桥》主创团队进北大的活动，主创团队在与志愿者的交流时为我们讲述了战士们在战场上挥洒热血、付出生命的故事，让我想到《谁是最可爱的人》中的志愿军的一段话：“我在这里吃雪，正是为了我们祖国的人民不吃雪；我在这里蹲防空洞，祖国的人民就可以不蹲防空洞啊。只要能使人民得到幸福，就是我们最大的幸福。我在这里流点血不算什么，吃点苦又算什么!”正是一代代人的接力奉献，我们才能拥有如此美好的现在和未来，而我也正是在一次次的祖国大事中，一次次与历史的隔空对话中，更加深刻地认识到了自己所肩负的责任与使命。

生逢盛世，当不负盛世。闭幕式上，当我接过那盏红灯笼时，我感受到冬奥组委对志愿者的认可，感受到世界对青年的期许与鼓舞，更感受到自己身上沉甸甸的责任。在冬奥会中，在每一个国家需要我们的时刻，青年就如同那盏灯笼，最温馨是那抹红，最明亮是那束光。冬奥有我们，强国有我们，携手并行，我们便能共创一个更加美好的未来。

我的冬残奥之旅：年少薄青衫，此心付家国

杜姝格

外国语学院 2018 级本科生

国家游泳中心 语言服务志愿者

我是北京大学外国语学院 2018 级本科生杜姝格，在北京 2022 年冬奥会和冬残奥会期间服务于礼宾和语言服务领域，是一名俄语语言服务志愿者。如今赛事已落幕多日，但是冬奥会和冬残奥会期间的欢笑和泪水依然历历在目。繁华已落，如梦初醒，我见证的不仅是北京惊艳世界的时光，而且是我作为一个小小的蓝色水滴，融入的一场爱与温暖编织的冬梦。

转换期：昔去雪如花，今来花似雪

时间来到了冬奥结束的最后一天，上午我们早早到达场馆，等待着冬奥最后一场冰壶金牌赛。今天我的岗位是在奥林匹克大家庭休息室的前台欢迎各位贵宾的到来，清晨的休息室空无一人，我和小伙伴们调整了电视，测试了手台，准备好签名册和报纸，整理好昨晚的文件给冰壶联合会的主席、副主席及场馆副主任。这些琐碎的工作我们每天都在重复，从早班七点到达场馆到晚班零点登上返程的大巴车，每一个细节都决定着志愿者展示出来的形象，决定着我们工作的成果。

金牌赛，奥林匹克大家庭休息室迎来了国际奥委会主席巴赫和副主席小萨马兰奇，向德语和西班牙语专业的同学讨教了两种语言的“早安”和“再见”的表达，我们想给两位主席一个小惊喜。向小萨马兰奇用西班牙语问好的时候，他听到自己的母语后突然回头摘下口罩、瞪大了眼睛，惊喜地回复我们。巴赫主席听到德语的“早安”，也突然转过身开心又惊讶地用德语向我们问好。那一刻在前台站了一上午的疲惫一扫而空，空气中都洋溢着我们的幸福和满足。

冬奥会的闭幕式在一片欢声笑语的大团结氛围中度过，坐在各个国家代表团出场的位置，我们一直在笑着、跳着向运动员们挥手，返程的大巴上，很冷也很疲惫，但是这份幸福是无比真实。转换期并不等于休息期，我见证了“冰立方”一天之内完成了冬奥到冬残奥的标识转换，接着是旗帜、背景板、吉祥物等。我们开会总结了冬奥会期间工作的不足之处，引以为鉴，同

时参加了新的培训与考试，一切准备就绪，静待繁华重启。

巴赫主席给三号门的志愿者发徽章

杜姝格参加北京2022年冬残奥会开幕式

开幕式：生命啊，它苦涩如歌，却也璀璨如歌

残奥正式工作的前一天晚上十一点半，我收到了领域经理紧急发来的消息，不出所料国际局势还是影响到了残奥会俄罗斯的参赛事宜。作为俄语语言服务的志愿者，我在事件发生之后已经担忧了数日，忧虑自己将会面临的复杂局面和翻译工作，原本要以俄罗斯残疾人奥林匹克委员（RPC）身份参赛的俄罗斯运动员被通知要以中立残疾人奥林匹克运动员（NPA）身份参赛，也不会被纳入奖牌榜。我连夜看了英文版的文件，早起去参加全体冰壶运动员的队会，以便运动员顺畅提问沟通。上午的队会一切顺利，然而，下午就有俄罗斯退赛的消息传来，我被叫到运动员休息室和他们告别，表达惋惜和歉意，也有经理在告别时没有忍住泪水，坐在轮椅上的运动员们在半天之间就失去了竞技赛场的机会，四年的心血和训练没能注入在夺金上，他们虽然很无奈和失落，但是依然用俄语对我说："你们都是很好的人，不要难过。"陪伴运动员们等待班车，直到目送他们离开场馆，我的眼泪都在眼眶中打转。

在历史洪荒面前人真的很渺小，要被裹挟、被影响，会失望、会无力。冬残奥会的运动员们给我的感动不仅在于他们的热情与坚强，还有他们面对命运的戏弄，面对突如其来的打击，所表现出来的坚忍与坦然，对身边人的同理心与关怀。千帆历尽，归来仍是少年。他们其实是更加健全、更加伟大的人。生命啊，它苦涩如歌，却也璀璨如歌。"野火烧不尽，春风吹又生。"这种力量也将陪伴我度过未来每一个艰难的时刻。

夺金与落幕：轻衫细马春年少，长将此心付家国

冬残奥的最后一天，每个人心里都有一个期待，就是在“冰立方”最后一块金牌诞生的时刻听到国歌，看到五星红旗高高飘扬。我们的使命即将画上句号，站好最后一班岗，是我能为冬残奥做的最后一件小事。我的排班是在“冰立方”三号门迎宾，不能在看台见证金牌赛的结果，但是我听到了一浪高过一浪的欢呼。在工作之余我们挤在电脑屏幕前观看比赛的进程，当看到中国队夺冠的那一刻内心的激动与自豪油然而生，颁奖典礼开始，国歌从楼上传来，我们起身肃立，坚守岗位到最后一刻，这是最完美的结局，是我的冬奥之旅最完美的句号。我们永远在幕后默默服务着，但是每个人心里都明白，“功成不必在我，功成必定有我。”

初到“冰立方”，见到了漫天飞雪的惊艳；离去的光景，却已是春雨细如丝。昔去雪如花，今来花似雪，这段美好的经历已经落幕，并肩作战的伙伴们也将散做繁星，各自精彩。但是不变的是我们心中的信仰，是甘于奉献的情怀，是与国同行的追求，少年青衫薄，未来尚可期，此处一别前路远，长将此心付家国。

冬残奥服务故事

黄琪玥

对外汉语教育学院 2020 级硕士研究生

国家游泳中心 礼宾助理

我叫黄琪玥，是北京大学对外汉语教育学院2020级硕士生，“冰立方”礼宾领域的一名礼宾助理志愿者。在“冰立方”，礼宾和语言服务领域的志愿者共同组成了30多人的小团队，在三号门信息台、奥林匹克大家庭休息室及看台区域工作。

黄琪玥冬奥主题照

黄琪玥（中）在奥林匹克大家庭休息室信息台和其他志愿者交接工作

与冬奥会期间服务的不同之处在于，冬残奥会赛时我们需要接待一些行动不便的残障人士，为了应对这一需求，在经理老师和志愿者们的头脑风暴下，我们对休息室内部的设施做了一些调整。我们重新摆放室内绿植，确保大型绿植不会遮挡轮椅移动路线和视线；我们撤掉休息室内部分餐桌的椅子，以便乘坐轮椅的外宾可以畅通无阻地入座；我们在看台间隔摆放折叠椅，保证防疫一米距离的同时，方便轮椅陪护人员及使用拐杖、腿部不便下楼前往座席区的外宾更舒适地观赛；我们调整了桌面上手部消毒喷雾瓶的摆放位置，方便残障人士更好拿取……当做好了这些准备后，冬残奥会服务之旅就正式开始了。

每天早上八点是我开始一天工作的时间，需要进行奥林匹克大家庭休息室区域运行前的一系列准备工作。我的服务点位在奥林匹克大家庭休息室的信息台，主要负责记录来访人员、提供赛事信息及场馆其他信息的咨询与引导，旨在为外宾提供全方位周到的服务。我们将这里戏称为“前台”，台子上从左往右依次摆放着当日报纸、签字本、手部消毒液、最新赛事结果与赛程信息单。在每天正式开放运行前，我需要整理更新相关材料，打开休息室的六台电视调好转播频道，在两张防疫用品摆放台上补充消毒湿巾，再与休息室的其他志愿者一起整理桌椅、摆放看台的折叠椅，并检查每张桌子上的消毒喷雾及每一处垃圾桶是否已清理干净，这些都是我的“每日必做清单”。在早上比赛开始前的一段时间，已经陆续有外宾前来观赛用餐，在比赛正式开始前后则是人流量最大的时段。每一位来到休息室的外宾都会从前台经过，可以自由取阅报纸和赛程信息单，前台的志愿者在这时则会热情友好地同他们打招呼以示欢迎。我的工位就在前台后面，会请有兴趣的外宾在签字本上留下签名以作留念，给外宾观赛参访带来满满的仪式感。

在比赛接近尾声的时候，我们的签字本上已经留下了各国语言的名字，还有很多美好的祝福和感谢，很多外宾在本子上写下对北京2022年冬残奥会成功举办的祝愿、对赛事的期待，以及对志愿者和工作人员热情周到的服务的赞扬和感谢。印象中非常深刻的是两位来自西班牙的外宾，特意在签字本上留下“谢谢”的汉语拼音，还有很多简笔画的笑脸，都在向我们传达友好的感情。有几位外宾在留言中提到，非常开心时隔14年可以再次来到“冰立方”，再次来到熟悉的奥运场馆对外宾来说可能更多的是美好回忆的重现，而对我们来说从北京2008年夏奥会到北京2022年冬奥会，我们祖国的实力更强了、国际地位更高了。作为其中一个缩影的“水立方”在这14年间经过多次改造完善成为今天的“冰立方”，本着“绿色、共享、开放、廉洁”的办奥理念再次服务于奥运赛事中，还将在冬残奥会落幕后继续发挥推广冰壶运动的功能，这展现的是大国实力、大国格局，是我们满满的骄傲与感动。

小小的签名本上汇聚了世界友好交流、文明往来的身影，也是志愿者们努力工作与付出的印证。我想起在冬残奥会开幕式现场看到的精彩节目，不同身份、不同国家的人在同一个舞台上相拥而舞；想到在休息室服务时看到志愿者帮助手部残疾的外宾佩戴口罩，帮助坐轮椅的残障人士友善地挡住快要关上的门、半蹲着与他们交谈并为他们服务，这一刻我感受到隔阂被打破，世界人民友好团结在一起。

在作为冬残奥会志愿者的时间里，我深入实践了换位思考、收获了许多，在个人能力和思想上都有了深刻的提升。农历虎年正好是我的本命年，我十分幸运可以在这个对国家、时代及我个人都有特殊意义的时间里，参与到“承载着人类对和平、团结、进步的美好追求”的奥林匹克盛事中，与国家同频共振、一同成长。当脱下这身志愿者制服后，我也将继续努力，不忘初心，发扬志愿服务精神，在生活中遇到残障人士也一定积极相助，把冬奥和冬残奥带给我的积极能量继续传播下去。

你们保障冬奥会，我们保障你们

李睿璇
国际关系学院 专职辅导员
北京大学昌平新校区驻地专班 生活保障组组长

大家好，我是第23中队队长李睿璇，同时也在驻地负责生活保障相关的工作。北京2022年冬奥会、冬残奥会圆满落幕，我也想在这个收尾期分享一下我的冬奥故事与感悟。

我和冬奥的故事开始于去年的10月份，也就是开幕式上的致敬人民节目。舞台上的短短100秒，我们从初秋到深冬，训练时长达400小时。作为前期的领队，我需要每周带大家去训练，从清华大学东大操场一直到“鸟巢”内场，无数个日夜的辛苦付出，为的是更好地展示青年的风采。开幕式时我在驻地，看到站在世界舞台上大家洋溢的青春笑脸，回顾前一阶段的工作，百感交集，感到很光荣、很骄傲。北大青年、中国青年、世界青年一扫新冠肺炎疫情的阴霾，走出了“一起向未来”的美好愿景！

1月11日是我们的第一次见面会，我们在黑板上写下了名字，我们的故事也从这里开始。我们中队有礼宾、交通、反兴奋剂三个领域的17名志愿者，我们从入驻前的冬奥会志愿者成长培训营到入驻后的小年夜、除夕、春节、开幕式和闭幕式，每一个重要节点相互陪伴。我记得除夕那天我们中队有位志愿者写下：“1月31日这个晚上，我们没有和亲人团聚，但有情同手足的伙伴，没有烟花绚烂，但有笑语言欢，我们一起吃年夜饭、一起看春晚、一起唱歌、一起跳舞、一起挥洒浪漫的青春、一起迎接新的一年的到来。”大家在最好的年纪一起做一件意义非凡的事情，这是青春里最宝贵的财富和最特殊的记忆。

在过去的六十几天里，大家常常凌晨出发又凌晨返程，迎着朝阳、踏着星辰，片段式的睡眠也成为我们工作的常态，但陪伴大家成长、引领青年发展是我们每一位中队长这段时间里最重要的事。闭幕式上，我们中队礼宾和语言服务领域李嘉馨作为志愿者代表，上台接受致敬，看到她灿烂的笑容，我和驻地的几位老师甚至激动到哭泣，这大概是作为老师最幸福的时刻。我们知道每一位志愿者有多么不容易，办好冬奥会是讲好中国故事的一个具象化的体现，每一位志愿者都在以实际行动向世界展示我们的大国形象，那盏红灯笼属于每一位志愿者，而那个甜甜的笑容也治愈了我们驻地的每一个人，所有的辛苦和付出都值得!

第 23 中队全体志愿者出征时的合影

李睿璇在清点驻地生活物资

除了中队长的身份外，我还负责驻地生活保障相关的工作，前些天有一篇推文记录了驻地运行以来的幕后工作，我看到了很多同学的暖心回复，这些互动更让我觉得冬奥会对于我们来说不仅是青春的接力，更是爱的接力。你们保障冬奥会，我们保障你们。前些天写工作总结，我越写越是感动，自入驻以来，生活保障组共计组织集中发放物资 11 次，共计 2000 余箱袋；累计为 422 人次志愿者及工作人员协调提供餐食 43000 余份；累计协调对每一个公共区域清洁消杀 120 余次；完成了 26 批次的垃圾转运，共计 2920 箱，约 8760 袋……每一个数字都是我们的战斗纪实。

驻地运行近 70 天，北京大学“冰新一代”用夜以继日的热情与服务交了一份无与伦比的答卷，正如国际奥委会主席巴赫称赞的那样，“非常成功、非常满意、非常安全”，中国人为世界奉献了一届“简约、安全、精彩”的奥运盛会。2022 年冬奥会和冬残奥会的炬火缓缓熄灭，我们有幸参与，无上光荣，我们所有的中队长和保障组人员依然会用拧成一股绳的精神继续书写“We are champion（谐音昌平）”的故事，和大家一起迎接更美好的未来。

以青春之我，创建青春之国家

王祖钐

城市与环境学院 2020 级本科生

国家游泳中心 交通领域上下车引导

2019 年 12 月，当时我正读高二，在教室里看新闻周刊，看到了北京 2022 年冬奥会和冬残奥会志愿者启动全球招募仪式，我立刻心动了，立志于做一名冬奥会志愿者。2020 年我成功考入北京大学，当学校下发招募通告时，我第一时间参与报名，并一共提交了三次申请，之后在 2021 年暑假参与面试。2021 年 9 月底收到是否参加 10 月份冬奥会测试赛的通知，测试赛需要全程闭环管理，最后还要隔离 7 天。听到这一消息后，我内心还是有些犹豫的。一方面 25 天的闭环生活，学习只能通过上网课，而且隔离生活也非常难熬；另一方面这也是冬奥正式比赛前的一次难得的培训和考验，同时也是一次宝贵的机会。怀揣着能够成为一名冬奥正式赛志愿者的向往，我最终还是决定去参加这次测试赛。这次测试赛的经历带给我很多宝贵的经验，这次测试赛能够克服的困难，正式赛中也能克服。

在这次冬奥会中我服务于交通领域，最开始得知我被分配到交通领域时我内心还是有点遗憾的，因为测试赛时我是在场馆管理领域，场馆管理是在室内工作，交通岗是“冰立方”闭环内所有领域唯一一个在室外工作的岗位，特别是在北京的冬天，在比较寒冷的情况下，室外工作还是很辛苦的。但我慢慢发现了交通岗工作的重要性和乐趣所在，我们为所有远道而来参加冬奥会的客人、运动员提供交通帮助，对保障比赛平稳、有序、按时地进行起着关键作用。运动员、客人们来到场馆第一个见到的是我们，最后一个见到的还是我们，我们热情洋溢、朝气蓬勃的精神面貌会带给他们最佳的第一印象，同时也会留给他们难忘的最后印象，所以这项工作是重要的。我也是一个“坐不住”的人，我挺喜欢在广场上到处走走，锻炼一下身体，感受一下室外的阳光和空气，这种感觉非常舒服。当然北京的冬天还是非常冷的，特别是有几天风很大，走在外面面屏偶尔还会被吹跑，但克服一下也能度过！

经过十几天的工作，不开玩笑地说，几乎没有人比我们更了解“冰立方”北广场的一草一木了。以下几个数据将足以证实：“冰立方”北广场一共有 15 根柱子，13 个蓝色交通引导牌，20932 块地砖，145 个泡泡。岗位虽小，但我依然努力在自己的岗位上发光发热，为整个冬奥会的成功举办贡献自己的力量。

王祖钐在工作岗位上引导中国队队员下车

王祖钐（中）和北大交通四人组结束晚班准备回驻地

生逢盛世，服务冬奥不仅带给我们一生的荣耀，而且让我们感受到整个冬奥大家庭的温暖，感受到冬奥组委和学校对志愿者无微不至的关怀和重视，让我们工作之余的生活过得非常的舒适温馨，保障我们在志愿服务期间心无旁骛，用心、用情、用智、用爱做好志愿服务工作。让我印象特别深刻的是跨年夜的那天，我相信今年对于所有的冬奥会志愿者，都是一个特殊的年份。于我而言，这是我 20 年以来第一次远离家乡，没有和亲人一起在家过年。但跨年夜那天我真真切切地感受到了家的温暖，我们在驻地吃到了丰富可口的年夜饭，和不同学校的朋友一起唱歌、跳舞，一起迎接新的一年的到来。我们正处于青春年华，参加冬奥会志愿服务，和一群志同道合的朋友一起度过一段难忘的时光，这是我们人生中一笔宝贵的财富，在未来的岁月中回想起来，依然能感受到这段经历的意义非凡。

磨难是人生最宝贵的财富。其实我一直没有理解这句话的内涵，直至这几天才慢慢理解到，我所经历的任何挫折和磨难都会带给我前进的动力。当我早上跑步跑了一会就想放弃时，我就会想起曾经跑过的长距离，然后继续坚持下去；当我觉得兼顾学业和志愿服务会非常难时，我就会想起高中时尽管学业紧张，仍和同学们一起组织一次又一次活动，虽然每次花费大量的时间和精力，但最终还是能够保证学习不受太大的影响；当我觉得未来长达 21 天的隔离生活会太无聊、一定会很难坚持下去时，我就会想起测试赛时我也经历了隔离，也充实地度过了那段隔离生活。正如尼采所言：“那些没有消灭你的东西，会使你变得更强壮。”成长过程中经历的每一个困难都会是我生命中的财富，赋予我继续前行的力量，这也许就是我这段时间最深刻的感受吧。

世界人民一家亲。经历了冬奥会，我深刻地理解了人类命运共同体的内涵。作为闭环内志愿者，我接触了很多外国友人，在与他们的交流过程中，我更多感受到的不是他们对中国的敌视和排挤，而是人与人之间的温暖互助。通过此次冬奥会，我想不光是我，还有各国人民，都对我们“一起向未来”的理念充满信心，人类可以团结在一起，共同面对未来的困难和考验。

16天的冬奥之旅即将画上圆满的句号，迎接我们的将是新一轮的考验——冬残奥会。希望自己能继续保持志愿服务的热情，将青春之花绽放在未来的每一天！

从寒冬到暖春，从小我到世界

陈雨琪

社会学系 2018 级本科生

国家游泳中心 技术经理助理

有许多人问过我来冬奥会做志愿者的缘由，我总是一愣，模模糊糊说不出个所以然来，回过头来思考时才意识到，当时的自己好似未衡量过利弊，仿佛是一种冲动、一种本能、一种发自心底对与国家大事同频共振的渴望。这种感觉似曾相识，国庆 70 周年的群众游行活动我也是第一时间报名，并顺利成为一名光荣的群众游行方阵表演志愿者。虽然放弃了悠长的假期和其他更为轻松的可能性，但在怀柔基地日复一日的训练后是远山与晚霞相遇的绚丽，一次次深夜里的集结让我们拥有了“地铁包场”和“夜宿长安街”的新奇体验。最终经过天安门前，我们高喊着“团结起来，振兴中华”的口号，两侧的观众为我们欢呼、喝彩，自心底产生的百般情绪激荡着，我深刻地感受到了生为华夏儿女的自豪。这是中国新时代青年的力量，这是中国人民的力量，这是中国的力量！怀着美好的回忆，我毅然报名了北京 2022 年冬奥会的志愿者。

但我的冬奥之旅并非一帆风顺，甚至可以说是波澜起伏的：原本以为可以并肩作战的小伙伴们都被分到了闭环外，整个系只有我一人进了闭环“孤军奋战”；作为文科生且未参加过测试赛的我被分配到了技术领域，需要比身边的同学花费更多的时间去学习、适应技术团队的整体运作；琐碎、庞杂、繁复的工作将我的时间划分成以分钟为单位的碎片，迷失在琐事中看不到自己的价值……无数的挫折让我一遍遍地叩问自己的初心，是否有能力承担这个岗位的职责？成为冬奥会志愿者是否是一个正确的选择？但我看到场馆的负责老师们坚持着一天将近 20 个小时的工作时间，有时错过了班车只能在办公室里将就睡一晚；同学们戴着闷热的防护面屏连睫毛都染上了汗珠，仍然笑迎每一位运动员、媒体记者及工作人员。我想起在昌平驻地重温入党誓词活动上老师所讲的一句话：“因为有困难，所以党员冲锋在前；而因为有党员，所有的困难也都不再是困难。”我的心是滚烫的，既羞愧于我曾有过动摇的念头，又感受着那源源不断的动力自心底涌出，支撑着我坚定初心，以更好的面貌投入到志愿服务中去。

陈雨琪工作照

陈雨琪与“冰墩墩”和“雪容融”的合影

而在志愿工作的过程中，我体会得最多的便是感动。技术领域要对接各类合同商，其中包括欧米茄、源讯、松下等国外的企业，这类合同商派驻场馆的技术人员大多是外籍人士，具有一定的防疫风险。技术领域志愿者分布的两个办公室中有一个有外籍工程师办公，在这个办公室里的志愿者需要时刻绷紧防疫的弦，在屋内不可摘戴口罩，连喝一口水这样的小事情都难以实现。但志愿者们没有抱怨也没有无视防疫要求，他们将水杯全部寄存在我的桌面上，在工作空闲之余便过来喝水、谈天，分享着今日的工作与困难，再得意地炫耀一番今天又偶遇了几次“冰墩墩”“雪容融”。这样的事例还有很多：冬残奥会上为配合轮椅运动员的高度，志愿者以跪着的姿态为运动员递话筒；在与外籍人士接触第一线的志愿者们戴着防护面屏热出了一头汗，仍乐观地在面屏上写下对运动员们的祝福……看着桌面上整齐排列的水杯、看着并肩作战的志愿者同伴，我既感动于志愿者坚守防疫、苦中作乐的精神，又欣喜于我们能够以这样的方式沟通、连接、团结在一起，形成密不可分、同力协契的志愿者团队，为“冰立方”的正常运转保驾护航。

不仅是志愿者、场馆老师，驻地的每一位工作人员也都在感动着我：在除夕前我与其他几位有剪辑特长的同学接到了为驻地志愿者制作惊喜视频的任务，从而看到了摄影师镜头下我们生活的点滴，那是我从未见过、或是常常被我忽略的生活片段。其中有一个片段每每想起都会让我湿了眼眶：我们进驻昌平新校区的时候北京的雪很大、没有停下的趋势，送我们来的大巴车不知道该停在哪里，而驻地的辅导员老师为了让车辆更好地进场，冒着大雪在车前边跑边指引，雪地很滑，老师的身影有点踉跄，但大雪里奔跑的身影深深打动了我们。我们提出想要运动的想法，老师们就带来了呼啦圈、毽子，亲自搭建了羽毛球网；当元宵节半夜下班回到驻地，还有热腾腾的姜汁可乐和牛奶等待着我们……一件一件的小事凝聚成温暖与感动，昌平驻地也从一开始的陌生、不适应到现在充满着家的归属感。我们守护着冬奥，老师守护着我们，来自各方力量都在朝着同一个冬奥的目标汇聚起来，这恰恰印证了那句“一起向未来”。

2月4日，我有幸作为志愿者代表，来到“鸟巢”观看了北京2022年冬奥会开幕式，那天晚上很冷，大家都盖着“鸟巢”为观众准备的小毯子，不停地跺着脚。但当国旗在各行各业的代表手中传递、当国歌在辽阔的“鸟巢”上空回荡、当中国队出场时现场排山倒海般的欢呼，我们情不自禁地起立、鼓掌、呐喊，这是中国亿万人民、中华民族、世界大家庭共有的盛事，代表着我们在全球新冠肺炎疫情的形势下团结起来、不畏惧、不退缩、勇敢向前的决心与勇气。隔壁座位的观众很激动，虽然是隔位就座，但他常常将旗子挥动到我的眼前，我并未觉得受到冒犯，只感动于这种发自内心的、对祖国的热爱与自豪，期盼于这场即将拉开帷幕的盛会。

而3月13日，我又一次来到“鸟巢”，观看北京2022年冬残奥会的闭幕式。相比于开幕式的心潮澎湃，闭幕式带给我更多的是温暖与感动。当感谢志愿者的短片在大屏幕上出现，不同岗位、不同赛区、不同面貌的志愿者逐一掠过，带着一种群体画像的共情、一种同为志愿者的自豪感，在我的心田撒下名为“意义”的种子。齐唱国歌的铿锵歌声犹在耳畔萦绕，我深刻地意识到，冬奥承载着无数中华儿女的渴盼与骄傲，也代表着中国对人类命运共同体庄严的承诺。而我们作为冬奥的保障人员、作为“00后”的新一代青年，更应该肩负起这份责任，守卫好中国人民的期待，守卫好中国在世界的荣光！

我们依旧在路上，昌平校区出发的班车破开黑夜向着“冰立方”驶去，从茫茫一片黑夜中漏出的几颗星子，到未出现的太阳的光柔软了黑与白的边缘；从静立着的铁塔的背影，到远山之间翻滚的绯色朝霞；从黑夜走向白天，从寒冬走向暖春，望春暖花开之时再会于燕园。

愿为纷飞燕，衔得梨花归

彭广岳

元培学院 2019 级本科生

国家游泳中心 技术经理助理

有见过拂晓天空被电线划分成齐整的色格，有见过深夜雪花牵着雪花在树梢上盛放。一个月的志愿者生活，太长也太短，长得足以让我留下一生难忘的回忆，却又短得似乎分不清昨日的劳累和今朝的欢愉。这段日子和我过去的时光、未来的道路交织在一起，共同诠释着“冬奥会志愿者”这个词语在我生命中的意义。

小小的梦想

和大多数人一样，我抱持着对作为最高体育赛事的冬奥会的向往和对祖国重任在肩的使命感投出了报名表。但在这满腔热血之下，还有我对这场雪上盛会特殊的感情：在我那美丽的以碧海蓝天和椰子树而闻名的家乡，我从未有机会看到雨变成雪的景象。

在上大学之前，我对雪的认知都是遥远而渺然的。幼时我在课本中读到鲁迅笔下那“滋润美艳之至”的雪、那“蓬勃地奋飞”着的雪，在电视机上看到中国冬奥健儿们在温哥华、索契赛场的精彩表现，不由得对冰雪的美丽心生向往。从那时起，银装素裹的世界就在我心中埋下了一颗种子，我希望有一天自己能够亲眼看一场雪、参加一场冰雪上的盛会，亲身感受冰雪与热血碰撞的化学反应。来到北京求学，当我在人生中第一场雪中肆意奔跑，感受着雪花在眼睫毛上缓慢融化的震颤时，我更坚定了自己的这个愿望——要以青春赴一场冰雪之约。

“雪燕”是北大冬奥会志愿者的专属称谓，契合着冬奥会的冰雪情缘。从启动冬奥会志愿者招募后的 7000 多名师生踊跃报名，到最终 600 多人经过严格选拔成为冬奥会志愿者，再经过测试赛的历练，我最终幸运地成为北大的一名“雪燕”，圆了自己长久以来关于冰雪的梦。

技术领域志愿者的合影

彭广岳工作照

纷飞的“雪燕”

在“冰立方”，我担任了技术领域的技术经理助理一职。技术工作的特点是覆盖范围广、保障时间长、客户群体多，为了满足各个客户群体的多方面需求，技术领域拥有一个由联想、联通、欧米茄、源讯等多个合同商组成的庞大团队，而我的主要职责是协助技术经理联系和协调各个合同商及相关负责经理，对日常事务进行统筹安排。具体的工作是与各种报表信息和变动情况打交道，比如人员到岗情况、防疫数据、餐饮班车需求等。如果说技术领域的工作是保障整个场馆的正常运行，那我们的工作是维护整个技术领域的有序运转。

如果让我用一句话来形容我的工作，我会说“烦琐但必要”。就以班车需求为例，场馆要求我们每天下午两点之前报送次日的班车需求，过后要再修改就十分困难。但技术领域工作的特殊性使得班车总是不那么容易确定，临时的设备检查与维修、赛前赛后的保障工作，都会导致技术老师们的乘车需求有所变动，一旦新增的需求没有被及时转化为相应班车，早出晚归的老师就会面临无车可坐的情况，这就要求我每天都需跟踪老师们的到岗情况，并随时联系协调。在技术领域的几个办公室之间，总是能见到我“飞来飞去”的身影，那大概是哪位老师的工作行程又有了变化，正等着我去确认情况。

虽然我在测试赛时就经历过技术领域的工作，但正式比赛这一个多月来，我更深刻地体会到了这个庞大而错综复杂的团体之中涌动着的激情和温暖。技术经理吴婧老师曾经语重心长地告诉我们：“技术工作的性质，决定了它不会为大多数人所熟悉。”在这里工作的老师们，大部分时间都在和冰凉的机器设备打交道，在台下保障着每一台机器的正常运转。但他们的心却是那样的真诚炽热，他们手把手耐心地向我们讲解工作内容、带领我们实操，在我们工作劳累的时候给我们塞小甜点，还为志愿者开设了技术培训课程，教授笔记本电脑的拆装维修、网络安全的基本原理，希望我们能把工作中的经验切实地运用到以后的生活之中。我在这里和老师们朝夕相处、和志愿者同伴们共同拼搏的记忆，我在这里的改变和成长，是在任何地方都换不到的宝贵财富。

徽章中的“together”

在工作之外，换“pin”意识的觉醒为我打开了通向其他领域的大门。“pin”的学名是奥运会纪念徽章，运动员、工作人员和志愿者之间相互交换手中来自世界各地的纪念徽章，是奥运会上一项历史悠久而广受欢迎的文化活动。我的工作并不太需要在场馆内四处走动，我一开始也对收集徽章这件事情兴致不高，就没有参与到交换的热潮当中。但后来，一件小事让我改变了看法。

那天是女子冰壶决赛的前夜。决赛的队伍是日本和英国，而其他场馆的比赛基本都已结束，所以许多日本和英国的记者就从四面八方赶到了“冰立方”。我正从防疫办公室领了防疫物资往回走的时候，一个记者欢快地朝我打了声招呼。我认出他工作证上的名字是个日本人，就用日语向他回道：“晚上好!”没想到日本记者突然兴奋了起来，拉着我和我聊起了之前日本队的比赛，我们就这样聊了一会儿。凭借着我在公共语言课上学到的日语，我称赞了日本队精彩的表现，并祝愿他们在决赛中能够再创佳绩。记者问起我来自哪个大学，正好我身上带着两个北京大学的校徽徽章，便拿出来送了他一个，他也立刻解下一个北京奥运会的纪念徽章回赠予我，并真诚地邀请我疫情过后到日本去游玩，小小的跨国交流随着徽章的交换落下帷幕。而我的心，此刻突然就被手心里那枚精致可爱、来自14年前的北京的小小徽章打动了!

自此，我发现了换“pin”于我的乐趣：不是为了找寻、收集稀有的收藏品，而是交换徽章这个行为本身所带来的互相连接、互相认识、互相交流、互相了解的机会。在“为了交换而交换”的路上，我为能够遇见而乐在其中：不知为何执着于收集国际奥委会徽章的食堂大叔，换徽章之后主动提出要帮我们拍张纪念照的保安大哥，舍不得东京奥运会的徽章要回去“估个价”的可口可乐小姐姐，以及给场馆引进了五花八门徽章的同学们……正是在以徽章为媒介承载、充实起的交流之中，我看到了一个个性情鲜明的人，他们因同一个梦想、同一个目标而汇聚于此，共同筑成更加庞大的集体，就像开幕式上那一片片雪花凝结成美丽的圣火台。“together for a shared future”中

“together”的含义，在一次次的相遇中更切实地浮现出来。

落笔之时，冬奥会已经闭幕。生逢盛世，能在这场世界人民欢聚一堂的冰雪盛会中贡献一份力量，我深感荣幸。春雷将起，燕园正含苞吐蕊待我归来，雪燕衔去了冬日的“千树万树梨花开”，且看春天的梨花会怎样盛放！

守岗位爱心如炬，迎残奥雪燕向春

郝晨晨
前沿交叉学科研究院 2020 级博士研究生
国家游泳中心 成绩打印分发主管

在报名参加冬奥会志愿者时，有很多人问我，你作为一名博士生为什么还要来做志愿者？其实我当时不知道该怎么回答，我知道对于博士生来说，这么长时间的闭环志愿工作意味着什么。但我心里清楚，如果不去参加，我一定会在未来为此感到遗憾。有太多美好的词汇可以用来形容这项工作，我实在无法用言语给这个问题一个完美的答案。

还记得在中队第一次见面会上，我开玩笑地说："因为这次来做志愿者，我已经向导师把未来博士三年的寒假都给预支了。"而最近正值开学季，我也看到身边好多同学都开始忙碌起来。听课、实习、作业、论文，几乎每个人的额头上都刻着一个大写的"忙"。更不用说，对于很多志愿者同学来说，两个多月"和奶茶外卖说拜拜，和早七晚十说嗨嗨"的生活写照早已成为一种常态。相信对于这些，所有的志愿者其实在来之前已经有了心理预期，却仍旧义无反顾地投身于"双奥"的服务中。也正是这同一个选择，使我们相聚于此，为着同一个目标努力。

在本届冬奥会中，我服务于"冰立方"场馆技术领域，主要负责与成绩相关的各项技术工作，确保成绩表单打印分发工作的顺利进行。每天我和领域内的小伙伴们打交道最多的，就是场馆内九台负责成绩表单打印工作的打印机和成绩打分系统（PRD）。相比于其他主要和人打交道的志愿岗位，我们的岗位其实是有些枯燥的。尽管如此，领域内的所有小伙伴每天都在以饱满的热情对待自己的工作。大家每天赛前巡检、赛时监控、赛后复查，对于当天日常工作中遇到的问题，大家总是会在下班后及时总结复盘，不断地优化工作流程，努力将这份工作做到最好。

其实来到北大之后，人很容易变得平凡，因为会发现身边优秀的人太多，需要汲取的营养太多，我曾经一度对于这种平凡感到焦虑。但这次志愿服务经历让我觉得，虽然不能成为一个伟大的人，但志愿事业却使我们每个人成为一个伟大的平凡人。我们放弃了春节和家人的团聚、离开了熟悉的校园，以参与者和见证者的身份亲历这场祖国的盛事。我们如同一颗颗小小的螺丝钉，让一项项工作井然有序地铺展开来，让一个个竞赛场馆能够正常地运转，让来自世界各地的体育健儿公平地竞技，让千万个观众能够享受精彩的赛事。尽管我们所服务的人们不曾记得我们的名字，但他们都知道我们是志愿者中的一员，我们每个人用自己的温暖和笑意让他们在这个寒冬感受到了属于当代中国青年的热情和善良。巴赫主席在冬奥会闭幕式上这样评价我们："You warmed our hearts with your smiling eyes. Your kindness will stay with us forever."（你们微笑的眼睛温暖了我们的心。你们的善良将永远伴随我们）。我想，这就是对于我们为什么选择志愿工作最好的回答，这是属于我们所有人的答案。

技术领域志愿者在进行成绩打分系统培训

北京 2022 年冬奥会闭幕式上的"雪花"主火炬台

同时，在我们的身后，还有一群默默奉献的驻地老师和工作人员。他们细心地照顾和关心着我们每一个人，用敬业的态度和乐于奉献的精神为我们的志愿服务保驾护航。正是他们为我们做着各种保障、安排着各项事务、为我们排忧解难，才让我们能够心无旁骛地完成一项项工作，使我们的志愿工作能够顺利进行。除了享受着感谢和掌声的我们，还有更多没有留下名字的人们在辛勤付出，如班车师傅、保洁阿姨、保安叔叔、餐饮人员等，我们也不应忘记他们的贡献！

我经常在想，抛开一切知识性的东西不谈，北大教会了我们什么？"外求未名，内修博雅"，我想这次的志愿服务经历会使我们每个人对于家国情怀都有了更为深刻的理解。而开幕式的雪花、迷路的"小鸽子"、志愿者小伙伴的笑容、运动员的英姿、跳舞的"冰墩墩"、闭幕式的中国结……这些都将同我们在志愿服务中付出的汗水和泪水一起，铭刻在我们脑海，成为人生中难忘又宝贵的回忆。而这段志愿服务经历，也让我们在校园生活之余见识到了更宽广的世界，领略到了不一样的风景。

冬奥会已闭幕，离开时还是银装素裹的校园，迎接我们的将是生机勃勃的燕园。让我们珍藏起这段难忘的经历，在日后的人生道路上继续发扬"更快、更高、更强——更团结”的精神和“奉献、友爱、互助、进步”的志愿精神。加油！所有的志愿者小伙伴们！

星火虽微，相携则盛

王珮衡
信息科学技术学院 2019 级本科生
国家游泳中心 成绩系统质量监督志愿者

引子

我叫王珮衡，来自信息科学技术学院。来到北大学习后，成为北京 2022 年冬奥会和冬残奥会的志愿者便成为我的心愿。我在第一时间报上了名，经过面试后，如愿获得了技术领域志愿者的机会。现在回想起来，还真是有许多不经意间的巧合，再次见面时，当初面试官竟然是“冰立方”技术领域的经理，当时她的干练给我留下了极其深刻的印象。

初入“冰立方”

我们是距冬奥会开幕还有 20 天的时候来到场馆熟悉即将工作的岗位，我被分配在技术领域成绩专业，协助相关负责老师处理所有与成绩相关的事务。我曾与朋友开玩笑地提及我的工作，岗位不忙碌，也一定不能在赛时忙碌。因为一旦忙碌，说明出现了突发情况，而突发情况往往意味着比赛的转播出现了重大问题。为了避免赛时出错，我们的主要工作集中在赛前准备和赛后监测。开赛前，我们需要使所有服务对象明确相关表单的配置及打印下载方法，提前沟通协调，做好应对突发情况的预案。

赛前系统准备

技术领域志愿者的合影

赛前进行巡检是技术领域岗位的特点，由于设备分布于场馆的各个领域和位点，即便在严格的防疫政策之下，我们的涉足范围非常大，几乎可以到达场馆闭环内的每个角落，我们也需要与各个领域的志愿者沟通联系，确保消息的即时传播，高效反馈并解决各类问题。

冬奥会正式开幕两天前，正逢大年初二，过年的热闹气氛伴着大家高昂的热情，北京 2022 年冬奥会第一场比赛在“冰立方”开始了，冰壶混双中国队战胜上届冬奥会亚军瑞士队拿下开门红，亲眼见证第一场比赛的胜利让我兴奋不已。每当在比赛中发现问题，能够顺利解决问题，都让我感到虽贡献微薄，但“参与”让我自豪。

轮椅冰壶场的守候

伴随着北京 2022 年冬奥圣火的熄灭，我们很快进入了转换期，新学期开学了，紧张的学习生活也随之到来。但我们仍按计划到场馆为冬残奥会做准备，也进行再一轮的冬残奥相关内容的培训，将服务礼仪和要求铭记在心。

我所在的技术领域虽在闭环内，但是由于岗位分工并不会直接接触运动员，更多的是在赛场外的显示器前默默守护。可一旦发生问题，又离不开技术领域的统筹协调。在冬残奥会冰壶的赛前训练中，一名挪威队员出现了助听器无法使用的情况，当天值班的无线电领域志愿者就主动延迟下班，等待运动员完成训练后，协助运动员解决设备问题。

技术领域的工作内容在冬奥会和冬残奥会中并没有差别，可能最直观的感受是比赛轮次的时间略短些，赛前巡检经过赛场区域总能见到场边的运动员将轮椅整齐地靠在一排等候。我们通常步履匆匆地经过，直奔待检查的设备，对于运动员场上的表现满怀期待，擦肩而过，无法逗留，但心怀尊敬与信任。偶然在运动员准备区和入场通道遇到经过的轮椅冰壶运动员，我们会热情地向他们打招呼，这时总能获得同样真挚的回答，他们挥手而过，轮椅飞驰。运动将所有人联系到了一起，乐观、坚韧、智慧、不屈都经由运动浸润展现出来，激励着所有人。

很快，来到了冬残奥会的最后一个比赛日，中国轮椅冰壶队在战胜两轮循环赛中遗憾落败的加拿大队和瑞典队后，如愿摘得宝贵的金牌。在自己服务的场馆，亲眼见证鲜艳的五星红旗合着嘹亮的《义勇军进行曲》冉冉升起，没有什么比这更令人自豪骄傲的了。

落幕时的集结

随之技术领域迎来了最艰巨的任务——赛后迅速撤场。看似志愿服务已接近尾声，却也是直到这时，我才意识到，在场馆赛事的光鲜表面下技术领域的巨大付出与支持。音频、视频、灯光及所有通信显示设备，包括电脑、手台等都来源于技术领域，布线范围包含赛事场地、采访媒体区域、“冰立方”主体建筑内外。那个夜晚，我们几乎全员在岗，消杀手台、关闭拆除设备，清点回收电视、电脑显示器等分布在各个领域场地的设备。在等待现场成绩处理机房获准开始清理的过程中，我与小伙伴帮助同领域的老师进行手台消杀。消杀过程需要里外两遍，擦完了一轮，新的一筐手台已经运进了办公室，源源不断。空气中弥漫着酒精的味道，每一台手台的袋子上贴着其服务领域的标签，仿佛宣告着其使命的顺利完成。在清理现场成绩处理机房的过程中，一一关闭完成任务的设备，将其拆下，码放好，目送防疫人员进行采样。此刻，我突然意识到，这段美妙的旅程已然临到终点。而就在这个夜晚，我才亲手触碰到场馆的“血液”，贯穿支撑这座“冰立方”运行的技术之流。我震撼于设备之多、分布之广，回想赛事的有条不紊，也由衷地感叹维护赛事平稳运行的不易，作为这个领域的一员我感到由衷的自豪与快乐。

不负此程，未来相约

短暂的时光，我们彼此相遇。在场馆，与拼搏奋进的运动员擦肩而过；在办公室，向术业有专攻的老师虚心请教；在食堂、出入口与其他领域的老师、志愿者们颔首示意；在每日的朝夕相处中，与技术领域成员结下了深厚的友谊。技术团队中有 7 位来自不同领域的老师，12 名不同年龄、不同专业的志愿者伙伴，还有众多各个单位的合同商，我们一起工作学习，成为一个和谐向上的大家庭。在驻地默默支持所有志愿者的老师、食堂师傅、保洁阿姨、保安大叔和医生，也让我们时时感受到如家人般的温暖。

在这段平凡又特殊的时光中，我们相携走过，用各自的努力交织出世界奥运舞台上温暖坚定的光芒。我们隐于幕后，为场馆赛事的运行默默护航，所有人都燃尽自身之力，全情投入。我们虽也向往走到台前，希望用热情的笑容和亲切的话语联结观众，传达友好。但我们更愿意忠于职守，可能所做无人知晓，仍一丝不苟传递温暖，为赛事尽己之力。没有一片雪花是完全相同的，各自渺小而具有不同的美，在这个冬天，我们相聚于此，在这段旅程中拼接相携，微微星火，相携映照温暖坚定的光。在这趟旅程走至终点之时，道一声，不负此程，未来相约。

有一种守候叫由夏至冬

时旻
计算机学院 2020 级硕士研究生
国家游泳中心 无线电频率管理助理

我与冬奥的故事，从多年前的一颗种子，到由夏至冬的浇灌，最终在这个 2 月开出花来。

时旻冬奥主题照

时旻在例行场馆巡检工作

曲折前传

2008 年的奥运盛会，令当时还在念小学的我萌生了成为一名国际赛事志愿者的想法。年少懵懂，只觉得能参与这样的盛会，将会是一件无比光荣而具有纪念意义的事情，由此，我的心中种下了一颗种子。

2020 年，我通过保研顺利来到了北大。在这个我从未设想过的地方，让我发现小时候的梦想不再是那么遥不可及。得知冬奥招募志愿者的消息，我第一时间注册了志愿北京，积极地为成为一名冬奥会志愿者做准备。遗憾的是，由于种种原因，我错过了技术领域的招募，只被分配到了替补名单中。看着身边成功入围技术岗的同学们一批批地确认信息、参加测试赛，落寞之余，我陷入了长久的等待。

功夫不负有心人，事情在 12 月有了转机。我接到了辅导员杨森老师的电话，电话里他用非常激动的语气告诉我："你被录取冬奥会志愿者了，技术岗!"巨大的惊喜扑面而来，我立刻开始与导师沟通，幸运的是，导师也非常支持我，自此，我终于成为我所梦想的技术领域的冬奥会志愿者了。

回头来看这条曲折的志愿者之路，种种感触涌上心头。如果再来一次，我会当机立断、抓住时机，在决定报名之后就持之以恒、坚持不懈。而幸运的是，我因为考过托福，使我在替补队列中占了一定优势，尽早地被补录了。我曾经因为想要出国而做过类似的诸多努力，因保研放弃出国后，曾觉得这些努力都白费了，现在看来，也许人生中没有白走的路。

上岗日记

由于之前没有参加过测试赛，我带着好奇与新鲜感来到了服务的场馆——“冰立方”。“冰立方”是冰壶及轮椅冰壶的比赛场馆，由于冰壶项目的特点，比赛时间长、轮数多，早在 2 月 2 日，也就是冬奥会正式开幕前两天，“冰立方”就已经启动了赛事，且一直持续到闭幕为止。在这期间，我每天都要上岗，进行日常的工作。

我的职位是无线电频率管理助理，涉及整个场馆的无线电频率监测与突发事件处理。听说在之前测试赛中，志愿者必须拿着沉重的设备在场馆内巡检无线电信号。而到了正式赛，我们引入了新的科技设备，使得我们在办公室也能够监测整个场馆不同频段的信号状况，我想这正是“科技冬奥”给我们带来的安全与便捷之处。

然而，志愿者的工作也并非一帆风顺。还记得检测到频段拥挤的问题后，我们高度重视，立即进行了信号、频段、地点、设备等跟踪，环内环外联动，下载 Wi-Fi 监测软件，带着频谱仪走遍了场馆，最终成功定位了问题所在，得到了老师们的一致认可。这次成功解决问题带来的成就感激励着我们不畏挑战，克服一个又一个困难。而在这个过程中，我们也认识到更重要的是防患于未然，于是我们尝试与其他领域的志愿者协同，从预防宣传开始，保障了整个赛程中场馆信号始终处于流畅的水平。

也许在大家的视角里我们的工作是透明的，转播镜头下看不见我们的身影，有时比赛近在咫尺，我们也无暇观看，但每一个成绩信号的发送，每一个镜头的转播，都与我们的工作息息相关。我想，我们是坚守岗位的奉献者，也是这一场盛会最好的见证者。

志愿者的志愿者

其实早在前一个冬天，我就已经在为冬奥做一些小小的贡献了，由夏至冬，从我一个人的招募到一群人的集合，我们终于一起来到了这里。

在作为志愿者的同时，我还有另外一个特别的身份，那就是志愿者的志愿者。作为计算机学院团委实践部的部长，我负责部门所有志愿活动的跟进。我曾作为志愿者参加到各项志愿活动中，包括社区志愿者、2021 IOI 北大集训队志愿者、中国共产党成立 100 周年庆祝大会志愿者等。而通过这些志愿活动，我也总结了经验，与老师一起构思了计算机系的品牌志愿活动——“志愿网维”。在这个过程中，我与小伙伴们一起策划、组织、开展活动，从 0 到 1 地实现了活动的落地，为同学们提供了用自己的专业知识服务全校同学的机会，得到了同学们的踊跃参与和一致好评。从志愿者到组织者，我的角色有所转变，我也学着负起责任，迎接不断的挑战。

这一年来，我参与了计算机系与冬奥会相关的所有活动。从一开始的招募邮件发送，到测试赛跟进与保障，再到近日志愿者出征的系列活动，我承担了策划、对接、推送等诸多工作。自寒假以来，我与辅导员老师及实践部的小伙伴们每日认真讨论筹划志愿者相关的系列活动，有时到了深夜，我依然在和小伙伴们开会商讨方案，修改策划与准备物资。虽然辛苦，但看到志愿者们能够得到保障、顺利完成工作，在遇到困难时，都有学院坚强的后盾可以依靠，我想这一切都是值得的。

最后，我想说的是我所体会的冬奥精神。轮椅冰壶的金牌赛是我最难忘的一场比赛，在观看比赛的过程中，我一度因为中国队失误丢分而感到揪心，但中国队用出色的实力证明了自己的水平。印象最深的是王海涛队长的“一击双飞”，当我还在为倒数第二局担忧时，王海涛在最后两个壶的关键时刻以这一击打掉了两个对方的壶，成功稳定了局势，为最终的胜利奠定了基础。在办公室的我也被他们感染，不禁和他们一起喊道：“不要出去!”“把他们的壶打出去!”“一定要进大本营!”当比赛结束，宣布中国队获得金牌的那一刻，整个场馆都沸腾了，在自己服务的场馆看五星红旗升起，同唱中国国歌，我想这是整个志愿服务过程中最动人心弦的时刻。

多年以后，我想我仍然会记得去看闭幕式的那一天，从观众席的“人浪”，震耳欲聋、经久不息的鼓掌声，到迟迟不肯入座的运动员，热情感染着我们全身心投入这场盛会，不愿结束，不愿离去。此外，在现场播放的短片中，有追求极限的振奋，也有屡败屡战的动人；有工作人员、志愿者的微笑，也有乌克兰运动员与俄罗斯运动员的拥抱……我想，冬奥将会在我此后的一生中激励着我充满热情，追求极致，友爱和平，永不言弃。

这一趟冬奥之旅，也是我的收获之旅，由夏至冬，我是组织者，是见证者，也是参与者，我作出了一点奉献，也收获了远超想象的经历与感动。而在今后的生活中，我也将带着“together for a shared future”的信念，努力为人类更好的未来，“从心”出发。